山西师范大学学术著作出版基金资助出版

叙利亚现代民族国家构建研究

王　霏◎著

Research on the Modern
Nation-state Building in Syria

中国社会科学出版社

图书在版编目(CIP)数据

叙利亚现代民族国家构建研究 / 王霏著 . —北京：中国
社会科学出版社，2015.11
ISBN 978 - 7 - 5161 - 7283 - 4

Ⅰ.①叙…　Ⅱ.①王…　Ⅲ.①民族国家 - 研究 - 叙利亚
Ⅳ.①D737.6

中国版本图书馆 CIP 数据核字(2015)第 300938 号

出 版 人　赵剑英
责任编辑　任　明
特约编辑　芮　信
责任校对　张依婧
责任印制　何　艳

出　　　版　中国社会科学出版社
社　　　址　北京鼓楼西大街甲 158 号
邮　　　编　100720
网　　　址　http：//www. csspw. cn
发 行 部　010 - 84083685
门 市 部　010 - 84029450
经　　　销　新华书店及其他书店

印刷装订　北京市兴怀印刷厂
版　　　次　2015 年 11 月第 1 版
印　　　次　2015 年 11 月第 1 次印刷

开　　　本　710×1000　1/16
印　　　张　16.25
插　　　页　2
字　　　数　275 千字
定　　　价　58.00 元

凡购买中国社会科学出版社图书，如有质量问题请与本社营销中心联系调换
电话：010 - 84083683

序　言

改革开放以来，国内中东民族主义的研究经历了几个阶段，它们既与中国和世界有关亚非拉地区的研究潮流相一致，也与改革开放发展的阶段相吻合。

第一阶段从 1978 年到 20 世纪 80 年代中期，研究重点之一是中东民族主义的领导权问题，核心是民族资产阶级能否领导现代民族解放运动取得成功。这个问题是"文革"前遗留下来的，是围绕着世界现代史教学出现的，其结果是形成了完整的中东和亚非拉民族运动研究体系。研究重点之二是中东国家历史上的现代化问题，这正好与中国现代化的开展相吻合，表现出学术研究为现实服务的目的。

第二阶段从 20 世纪 80 年代中期到 21 世纪初，研究重点有三：其一，中东民族主义思潮，包括从近代到当代土耳其、伊朗、阿富汗和阿拉伯地区的民族主义人物、思想、流派，它具有重要的现实意义。其二，有关中东国家的现代化研究进一步展开，主题拓宽到政治现代化、伊斯兰教与中东现代化等。其三，中东国家政治体制研究。

第三阶段从 21 世纪初至今，研究重点有二：其一，民族国家构建成为新的研究重点，它既受到国外研究的影响，也反映了"9·11"以后美国在阿富汗和伊拉克面临着国家构建的严峻任务的现实。其二，民族主义的研究进一步深入，一个新视角是全球化，另一个研究领域是民族文化及其对民族主义的影响。

这一时期的研究特点：对民族主义研究从运动、人物、思想、流派转向国家，对国家的研究从政治体制转向民族国家的形成，从而使研究进一步深入；与西方学术界的研究时间差缩小；关注现实的热点问题，如伊拉克和阿富汗问题。在关于中东民族国家构建的研究方面，西北大学中东研究所发挥了带头作用。

2003 年以来，笔者先后发表了一系列论文，从个案（伊拉克和阿富汗）和整体角度分别探讨了中东民族国家构建问题。这一时期，中东所和国内的其他一些学者也发表了相关主题的论文。另外，2009 年以后中东所的博士生也开始相继撰写这方面的学位论文，已经完成的论文中既有专门的国别民族国家构建研究（以色列、巴勒斯坦、阿富汗、叙利亚），也有运用这一方法从事中东国家国际问题研究的（苏丹、中东国家边界问题）。目前，所里正在撰写的相关专题的博士论文涉及也门和黎巴嫩。因此，国内在这一领域的研究已经初具规模。

民族国家建构（nation – state building）是战后亚非拉国家面临的一个重要问题，它包括民族构建和国家构建，二者相互交叉、彼此渗透，其中前者是"民族作为文化—政治共同体的构建过程和民族认同的形成过程"[①]，而后者指"国家政治结构、制度、法律的建设，包括行政资源的整合和集中，使国家能够对其主权范围内的领土实施统一的行政控制"[②]，因此，有关研究具有重要意义。

叙利亚是中东一个独特的国家。它之所以独特表现在许多方面：它既是一个历史悠久的文明古国，又是一个年轻的现代国家；它既自认为是阿拉伯民族的心脏、阿拉伯民族主义的旗手，又地处阿拉伯世界的边缘，境内分布着非阿拉伯的若干少数族群（尤其是库尔德人）；执政党属于什叶派，其宣传的意识形态却属于主体族群逊尼派。以上种种奇特的方面实际上是我们理解叙利亚现当代历史和当今叙利亚局势的一把钥匙，这也就是叙利亚的民族国家建构问题。

王霏博士关于叙利亚民族国家建构问题的著作系国内对这一专题的第一项系统全面的研究。她在书中首先论述了叙利亚名称与"（大）叙利亚"认同的起源与演变，之后按照时间顺序分别讨论了叙利亚现代民族国家构建的三个历史阶段，即法国委任统治阶段（1920—1946 年）、独立的探索阶段（1946—1963 年）及复兴党统治阶段（1963 年至今），并在最后总结了叙利亚现代民族国家构建的特点。全书逻辑清晰，涉及有关的若干重大问题，包括叙利亚政治经济和社会的演变、复兴社会主义的发展

---

① 杨雪冬：《民族国家与国家构建：一个理论综述》，刊于刘建军、陈超群主编：《执政的逻辑：政党、国家与社会》，《复旦政治学评论第 2 辑》，上海辞书出版社 2005 年版。

② 王建娥：《族际政治：20 世纪的理论与实践》，社会科学文献出版社 2011 年版，第 59 页。

变化、族群问题的变迁、"阿拉伯之春"，等等。可以说，这是国内出版的第一部关于中东民族国家构建的专著，具有十分重要的学术价值和现实意义。当然，由于各种原因，书中还存在一些不足之处，如对叙利亚军队的发展和作用、巴沙尔执政以来的变动等分析不够深入，对一些重大问题的研究还有待细化，但这些不能掩盖本书出版的重大意义。

希望本书的出版能够进一步推动中国有关中东民族国家构建研究的深入开展。

黄民兴

2015 年 4 月 5 日

目　录

第二编　法国委任统治阶段：从殖民地到议会民主制

第三编　独立的探索阶段：从议会民主制到军政体制

导　言

　　叙利亚现代民族国家构建研究既是一个内涵丰富的理论命题，也是一个关系到当前国际热点的现实问题。叙利亚现代民族国家构建对叙利亚的国家治理、经济建设以及中东地区的国际关系、地区稳定等都产生了深远的影响。尤其从 2011 年 3 月起，叙利亚受中东变局影响，爆发大规模反政府游行乃至内战，继而打着"伊斯兰"和"（大）叙利亚"旗号的极端恐怖组织"伊斯兰国"（ISIS）出现并活跃于伊拉克与叙利亚两国，给叙利亚、中东地区乃至世界的和平与稳定构成了严重威胁，从而使叙利亚问题的研究越发重要。实际上，叙利亚在历史上就是一个政变频仍、政局不稳的国家，其根源在于叙利亚国内种种由来已久的问题，如经济发展缓慢，家族、族群、区域忠诚的长期存在和阶层之间矛盾的激化，等等。从更深层次上看，其中许多问题都是由叙利亚现代民族国家构建的特殊历史遗留下来的问题。因此，本书试图以民族国家构建为视角来审视叙利亚现代国家发展的历史，从中探索其构建的轨迹、特点以及失败的原因。

一　研究目的与意义

　　"二战"后，民族国家成为世界秩序的基本组成单位，而现代民族国家构建的成败往往决定了一个国家尤其是叙利亚这样较晚独立的中东国家发展的好坏。因此，研究叙利亚现代民族国家构建是认识当前叙利亚乃至中东地区一系列突出社会政治问题的钥匙，具有非常重要的学术与现实意义。

　　首先，于 17 世纪初起源于西欧的现代民族国家这一新的政治组织模式随着西欧国家的强大与殖民扩张以及两次世界大战而传播到世界各地。"二战"后，新独立的亚非拉国家大都建立了现代民族国家，且构建自己的现代民族国家成为它们此后几十年的主要任务之一。对于中东地区而言，"民族""国家"这些概念完全是"舶来品"，而如今的各国边界也大都是依照近代西方在中东地区的势力范围或殖民地界线而定的，仍存在许多矛盾与纠纷。这些"人造的"中东民族国家自独立起便长期遭受民族、宗教、部落等冲突的困扰，其现代民族国家构建的成败直接决定了国家的稳定与安全。2010年年底起源于突尼斯的中东变局深刻地诠释了这一问题。

近年来，国内对中东现代民族国家构建的研究刚刚起步，而叙利亚虽然不是中东面积最大或最富有的国家，但无论从历史还是从现实方面来看，它无疑都是中东地区一个极具重要性和影响力的国家。叙利亚自古以来便是各种民族、宗教团体交往和融汇的集合地，在历史上曾与黎巴嫩、巴勒斯坦、约旦等国同属于一个地区"（大）叙利亚"，是包括"（大）叙利亚主义"在内的阿拉伯民族主义的发源地，并且是阿以和平谈判中不可或缺的成员。对这样一个国家进行现代民族国家构建研究，本身就具有不容忽视的理论与现实意义。本书希望以叙利亚为个案，对国内关于中东现代民族国家构建问题的研究做出微薄的贡献。

其次，叙利亚现代民族国家构建在中东地区具有极大的典型性与特殊性。第一，典型性：叙利亚现代民族国家构建是从20世纪20年代被法国殖民统治之后才真正开始的，它经历了曲折反复的发展过程，具有晚熟性；而且，叙利亚与其他中东国家一样，其在现代民族国家构建过程中不仅屡屡遭遇民族、宗教（教派）、部落问题，还频频遭受大国的干涉与渗透，举步维艰。第二，特殊性：作为直接脱胎于"（大）叙利亚主义"的阿拉伯民族主义思想的发源地，叙利亚现代民族国家构建的过程与特点都深深打上了阿拉伯民族主义的烙印。由阿拉维派主持的叙利亚阿拉伯复兴社会主义便是阿拉伯民族主义的进一步发展，它在时间上甚至早于纳赛尔主义。而在其他阿拉伯地区，这一思想都是由逊尼派倡导的，因此叙利亚的复兴社会主义在一定程度上有助于阿拉维派的统治及团结逊尼派。叙利亚现代民族国家构建的这些特点决定对其的研究可丰富关于现代民族国家构建的理论。

最后，在叙利亚与中东地区持续动荡的今天，研究叙利亚现代民族国家构建的发展历程及经验教训显得尤为重要，并对中国国家建设具有借鉴作用。族群（包括教派）、区域、阶层之间的矛盾问题、贫富差距问题、腐败问题等这些长期困扰着叙利亚国家的问题，也是许多亚非国家都要面对的问题。而今天叙利亚国内的动乱无疑是所有这些矛盾激化的结果。要深入了解这些问题的深层原因及当今叙利亚局势动荡的本质，就必须系统研究叙利亚现代民族国家构建的过程及其中存在的问题。

二　国内外研究现状

（一）国内研究现状

对民族国家的研究国内学者起步较晚，比较有代表性的著作有宁骚的《民族与国家——民族关系与民族政策的国际比较》①、王建娥和陈建樾的《族际政治与现代民族国家》②、王建娥的《族际政治：20世纪的理论与实践》③、徐迅的《民族主义》④ 以及贾英健的《全球化背景下的民族国家研究》⑤ 等，这些著作都对"民族国家"做出了各种各样的界定，阐释了各种类型民族国家的形成和构建的过程，为本书的研究提供了坚实的理论基础。

国内关于民族国家的论文由于研究开始得较晚，因此数量不多，但可喜的是中国学者已经开始对民族国家这一理论以及具体实例进行研究：王建娥的《国家构建和民族建构：内涵、特征及联系——以欧洲国家经验为例》⑥、黄其松的《制度建构与民族认同：现代国家建构的双重任务》⑦、王家峰的《在权力与权利之间：现代国家建构的历史逻辑》⑧ 分别对现代民族国家构建过程中的国家构建、民族构建及制度构建等问题进行了审视，并且对民族国家构建的任务及构建过程中可能存在的问题进行了批判性的反思；关于中东民族国家构建的论文中，黄民兴的《论20世纪中东国家的民族构建问题》⑨ 及《从民族国家构建的视角析当代中东国

---

① 宁骚：《民族与国家——民族关系与民族政策的国际比较》，北京大学出版社1995年版。

② 王建娥、陈建樾：《族际政治与现代民族国家》，社会科学文献出版社2005年版。

③ 王建娥：《族际政治：20世纪的理论与实践》，社会科学文献出版社2011年版。

④ 徐迅：《民族主义》，中国社会科学出版社1998年版。

⑤ 贾英健：《全球化背景下的民族国家研究》，中国社会科学出版社2005年版。

⑥ 王建娥：《国家构建与民族建构：内涵、特征及联系——以欧洲国家经验为例》，《西北师范大学学报》2010年第2期。

⑦ 黄其松：《制度建构与民族认同：现代国家建构的双重任务》，《云南行政学院学报》2010年第6期。

⑧ 王家峰：《在权力与权利之间：现代国家建构的历史逻辑》，《天津社会科学》2010年第6期。

⑨ 黄民兴：《论20世纪中东国家的民族构建问题》，《西亚非洲》2006年第9期。

家的社会整合》① 把民族国家构建的理论与中东国家国情相结合，总结出
了具有中东地区特色的民族国家构建的特征；刘中民的《中东民族国家
建构中的民族主义与伊斯兰教》② 着重分析了中东民族国家构建中的民族
主义与宗教问题；田文林的《民族主义视角下的国家建构过程——以后
殖民时代的阿拉伯国家为例》③ 以阿拉伯国家为例，从民族主义角度阐释
了民族国家构建问题。

　　中国对叙利亚的研究起步也较晚，因此研究比较薄弱。关于叙利亚的
经济、社会、政治等方面已出版的学术专著数量有限，王新刚的《中东
国家通史·叙利亚和黎巴嫩卷》④ 是一部关于叙利亚的通史性著作，其中
涉及叙利亚在各历史时期里政治、经济、外交、文化等多方面的发展；而
其另一部著作《20 世纪叙利亚政治经济对外关系嬗变》⑤ 则详细论述了
"现代叙利亚政治发展历程"（第三章）、"阿萨德时期叙利亚政治及其影
响现代政治发展的诸要素"（第四章）、"叙利亚复兴社会党及其理论与实
践"（第五章）、"叙利亚经济的发展道路与改革"（第六章）、"阿萨德执
政后的叙利亚对外关系"（第八章）等方面内容，是目前国内学界对于叙
利亚政治现代化的研究中比较详尽的代表作之一，其中涉及了很多叙利亚
现代民族国家构建的内容；王彤主编的《当代中东政治制度》⑥ 第六章
"战后叙利亚政治经济体制的发展演变"中系统论述了叙利亚议会民主制
及复兴党领导下的威权主义政治的发展过程；哈全安的《中东史 610—
2000》⑦ 从中东国家现代化文明发展进程的角度，深入剖析了叙利亚独立
后的政治状况。韩志斌的《伊拉克复兴党民族主义理论与实践研究》⑧ 介
绍了起源于叙利亚的复兴党民族主义及其在叙利亚和伊拉克两国的发展；

---

　　① 黄民兴：《从民族国家构建的视角析当代中东国家的社会整合》，《西亚非洲》2013 年第
4 期。

　　② 刘中民：《中东民族国家建构中的民族主义与伊斯兰教》，《国际观察》2008 年第 5 期。

　　③ 田文林：《民族主义视角下的国家建构过程——以后殖民时代的阿拉伯国家为例》，《世
界民族》2009 年第 3 期。

　　④ 王新刚：《中东国家通史·叙利亚和黎巴嫩卷》，商务印书馆 2007 年版。

　　⑤ 王新刚：《20 世纪叙利亚政治经济对外关系嬗变》，西北大学出版社 2003 年版。

　　⑥ 王彤主编：《当代中东政治制度》，中国社会科学出版社 2005 年版。

　　⑦ 哈全安：《中东史 610—2000》，天津人民出版社 2010 年版。

　　⑧ 韩志斌：《伊拉克复兴党民族主义理论与实践研究》，中国社会科学出版社 2011 年版。

陈德成主编的《中东政治现代化：理论与历史经验的探索》① 第十二章
"叙利亚、伊拉克的政治现代化"系统论述了叙利亚政治现代化的历程，
并分析总结了复兴党政治现代化模式的特征；唐志超的《中东库尔德民
族问题透视》② 中的第五章"叙利亚库尔德问题"详细论述了叙利亚库尔
德人问题的来龙去脉；汪波的《中东库尔德问题研究》③ 中的第五章"叙
利亚库尔德人：从个人生存到民族权利"则从库尔德人民族意识的形成
及库尔德人运动的发展等角度来阐述叙利亚的库尔德人问题。此外，国内
的一些中东史方面的著作在部分章节中也论述了叙利亚的经济、政治和伊
斯兰教等问题，这些著作主要包括，彭树智主编的《中东史》④《东方民
族主义思潮》⑤ 及《伊斯兰教与中东现代化进程》⑥；王京烈主编的《当
代中东政治思潮》⑦；王铁铮主编的《世界现代化历程·中东卷》⑧《全球
化与当代中东社会思潮》⑨；杨灏城主编的《当代中东热点问题的历史探
索：宗教与世俗》⑩；刘竞主编的《中东手册》⑪ 及赵国忠主编的《简明
西亚北非百科全书（中东）》⑫；等等。

　　国内目前可以查到的以叙利亚政治、现代化等为主题的论文有近二十
余篇，但探讨的多是叙利亚现代化的宏观性问题或有关叙利亚政治、外交
上的某一具体课题，而关于叙利亚现代民族国家构建的分析则十分缺乏。
其中，王新刚的《叙利亚现代政治发展影响因素分析》⑬ 系统分析了影响

　　① 陈德成主编：《中东政治现代化：理论与历史经验的探索》，社会科学文献出版社 2000
年版。

　　② 唐志超：《中东库尔德民族问题透视》，社会科学文献出版社 2013 年版。

　　③ 汪波：《中东库尔德问题研究》，时事出版社 2014 年版。

　　④ 彭树智主编：《中东史》，人民出版社 2010 年版。

　　⑤ 彭树智主编：《东方民族主义思潮》，人民出版社 2010 年版。

　　⑥ 彭树智主编：《伊斯兰教与中东现代化进程》，西北大学出版社 1997 年版。

　　⑦ 王京烈主编：《当代中东政治思潮》，当代世界出版社 2003 年版。

　　⑧ 王铁铮主编：《世界现代化历程·中东卷》，江苏人民出版社 2010 年版。

　　⑨ 王铁铮主编：《全球化与当代中东社会思潮》，人民出版社 2013 年版。

　　⑩ 杨灏城、朱克柔主编：《当代中东热点问题的历史探索：宗教与世俗》，人民出版社
2000 年版。

　　⑪ 刘竞主编：《中东手册》，宁夏人民出版社 1989 年版。

　　⑫ 赵国忠主编：《简明西亚北非百科全书（中东）》，中国社会科学出版社 2009 年版。

　　⑬ 王新刚：《叙利亚现代政治发展影响因素分析》，《西北大学学报》（哲学社会科学版）
2009 年第 6 期。

叙利亚政治发展的各种因素；韩志斌的《全球化对复兴社会主义思潮的影响与特征——对后冷战时代伊拉克和叙利亚的个案考察》① 和王新刚的《后冷战时代叙利亚复兴党民族主义的特点》② 关注复兴社会主义的发展；赵克仁的《试析叙利亚泛阿拉伯民族主义的演变》③ 则着眼于泛阿拉伯民族主义这一对叙利亚及复兴社会主义都影响至深的思潮；朱传忠的《叙利亚穆斯林兄弟会的演变及其特点》④ 着重论述了叙利亚穆斯林兄弟会的发展与演变；何志龙的《后冷战时代叙利亚与美国关系》⑤ 和张妮、何志龙的《霍梅尼时期叙利亚与伊朗关系》⑥ 以及李绍先的《大国势力博弈叙利亚》⑦ 主要着眼于叙利亚与大国之间的关系；王新刚的《叙利亚与黎巴嫩全面内战》⑧《叙利亚与伊拉克战争——兼论巴沙尔政府执政后对本地区政策的调整》⑨ 及何志龙、张妮的《叙利亚与两伊战争》⑩ 则从叙利亚涉及的战争角度来看叙利亚的外交政策。通过对国内相关论文的梳理，可以为分析叙利亚民族国家构建涉及的一些具体问题提供初步的借鉴。

（二）国外研究现状

关于民族国家理论的外文著作可谓不胜枚举。安东尼·史密斯的《民族主义：理论、意识形态与历史》⑪ 重点阐述了作为一种意识形态、社会运动及象征性语言的"民族主义"的概念，并较为全面地论述了各种民族主义的内涵、变种及来源。作者还从历史学、社会学、政治学、国际关系学乃至人类学的不同角度诠释了"民族主义"的相关概念，如民

---

① 韩志斌：《全球化对复兴社会主义思潮的影响与特征——对后冷战时代伊拉克和叙利亚的个案考察》，《西亚非洲》2005 年第 3 期。

② 王新刚：《后冷战时代叙利亚复兴党民族主义的特点》，《西亚非洲》2010 年第 5 期。

③ 赵克仁：《试析叙利亚泛阿拉伯民族主义的演变》，《阿拉伯世界》2000 年第 3 期。

④ 朱传忠：《叙利亚穆斯林兄弟会的演变及其特点》，《西亚非洲》2012 年第 5 期。

⑤ 何志龙：《后冷战时代叙利亚与美国关系》，《西亚非洲》2006 年第 1 期。

⑥ 张妮、何志龙：《霍梅尼时期叙利亚与伊朗关系》，《西亚非洲》2010 年第 6 期。

⑦ 李绍先：《大国势力博弈叙利亚》，《当代世界》2012 年第 3 期。

⑧ 王新刚：《叙利亚与黎巴嫩全面内战》，《西北大学学报》（哲学社会科学版）1997 年第 3 期。

⑨ 王新刚：《叙利亚与伊拉克战争——兼论巴沙尔政府执政后对本地区政策的调整》，《西亚非洲》2003 年第 6 期。

⑩ 何志龙、张妮：《叙利亚与两伊战争》，《世界历史》2009 年第 3 期。

⑪ ［英］安东尼·史密斯：《民族主义：理论、意识形态与历史》，叶江译，上海人民出版社 2011 年版。

族（nation）、族群（ethnic group）、民族认同（national identity）、族群认同（ethnic identity）、民族的国家（national state）等，在此基础上概括性地阐释了以作者为主要代表人物的族群—象征主义（ethnic—symbolism）民族主义理论观点；他的另一本著作《全球化时代的民族与民族主义》①界定了关于"民族主义"的诸多概念，论述了文化认同与政治认同的关系，分析总结了全球化背景下"民族主义"的新特点；厄内斯特·盖尔纳的《民族与民族主义》② 试图从社会学的角度探究"民族主义"的根源及从 20 世纪开始广泛流行的原因。按照他的观点，"民族主义"是一种政治原则，是近代工业社会的必然产物。此外，盖尔纳认为是"民族主义"创造了民族，而不是民族造就了"民族主义"；而本尼迪克特·安德森的《想象的共同体》③ 则更进一步地把"民族"看作是"想象的共同体"，认为历史发展中人们宗教信仰的领土化、古典王朝及家族的衰微、资本主义及现代技术的发展、国家方言的发展等因素共同促进了这些"想象的共同体"的崛起。该书堪称 20 世纪关于"民族主义"的经典之作；埃里克·霍布斯鲍姆的《民族与民族主义》④ 则论述了"国家主义""民族主义"及现代国家对"民族"与"民族认同"的构建等问题，且该著作是 20 世纪有关这类研究的代表作。对于民族国家构建问题的研究，基本上散见于民族学、社会学、政治学的著作和论文中，例如，菲利克斯·格罗斯的《公民与国家——民族、部族和族属身份》⑤ 以"民族""部族"和"族属身份"为着眼点来看待"民族国家"的构建，认为它既是人类关于战争、民族冲突、种族屠杀的悲惨记忆，又是具有不同文化、民族背景的人民对和平的期盼和共同发展的不懈追求，并试图阐述不同的民族、部落、宗教集团和种族如何在这个世界和睦相处并达到共同发展；塞

① ［英］安东尼·史密斯：《全球化时代的民族与民族主义》，龚维斌、良警宇译，中央编译出版社 2002 年版。

② ［英］厄内斯特·盖尔纳：《民族与民族主义》，韩红译，中央编译出版社 2002 年版。

③ ［英］本尼迪克特·安德森：《想象的共同体》，吴教人译，上海人民出版社 2005 年版。

④ ［英］埃里克·霍布斯鲍姆：《民族与民族主义》，李金梅译，上海人民出版社 2006 年版。

⑤ ［美］菲利克斯·格罗斯：《公民与国家——民族、部族和族属身份》，王建娥、魏强译，新华出版社 2003 年版。

缪尔·亨廷顿的《文明的冲突与世界秩序的重建》① 认为在冷战后的世界，意识形态分歧的影响力逐渐减弱，文化和宗教之间的差异与矛盾则将成为导致世界几大文明之间冲突与竞争的主要因素；其另一部著作《我们是谁？——美国国家特性面临的挑战》②，以美国为例来论述"民族认同"，认为来自墨西哥等国的移民大量涌入美国会威胁美国传统的认同感与民族团结；安东尼·吉登斯的《民族国家与暴力》③ 认为国家形态的改变是现代社会转型的巨大动力，它的作用甚至超过了生产力的提高、科技社会的发展及人的理性化等。吉登斯认为生产力和生产关系的矛盾发展，军事暴力、监察制度的发展及工业化等因素造成现代"民族国家"中国家与社会高度融合的突出特点，从而将现代社会与传统社会区别开来。以这个观点为基础，他将社会转型分为"传统国家时代""绝对主义国家时代""民族国家"三个阶段，认为"民族国家"的核心观念是疆域概念和主权概念，而"民族国家"就是对特定领土行使主权的组织；其另一部著作《现代性的后果》④ 从"现代性""全球化"来看待民族国家构建问题。

　　与国内相比，国外学界对叙利亚的研究也更加深入，且成果颇丰，英文著作涉及美、英、土耳其、叙利亚等国。关于叙利亚当今执政党复兴社会党的研究无疑是其中的重中之重。卡迈勒·阿布·贾比尔（Kamel S. Abu Jaber）的《阿拉伯复兴社会主义党》⑤ 论述了阿拉伯复兴社会主义的理论源泉、思想体系、分支、组织结构及其在叙利亚和伊拉克的发展；约翰·德夫林（John F. Devlin）的《复兴党：从创始到1966年的历史》⑥ 是一部详细探讨复兴党1966年以前发展历史的著作；莱恩·哈提卜

---

　　① ［美］塞缪尔·亨廷顿：《文明的冲突与世界秩序的重建》，周琪、刘绯、张立平、王圆译，新华出版社2010年版。

　　② ［美］塞缪尔·亨廷顿：《我们是谁？——美国国家特性面临的挑战》，程克雄译，新华出版社2005年版。

　　③ ［英］安东尼·吉登斯：《民族国家与暴力》，胡宗泽、赵力涛、王铭铭译，三联书店1998年版。

　　④ ［英］安东尼·吉登斯：《现代性的后果》，田禾译，译林出版社2000年版。

　　⑤ Kamel S. Abu Jaber, *The Arab Ba'th Socialist Party*, *History*, *Ideology*, *and Organization*, New York, Syracuse University Press, 1966.

　　⑥ John F. Devlin, *The Ba'th Party*, *A History from Origins to* 1966, New York, Hoover Institution Publications, 1976.

（Line Khatib）的《叙利亚的伊斯兰复兴运动：复兴党世俗主义线路的上升与下降》① 论述了复兴党世俗主义路线的变化；亚龙·弗里德曼（Yaron Friedman）的《努萨里——阿拉维派：对叙利亚主要少数派的宗教、历史和认同的介绍》② 则详细论述了作为叙利亚复兴党主要成员阿拉维派的宗教思想和发展历史。

关于叙利亚的政治与民族国家构建的著作，迈力克·卡拉·奥兹伯克（Melik Kara Özberk）的《叙利亚民族主义意识形态（1970—2000）》③ 从民族主义意识形态的角度诠释了 1970—2000 年叙利亚的政治历史；大卫·沃德尼尔（David Waldner）的《国家构建与后发展》④ 以土耳其、叙利亚为中东后发展国家为例，在与韩国等东亚国家的比较下，分析论述土叙两国国家构建的过程与特点；尼古拉斯·范·达姆（Nikolaos Van Dam）的《叙利亚的权力之争》⑤，从地区主义—教派主义—部落主义这一线索出发，分析诸如阿拉维派、德鲁兹派等宗教少数派在叙利亚地位上升的过程及原因，以及这一切对叙利亚政治生活带来的影响；帕特里克·希尔（Patrick Seale）的《叙利亚的斗争》⑥ 则是一部关于"二战"后叙利亚的政治斗争以及大国对叙利亚争夺的论述；阿德尔·白色拉（Adel Beshara）主编的《叙利亚建国的起源：历史、开拓者和认同》⑦ 着重论述叙利亚建国的历史；迪莱克·霍普伍德（Derek Hopwood）的《叙利亚 1945—1986：政治与社会》⑧ 详细论述了叙利亚 1945—1986 年的国家建设与政治、社会的发展；汉娜·巴塔图的《叙利亚的农民、次土地贵族

① Line Khatib, *Islamic Revivalism in Syria*, *the Rise and Fall of Ba'thist Secularism*, Abingdon, Oxon, ［England］New York, Routledge, 2011.

② Yaron Friedman, *The Nusayri – Alawis*, *An Introduction to the Religion*, *History and Identity of the Leading Minority in Syria*, Leiden, Boston, Brill, 2010.

③ Melik Kara Özberk, *Nationalist Ideologies in Syria*, 1970—2000, Saarbrücken, LAP LAMBERT Academic Publishing, 2010.

④ David Waldner, *State Building and Late Development*, New York, Cornell University Press, 1999.

⑤ Nikolaos Van Dam, *The Struggle for Power in Syria*, New York, I. B. Tauris, 2011.

⑥ Patrick Seale, *The Struggle for Syria*, London, New York, Oxford University Press, 1965.

⑦ Adel Beshara, *The Origins of Syrian Nationhood*, *Histories*, *Pioneers and Identity*, Abingdon, Oxon, New York, Routledge, 2011.

⑧ Derek Hopwood, *Syria* 1945—1986：*Politics and Society*, StAntony's College, Oxford, Unwin Hyman Ltd, 1988.

的后裔以及他们的政策》① 分析了叙利亚现代农民与土地贵族的演变，及复兴党政府与他们的联系；查坦尼·优素福（Chaitani Youssef）的《后殖民时代的叙利亚与黎巴嫩：阿拉伯民族主义的衰落与国家的胜利》② 论述了在国家民族主义意识形态的指导下，叙利亚和黎巴嫩逐渐摆脱泛阿拉伯民族主义思想的影响，分别建立起独立的现代民族国家的曲折历程；帕特里克·希尔（Patrick Seale）的《叙利亚的阿萨德：中东的斗争》③ 和摩西·马奥兹的《阿萨德传》④ 的中译本在介绍老阿萨德总统生平的同时，注重分析当时的时代背景、阶级构成、经济与社会情况，为研究阿萨德时期的政治、经济、社会状况提供了翔实的资料；大卫·莱什（David W. Lesch）的《叙利亚：阿萨德家族的倒台》⑤ 与里德万·宰登（Radwan Ziadeh）的《叙利亚的权力与政治：在当代中东的国际服务、外交关系与民主》，⑥ 分析阐述了巴沙尔统治下的叙利亚政治与公民社会及当今叙利亚危机的情况。

在外交上，埃夫拉伊姆·卡什（Efraim Karsh）的《苏联与叙利亚：阿萨德时代》⑦ 详细论述了阿萨德时期叙利亚与苏联的关系；佩德罗·拉麦特（Pedro Ramet）的《1955 年后的苏联—叙利亚关系》⑧ 从叙利亚共产党对苏联态度、苏叙签订的友好条约以及苏联与叙利亚的经济联系来探讨两者的关系；萨米·莫贝耶德（Sami Moubayed）的《叙利亚和美国：

---

① Hanna Batatu, *Syria's Peasantry*, *the Descendants of Lesser Rural Notables*, *and Their Politics*, New Jersey, Princeton University Press, 1999.

② Chaitani Youssef, *Post - colonial Syria and Lebanon*, *the Decline of Arab Nationalism and the Triumph of the State*, London, I. B. Tauris, 2007.

③ Patrick Seale, *Asad of Syria*, *The Struggle for the Middle East*, Berkeley, University of California Press, 2011.

④ ［以］摩西·马奥兹：《阿萨德传》，殷罡、吴静仪、吴薇、米小平、郑志国译，世界知识出版社 1992 年版。

⑤ David W. Lesch, *Syria*, *The Fall of the Assad*, New Haven and London, Yale University Press, 2012.

⑥ Radwan Ziadeh, *Power and Policy in Syria*, *Intelligence Services*, *Foreign Relations and Democracy in the Modern Middle East*, London, I. B. Tauris, 2013.

⑦ Efraim Karsh, *The Soviet Union and Syria*, *The Asad Years*, New York, London, Routledge, 1988.

⑧ Pedro Ramet, *The Soviet - Syria Relationship Since 1955*, Boulder, Westview Press, 1990.

从威尔逊到艾森豪威尔的华盛顿和大马士革的关系》① 论述了从威尔逊到
艾森豪威尔时期美国与叙利亚的外交关系；瑙波拉驰·格茨（Nordbruch
Götz）的《叙利亚和黎巴嫩的纳粹主义：是否选择德国的矛盾，1933—
1945》② 揭示了叙利亚在与纳粹关系上鲜为人知的徘徊与抉择；拉米·盖
内特（Rami Ginat）的《叙利亚和阿拉伯中立主义原则：从独立到依
赖》③ 则阐述了反西方中立主义思想在叙利亚的形成与发展以及共产党在
叙利亚的部分发展历程。

　　在经济上，巴萨姆·哈达德（Bassam Haddad）的《叙利亚的商业网
络：具有威权主义韧性的政治经济》④ 分析了叙利亚的威权主义对经济结
构的影响；雷蒙德·辛奈布齐（Raymond Hinnebusch）的《复兴党统治下
叙利亚的农民和官僚》⑤ 论述了叙利亚在复兴党统治时期的农业发展与改
革以及农民阶层的变化；沃克·泊赛斯（Volker Perthes）的《阿萨德统
治下的叙利亚政治经济》⑥ 论述了阿萨德时期叙利亚的政治经济改革以及
各方面的经济政策及成果；在少数民族问题上，有霍尔迪·泰吉尔
（Jordi Tejel）的《叙利亚的库尔德人：历史、政治和社会》⑦ 等。

　　从总体上看，国外对叙利亚以及民族国家的研究无论是成果上还是深
度上都高于国内学者，目前国内对叙利亚民族国家构建的研究相对还较为
薄弱。其中对于叙利亚民族国家构建的基本阶段和特征；影响叙利亚民族
国家构建的主要因素和它们之间错综复杂的关系；以及叙利亚民族国家构
建历程对当代叙利亚政治结构和社会问题的影响等相关问题尚需要更深入

　　① Sami Moubayed, *Syria and the USA*, *Washington's relations with Damascus from Wilson to Eisenhower*, London, New York, I. B. Tauris, 2012.

　　② Nordbruch Götz, *Nazism in Syria and Lebanon*, *the ambivalence of the German option*, 1933—1945, London, New York, Routledge, 2009.

　　③ Rami Ginat, *Syria and the Doctrine of Arab Neutralism*, *From Independence to Dependence*, Portland, Or., Sussex Academic Press, 1988.

　　④ Bassam Haddad, *Business Networks in Syria*, *the Political Economy of Authoritarian Resilience*, Stanford, California, Stanford University Press, 2012.

　　⑤ Raymond Hinnebusch, *Peasant and Bureaucracy in Ba'thist Syria*, *The Political Economy of Rural Development*, Boulder, Colo., Westview Press, 1989.

　　⑥ Volker Perthes, *The Political Economy of Syria under Asad*, London, New York, I. B. Tauris, 1995.

　　⑦ Jordi Tejel, *Syria's Kurds*, *History*, *Politics and Society*, Abingdon, Oxon, New York, Routledge, 2009.

的研究。

三　研究方法、特色创新与基本框架

（一）研究方法

本书在写作过程中，以当代叙利亚国家的历史发展为立足点，以叙利亚现代民族国家构建为全文的基本线索和研究主题，并以民族国家构建理论作为宏观的理论指导，同时借鉴并采用民族学、社会学、宗教学、政治学等相关学科的理论，在研究方法上遵循以下原则：

首先，运用民族国家构建理论对叙利亚进行个案研究。这在国内叙利亚研究中是第一次。叙利亚是一个民族、宗教极端复杂的国家，也是现代国家建国很晚的国家，自 1946 年取得独立以后，一直政变频发、动乱频仍。以往国内学者较多从事叙利亚具体问题的研究，而本书将以民族国家构建的视角来审视叙利亚的历史，解读其国内问题与政策制定的形成历史与深层原因、影响。

其次，在整体上采取以时间为序列分阶段研究的研究方法。这种研究方法是历史学科的重要研究方法之一。本书进行分阶段研究，各章独立成篇，但又紧密相连。每一章为一个独立的历史时期的内容，首尾分别设有概述和总结两章，加紧各章之间的逻辑关系。这种结构可以清晰地体现叙利亚现代民族国家构建的历史过程及发展变化。

最后，采用局部与整体相结合、微观与宏观相结合、历史与逻辑相结合的研究方法。本书首先从总体上对叙利亚现代民族国家构建进行概述，对影响其构建的一些基本问题如"叙利亚"名称与"（大）叙利亚"认同的起源与演变，委任统治以前的叙利亚地理、经济、历史状况以及其存在的族群、区域观念等进行分析，然后对叙利亚现代民族国家构建的阶段以及各阶段的特点进行概述。在此基础上，各章分别论述叙利亚各历史阶段的民族国家构建进程。

（二）特色创新

1. 本书选题较为新颖，在研究内容上体现出开拓性与创新性。如前所述，国外学者对此课题的研究有一定成果，但大多较为分散，缺乏宏观的、整体的和综合的考察。目前国内尚无关于叙利亚现代民族国家构建的系统专著，学术性的研究论文也极少。而要研究叙利亚当今动荡的根本原因以及从新的角度考察叙利亚政治体制，甚至要对现代中东政治和历史进

行整体研究就不能绕开这一重大问题。

2. 以往国内对叙利亚的政治、宗教、族群等问题往往是从孤立的角度，或者是以旧的理论进行综合研究的，本书则从"民族国家构建"这一崭新的整体视角重新审视和研究叙利亚的政治、宗教、族群、区域等问题，力图发现以往被忽略的上述因素之间复杂的内在关系，从而得出新的结论。

（三）基本框架

本书由绪论、正文（第一章至第四章）和结论三大部分组成。

绪论部分主要阐述选题的目的与意义、基本研究路径、研究方法、特色创新以及相关概念的界定。

正文部分分为四章。

第一章先论述"叙利亚"名称与"（大）叙利亚"认同的起源与演变，叙利亚的地理环境、经济与历史概况等问题，最后对叙利亚现代民族国家构建进行分阶段概述。

第二章到第四章均为对具体历史阶段的民族国家构建进程进行的研究。

第二章论述法国委任统治阶段（1920—1946 年）。这一阶段分为两个时期，即法国委任统治初期（1920—1925 年）和法国委任统治后期（1926—1946 年）。本章分阶段阐述委任统治阶段前后两个时期叙利亚现代民族国家构建的任务与进程，前一阶段主要论述叙利亚族群结构与族群认同的变化，这一时期出现的"民族主义"与它们提供的多元政治选择、法国委任统治当局在叙利亚政治、经济、文教领域的殖民主义政策，以及早期叙利亚的民族斗争；后一阶段主要论述叙利亚现代议会民主政治的萌生、叙利亚国家认同的萌芽、殖民主义对叙利亚现代民族国家构建的"双重使命"等问题。在论述上述问题时，主要关注它们的成因、特点以及相互之间的作用、影响及内在联系。

第三章论述独立后的探索阶段（1946—1963 年）。本书将这一阶段以"阿拉伯联合共和国"的建立为界分为两个时期：探索阶段的初期（1946—1958 年）和探索阶段的后期（1958—1963 年）。本章分阶段论述叙利亚独立后受法国影响建立起来的代议民主制的衰落，原民族主义者在争权夺利中逐渐失势及新党派、新精英阶层的形成，阿拉伯民族主义与叙利亚国家民族主义的斗争，以及在此过程中叙利亚经济、社会、军队、教育等方面的发展。

第四章论述复兴党统治阶段（1963 年至今）。这一阶段分为三个时期，即复兴党统治初期（1963—1970 年）、老阿萨德统治时期（1970—2000 年）及巴沙尔统治时期（2000 年至今）。本章分阶段论述，分别论述在复兴党统治初期复兴党内部的斗争与激进派的发展，及在此过程中叙利亚政治、经济、军队及复兴党内的发展；阿萨德统治时期对叙利亚经济、军队、教育、文化的建设，以及对"核心统治阶层""跨阶层社会联盟"的构建，对复兴党、全国进步阵线、人民议会等党政机构的改造，对民族、国家认同的建设；巴沙尔统治时期在内政上的改革与公民社会的有限发展，以及外交上的收缩与更务实的国家民族主义的应用。

结论部分从宏观上把握叙利亚现代民族国家构建问题，综合论述其发展中的成果及问题并予以理论上的提升，指出未来的研究方向。

四　基本概念的辨析与界定

在研究叙利亚现代民族国家构建的历史与具体问题之前，我们有必要对一些基本的民族学概念进行辨析与界定，以便于本书的展开。但在这里需要说明的是，有时不同专家学者对于同一概念有不同的解释，本书在界定这些概念的时候一方面参考权威学者的论述①，另一方面结合叙利亚国家的具体实际，选择了更适用于研究叙利亚个案的解释。下面是具体概念的解析：

（一）民族与民族国家的相关概念

1. 一般意义上的"民族"

当代汉语中所说的"民族"其实是民族学上的"人类共同体"，它包括历史上的"民族"和当今国家的组成部分"族体"。② 由于人是一种群体存在，因此自人产生之日起，就存在人与人、群体与群体之间的交往行为，"民族"就是这种交往的产物。在这种交往过程中，人们之间逐渐建立了联系，并从中意识到自己与他人的差异，继而萌生了自我意识及区别

---

　① 本书在民族国家理论上，主要采用王建娥、朱伦、杨雪冬、宁骚、郝时远等的理论。

　② 有的学者将民族划分为三层含义，一是指广义上的民族即族类共同体，二是指国家意义上的民族即现代民族（nation），三是指国家的组成部分小民族（nationality，郝时远称其为"族体"），有时也包括未发育成熟的民族——部族。但中国官方和学者认为第三类在本质上可以归属于第一类。

于"他人"的差别认识，从而出现了群体成员间的彼此认同以及对群体外成员的识别与排斥。这些构成了共同体存在的基本内涵和外延，并内化成共同体成员的心理意识。民族就是这些具有排斥性外延的共同体，并且是从其与别的人类的共同体的交往活动中逐渐产生的。

这种一般意义上的"民族"的内涵和外延涉及两方面内容，即共同体成员对自己的语言、习俗和行为方式的依恋，成员间的彼此认同，以及对共同体以外的人、事物及价值观念和行为方式的不认同。这种认同与排斥意识是所有人类集团将自己与其他集团相区别的一个本质属性。它既是一个民族在同外族交往活动中形成的，也是在一个具有多样性和差异性的世界中自我存在并保持个性的方式。在任何共同体中，认同与不认同，都有具体的内容和可以感受到的标准和尺度。这种内容、标准、尺度及其应用的范围在共同体中具有极其重要的意义，并随着该共同体交往关系的发展而进行发展、变化。

20 世纪初，斯大林对"民族"做出了著名的定义："民族是人们在历史上形成的一个有共同语言、共同地域、共同经济生活以及表现在共同文化上的共同心理素质的稳定的共同体。"① 可以说，民族首先是一种由共同历史文化和共同语言联系起来的人类共同体，其次还是一种作为利益单位和命运共同体的存在。

由于民族是历史的，因此民族生活的内涵、民族认同的标准和范围是可变的，民族的形成和存在形态也同样是可变的。作为社会共同体的民族，也处在不断分化聚合的过程中。无论是历史上的文化民族还是现代世界的政治民族，内部都具有分化聚合的可能性。

2. 自我认同

在同一社会共同体内部都具有强烈的自我认同，这种认同包括文化认同，即语言文化传统上的同一性；利益认同，即经济、政治、利益的联系和一致性；政治认同，即共同的法律政治传统、彼此之间在共同的政治生活中结成的政治联系等；命运认同，即安全防务上的休戚与共、利害一致等。②

---

① 斯大林：《马克思主义与民族问题》，《斯大林选集》上卷，人民出版社 1979 年版，第64 页。

② 王建娥：《族际政治：20 世纪的理论与实践》，社会科学文献出版社 2011 年版，第35 页。

　　然而，所有这些内涵，无论是共同语言、共同文化、共同地域、共同心理素质，还是共同的利害关系和共同的政治命运，都不是一开始就同时具备的，而是在历史过程中获得并随历史的发展而变化的。因此，共同体的自我认同所包含的内容以及这些内容的意义，也随时空环境的变化、交往联系的变化而变化。而且，构成自我认同的各因素的重要性并不是相等的，什么因素被强调，则受共同体当时所处的社会氛围和社会意识的影响，受进行这种强调的、产生这种社会意识的历史社会结构的影响，受共同体当时面临的具体问题的影响。

　　所以可以说，现代世界的"民族"是现代世界交往体系的产物，而古代世界的"民族"或称为古代存在的人类共同体，则是古代交往方式的产物。民族之间的交往是在历史局势中发生的，民族认同的内容、标准和尺度也取决于民族生活在其中的历史情境，取决于当时社会的生产方式、生活方式以及生产关系、社会生活联系等。

　　在不同历史时期，交往的范围和手段不同，交往的程度和内容不同，交往主体之间的关系就不同，认同的范围和尺度也就不同。例如在远古社会或当今非常落后的原始地区，人类经济活动单一，生产力低下，交往范围就十分有限。在那种自给自足的自然经济下，家庭、氏族、村落或部族就是人们生活的全部。共同体之间的交往活动和交往范围比较有限，认同标准、范围也就比较单一。同样的血缘、同一的家族世系就足以成为认同的标准和联系纽带。

　　而在现代发达的商品生产和世界性产品交换的经济活动方式下，人类交往的范围越来越广，交往手段和方式也越来越复杂化和多元化。社会共同体规模、形式和外延也由小变大，由简单变得复杂，由单一变得多样化。相应地，现代社会共同体的联系纽带和认同标准也发生了深刻变化，远远超出了先前血缘的、地域的、文化的联系，从单一的、直接的联系变为了复杂的、多维的、结构性的联系。随着民族国家体系的确立和民族国家的构建，民族的内涵和外延、民族认同的标准和尺度变得越来越具有政治规定性了。

　　3. 现代民族

　　构成现代民族的两个最基本要素是领土和人民。只有当"领土"成为国家主权的基本要素，生活在该土地上的人民拥有对这片土地的权利的时候，领土与生活在其上的人民才产生了不可分割的联系，该土地上的居民才具备了拥有共同历史和共同命运的前提，他们才开始具有紧密的交往和利益关系。而这些正是在现代世界体系下逐渐进行并实现的。

古代民族主要是在交往过程中自然形成的（古代实际上也存在构建，如君主皈依某宗教，推广其语言），而现代民族带有明显的人为构建成分。如确定某种语言为国语，要求所有公民都讲国语，并以统一的国语取代各种地方方言；建立公立的基础学校，用统一的官方语言向儿童灌输对国家的热爱和忠诚；制定国旗、国歌和国家节日这样一些民族主义意识的象征；设计各种雕像、体育竞赛、符号、神话和仪式；① 创造一些民族所谓的"连续的历史"；通过发行报纸、期刊来将新思想、新观念传播给大众；在对外战争的危急时刻号召人民为民族、祖国而战以及民主化的社会整合实践；等等。此外，在现代政治构建行为之外存在着另一种历史文化传统，即从语言、宗教、文化、习俗经验、历史命运中确定自我身份的认同传统。用 19 世纪法国学者勒南的话说，这种认同传统是在对异族统治、压迫和剥削的感悟中萌发出来的，是在长期充满艰辛、奉献和牺牲的历史中形成的。

在这个意义上，安东尼·史密斯把现代民族概括为："一个有名称的人类聚集形式，它有共同的神话和记忆，有共同的大众公共文化，有既定的祖国，具有经济统一性，所有成员享有平等的权利和义务。"② 并从四个方面区别了现代民族和古代的历史文化共同体：第一，古代和中世纪的"民族"，只包括上层精英阶层，而现代民族是"大众民族"，它在理论上包括主权国家特定人口的所有阶层。在现代民族中，民族成员即公民，他们在法律面前人人平等，公民和民族国家之间没有处于中间地位的团体。第二，现代民族既是历史文化共同体，也是"法律—政治"共同体。从内在方面说，现代民族是一个由共同的法律规范统治的共同体。从外在方面说，现代民族的内涵体现在自治与主权的概念中，现代民族与其他民族联系交往时，以一个统一的"政治共同体"的身份出现。第三，现代民族通过民族主义意识形态获得合法性。第四，现代民族是范围更大的国际

---

① 王建娥：《族际政治：20 世纪的理论与实践》，社会科学文献出版社 2011 年版，第 41 页。

② ［英］安东尼·史密斯：《全球化时代的民族与民族主义》，龚维斌、良警宇译，中央编译出版社 2002 年版，第 65 页。

体系的一部分，在这个体系中整个世界被分为了独立的民族国家。① 这些国家又通过那些存在于民族主义意识形态中的共同思想和习惯相互联系起来。民族国家体系在 1648 年《威斯特伐利亚和约》缔结后在欧洲逐渐形成，1818 年以后成为欧洲、北美、拉丁美洲的主导模式，后来由殖民主义以及殖民时期之后的国家—民族传播到世界其他地方，如中东、亚洲和非洲。②

对于现代民族的形成，安东尼·史密斯认为主要有三种模式：第一种民族的形成是从族裔集团的原型开始的。如移民形成的美利坚民族、加拿大民族和澳大利亚民族等；第二种民族的形成过程是通过贵族阶层建立一个强大的中央集权国家，通过国家及其贵族文化吸收外缘地区和较低等级的成员进入官僚体制而形成。这种模式主要出现在欧洲以及在亚洲和撒哈拉以南非洲前殖民地上建立的国家中；第三种是土生土长的知识分子为了政治目的重新发掘、证实并利用下层民众的方言文化，通过发动民众、唤起他们参加政治活动等方面的努力，创建了国家，并在此过程中形成了民族。这是东欧和中东普遍采取的模式。

4. 民族国家

民族国家（nation - state）通常是指具有一定的领土范围、建立起统一的政治体系和政府机构、具有统一的民族利益以及为国民所接受的政治文化、由本国人治理并在法律上代表全体国民的现代主权国家。

民族国家的本质是它的主权。民族国家对其主权范围内的领土实施统一的行政管理，拥有合法使用自然权力、实施法律或秩序、进行法律制裁的垄断权。民族国家是民族意志和利益的代表，是民族尊严的体现，是国内政治与法的主体。民族国家存在于由民族—国家组成的国家社会中，是国际关系和国际法的行为主体，是现代世界体系的基本组成单位。民族国家拥有独立的外交、宣战、媾和、领土、司法和税收等权力，并且拥有军队，维护国家领土完整，保护其不受任何外部势力侵犯，保护民族国家作为一个整体在世界事务中的权利和尊严。

民族国家是由所有社会阶层和集团组成的政治共同体。人民是民族主

---

① 王建娥：《族际政治：20 世纪的理论与实践》，社会科学文献出版社 2011 年版，第 48 页。

② ［英］安东尼·史密斯：《全球化时代的民族与民族主义》，龚维斌、良警宇译，中央编译出版社 2002 年版，第 62—64 页。

权的最高归属，是国家权力合法性的来源。民族国家不仅拥有在政治上动员全国人民的能力，以及通过政治手段控制自然和社会资源分配的权力，还拥有不断扩大和完善的政治法律机构与社会组织的权力，并且是唯一拥有合法使用暴力权力的垄断力量。

民族国家通过这些制度化、法律化的机构、组织和渠道及对特殊权力的垄断，保证对人民意志的贯彻和表达。民族国家根据人民意志，制定各种政策，建立各种机制，调整社会权利的分配，调节各社会群体的利益关系。实施保证社会经济秩序、规划社会发展、保障社会福利、负责国民教育、就业及失业救济、健康环境和各项公民权利等方面的社会职能，并对市场和经济活动进行宏观的控制和监督，对国家的经济、文化和社会交往过程产生直接而深刻的影响。

现代国家从其政治内涵上来说都是民族国家。但是，现代国家的政治疆域很少与哪一历史民族的活动地域相一致。国家内的公民也很少在族裔和文化方面都是同质的。因此，所谓的"民族国家"，是包容了许多历史文化不同的人口集团而形成的"现代民族"的国家。这个"现代民族"与"国民"是同义的。它需要人为的构建过程才能形成。这就出现了"多民族国家"的概念，并引起了"现代民族构建"和"现代民族国家构建"的问题。

（二）"民族主义"与"民族国家构建"

1. 民族主义（nationalism）

内容和作用：民族主义的信条包括民族荣誉、民族自决、人民主权、民族主权和世俗主义，其目标既可以是构建一个新民族，也可以是增强现存民族的影响力、威望和地位。在民族国家构建的过程中，民族主义发挥了重要作用。国内有学者断言："在社会科学理论中，民族主义常常是和国家问题纠结在一起的，进而同现代性问题是联系在一起的""民族主义是近现代全球现代化进程中民族国家的自我意识"。①因此，民族主义也是一种"现代化意识形态"。

起源：由于西方的民族多先于国家形成，因此西方的民族主义是民族业已形成时出现的思想；而东方的民族主义起源于西方，同时其国家早于民族产生，因此东方的民族主义并非民族的产物，且不具有建设性，只是

---

① 徐迅：《民族主义》，中国社会科学出版社1998年版，第10、43页。

对殖民占领的反抗。

类型：西方民族早于国家形成，造成其民族主义具有自下而上发展的特征；而东方国家先于民族形成，造成了民族主义自上而下发展的特征，社会精英在塑造民族主义方面发挥了极为重要的作用。

表现形态：宁骚①将民族主义划分为三种形态，（1）文化民族主义。在资产阶级发展的早期，民族主义以文化领域为主，目的是培育民族意识、唤起民族觉悟。（2）政治民族主义。当资产阶级羽翼丰满时，他们开始要求成为统治阶级、建立民族国家。（3）经济民族主义。当民族国家建立后，尤其是殖民地和半殖民地获得独立后，控制国民经济命脉、建立统一的民族市场和国民经济体系、改变不合理的国际经济秩序便提上议事日程。

领导力量：一般情况下，民族主义代表资产阶级的利益和要求，但在许多国家尤其是东方国家，资产阶级的弱小使得领导民族主义的重任历史性地落在其他阶级身上，包括小资产阶级、爱国的封建贵族阶级、部落酋长、无产阶级和宗教人士等。这导致了民族主义运动和思潮类型的多样性。

2. 泛民族主义（pan – nationalism）

宁骚认为，泛民族主义是"以有血缘关系的若干民族，甚至以种族和地理单元为单位形成"的民族主义，如泛俄罗斯主义、泛日耳曼主义、盎格鲁—撒克逊主义、雅利安主义等。② 在中东，这样的思想包括泛阿拉伯主义和泛突厥主义。另外，宗教也可能成为泛民族主义的基础，因此泛伊斯兰主义也可列入泛民族主义的范畴。泛民族主义的广泛存在和影响，是中东民族主义和民族问题的突出特征之一。

3. 民族国家构建

"民族国家构建"的概念反映了关于民族主义的"现代主义"派的观点。③ 由于源于西方的民族国家制度与思想的传播，"二战"后亚非拉出

---

① 宁骚：《民族与国家》，北京大学出版社 1995 年版，第 93 页。

② 同上书，第 92 页。

③ "现代主义"（modernism）是民族主义理论的主流，它认为民族主义和民族、民族认同、民族国家、由民族国家构成的国际社会都是全新的现代现象。欧内斯特·盖尔纳指出，民族是在现代化过程中产生的，是工业化时代的必然现象；埃里克·霍布斯鲍姆认为，民族的产生应归于"被创造出来的传统"，是社会工程的产物；本尼迪克特·安德森甚至认为，民族是"想象的共同体"（imagined community）。该理论也被称为"建构主义"。

现了通过改造传统国家（主要发生于半殖民地）和从头建立国家（主要发生于殖民地）来确立民族国家体制的进程。后者无疑是真正的民族国家构建过程，而包括叙利亚在内的中东国家基本属于这种类型。

民族国家构建（nation - state building）包括民族构建（nation building）和国家构建（state building）两方面。"民族构建"包括"民族"作为文化—政治共同体的构建过程及"民族认同"的形成过程。该过程主要涉及社会个体与国家之间、族群与民族之间以及族群之间的关系，具体包括安东尼·史密斯所说的共同体的记忆、神话及象征性符号的生长、培育和传递；共同体的历史传统和仪式的生长、选择以及传递；"民族"共享文化（语言、习俗、宗教等）可信性要素的确定、培育和传递；通过标准化的方式和制度在特定人群中灌输可信性价值、知识和态度；对具体历史意义的领土，或者祖国的象征符号及其神话的界定、培育和传递；在被界定的领土上对技术、资源的选择和使用；特定共同体全体成员的共同权利和义务的规定等。① "国家构建"指的是政治权力的产生、存在、使用和更替的合理化过程，同时也是政治权力与社会权力、经济权力之间关系建构的合理化过程，它强调国家的"能动者"身份的明显化和制度结构的合理化，② 它包括国家政治结构、制度、法律的建设，包括行政资源的整合和集中，使国家能够对其主权范围内的领土实施统一的行政控制等。尽管民族构建与国家构建属于两个不同概念，但二者仍有着密不可分的联系，彼此交叉、渗透，互相影响。

由于生存环境、历史传统、文化习惯、历史阶段等因素的不同，世界上各民族的"民族构建"方式亦有所不同。史密斯将其概括为两种模式：存在于西方的"民族的公民模式"（a civic model of the nation）；存在于亚洲和东欧地区的"民族的族群模式"（an ethnic model of the nation）。第一个模式主要强调政治因素在构建民族认同过程中的作用，因此概括了四条民族标准：（1）历史形成的领土；（2）法律和政治共同体；（3）成员在法律和政治上的平等权利，即"公民权"（citizenship）的构建；（4）共同的文化和意识形态（civil ideology）。第二个模式强调的是人们生存的共

---

① ［英］安东尼·史密斯：《全球化时代的民族与民族主义》，龚维斌、良警宇译，中央编译出版社 2002 年版，第 107 页。

② 杨雪冬：《民族国家与国家构建：一个理论综述》，"世纪中国系列论坛"网，http://www. ccforum. org. cn/viewthread. php? tid = 9274，2003 年 11 月 7 日。

同体、本土文化和血缘关系。因此,民族的标准包括:(1)对血统和谱系的重视超过基于领土的认同;(2)在情感上有强大的感召力和动员效果;对本土文化(语言、价值观、习俗和传统)的重视超过了对法律的重视。史密斯认为,在当今世界的民族主义运动中,这两种模式经常是同时存在的。

而由于中东的"民族主义"理论常常是"外来的",因此其民族国家构建存在着与自身传统相冲突及融合的过程。同时,"二战"后世界上出现了国家联合的趋势,其中包括民族国家主权的让渡,这就使中东国家也面临着加强民族国家构建和让渡主权的双重压力。

第一编
叙利亚现代民族国家构建概述

第一章

叙利亚名称与"（大）叙利亚"认同的起源与演变

在论述叙利亚现代民族国家构建之前，首先必须弄清楚两个问题：什么是"叙利亚"？"（大）叙利亚"的认同从何时开始？这两个问题看似简单，实际上却相当复杂。"叙利亚"一词有时指代的并非现在意义上的"叙利亚"国家，而是历史长河中的"叙利亚"地区。而即便是在历史中，对何为"叙利亚"及对"叙利亚身份"的认同也是复杂的和不一致的。

第一节　"叙利亚"名称的起源与演变

由于地理名词的内涵在历史长河中常常会发生变化，因此在运用地理名词时有必要先正确地使用文献证明这些名称的起源、内涵及其发展变化，以防止对它们的误解和混淆。"叙利亚"一词便是如此。

本节意欲弄清"叙利亚"一词在不同历史阶段直至今日的应用，并证明自公元前以来一直提及的"叙利亚"一词从来都不是指一个一成不变的特定地理或政治实体，而当今叙利亚国家只是经常提到的"地理上的叙利亚"（即从北部的陶鲁斯山延伸至南部的西奈山沙漠的地区）的一部分。这对研究叙利亚民族国家构建这一课题以及对我们理解叙利亚现代民族国家构建的历史具有重要意义。

一　"叙利亚"名称的起源

"叙利亚"这一名称从词源学上来看源自希腊语，但学者们对它最直接的起源有众多看法，其中受到普遍认可和接受的观点是"叙利亚"为"亚述"（Assyria）的缩写形式。希罗多德就此曾说过："'叙利亚'是希腊语，'亚述'是其原始形式。"公元前8世纪，当希腊人开始接触亚述帝国时，他们便使用"亚述"一词指代所有居住在从地中海向东到幼发拉底河及更远地区的居民。而"叙利亚"这个名称，最早出现于公元前6世纪末。

　　然而，中东古代文献中极少出现"叙利亚"一词，这说明当地人不仅不称这块土地为"叙利亚"，也不称自己为"叙利亚人"，而称自己是亚美尼亚人、腓尼基人（也称迦南人）、以色列人或者犹太人等。

二　希腊—罗马时代的"叙利亚"

　　"叙利亚"一词的内涵不仅在不同历史阶段中变化巨大，而且在相同历史时期不同作者对"叙利亚"一词的运用也有差异，这体现在一些古代经典著作里。例如，在希腊时代，"叙利亚"一词有时意为从尤克森（Euxine）① 到埃及的整个地区，与"亚述"一称相混淆；有时它又表示阿拉姆（Aram）、阿拉姆人（Aramaean）或波斯依波玛丽（Persian Ebernari）②；有时它还与 Coele - Syria 同义。但它已与"腓尼基""犹太"区别开来，并常与"腓尼基"一词一同出现，用"叙利亚与腓尼基"指代从塔布萨克斯（Thapsacus）③ 到阿斯卡隆（Ascalon）④ 的沿海地区。"叙利亚"一词内涵的不同，表明长期以来其词义在人们思维中的模糊与不确定。

　　对"叙利亚"一词的混淆不仅体现在对该词汇的应用上，还反映在对该地区划界的不明晰。公元前1世纪，著名罗马地理学家斯特拉波就接受了"叙利亚"的不同分区，他说："一些作者把叙利亚人分为柯里叙利亚人（Coele - Syrians）、叙利亚人和腓尼基人，并称犹太人、以土买人（Idumaeans）、盖兹尼人（Gazaeans）和阿组提人（Azotians）四个部落与他们混合在一起。"而他则将"叙利亚"依北部的西里西亚和亚玛奴山脉

---

　　① 今土耳其黑海沿岸地区。详见维基百科全书网站 http://en.wikipedia.org/wiki/Syria。下面相关地名的现今位置均参见该网站，故不再一一注释。

　　② 亚述人将他们管辖的今叙利亚与黎巴嫩地区在官方称为"Persian Ebernari"。

　　③ 具体位置不明，但普遍认为是距塔德摩（Tadmor）东北部160公里的地区，基本位于现在的城镇德尔（Deir）。

　　④ Ascalon 一词来源于 Ashkelon，是古代以色列的一个沿海城镇。

（Mt. Amanus），东部的幼发拉底河、阿拉伯菲利克斯（Arabia Felix）[1]，南部的埃及以及西部的埃及和直到伊苏斯（Issus）的叙利亚海划分开来，将其分为以萨姆萨特（Samosata）为首府的四个王国（Commagene）：奥龙特斯河（Orontes）[2] 的安条克、底格里斯河的塞琉西亚、奥龙特斯河（Orontes）的阿发米亚（Apamea）[3] 和海上的劳迪西亚（Laodicea）[4]；具有四个重要城市的 Seleucis of Syria 地区；由黎巴嫩、东黎巴嫩（Anti - Lebanon）以及两者之间的山谷组成的 Coele - Syria 地区；从北部的奥斯亚（Orthosia）延伸到南部的培琉喜阿姆（Pelusium）[5] 的腓尼基地区；以及构成腓尼基上部分，直到阿拉比亚，从加沙到东黎巴嫩的犹大地区。

古代资料中有关亚历山大时期这一地区的行政管理的信息更加混乱并存在一些错误。亚历山大采用了希腊词汇"叙利亚"来代表"河外"或埃波纳里（Ebernari）省。因此，罗马史学家阿里安（Arrianus）最早使用"叙利亚总督"（Satrap of Syria）来指代埃波纳里（Ebernari）省的管辖者。这个地区直到亚历山大去世仍是一个行政单位。

三　阿拉伯与奥斯曼统治时期的"叙利亚"

随着 7 世纪伊斯兰的兴起和阿拉伯人对叙利亚地区的征服，所有阿拉伯语资料以及后来的奥斯曼文献都用阿拉伯语"al - Sham"（沙姆）[6] 一词指代西方文献中的"叙利亚"，即北从陶鲁斯山南到西奈沙漠的全部地区。此后它先后被划分为初期的军管区（ajnad）、马木鲁克时期的省（niyabah）或王国（mamlakah）以及奥斯曼时期的省（wilayah）。

哈里发欧麦尔（634—644 年在位）起初是为了解决被征服地区的管理问题而对沙姆地区进行划分的。在 639 年的贾比亚（Jabiya）会议上，他将沙姆地区划分为四个军管区（ajnad）：霍姆斯管区以霍姆斯为首府，

---

① 阿拉伯菲利克斯（Arabia Felix）位于古阿拉伯阿西尔省（Asir province）西南部的阿布哈（Abha），今阿拉伯半岛南部，有时只限于也门地区。

② 奥龙特斯河（Orontes）位于土耳其，它在古代是黎凡特地区重要的河流。

③ 阿发米亚（Apamea）为幼发拉底河左岸的希腊城市。

④ 劳迪西亚（Laodicea）是今叙利亚拉塔基亚的古名。

⑤ 培琉喜阿姆（Pelusium）曾是尼罗河三角洲最东部的重要城市，大约在距今天赛德港（埃及港口）东南部 30 公里的地方。

⑥ 沙姆（al - Sham）在词源学上的意思是"左边"或"左边的陆地"；区别于"也门"（al - Yaman）或"右边的陆地"，麦加夹在两者中间。

包括整个沙姆地区的北部；大马士革管区以大马士革为首府，包括加利利以外的整个沙姆地区的中心部分，并向南部延伸到葛兰和豪兰（Hawran）地区；约旦管区以太巴列（Tiberias）为首府，包括加利利、阿杰隆山区（Jabal'Ajloun）和巴萨尼亚（Al-Bathaniya）；巴勒斯坦管区以拉姆拉（Ramla）为首府，包括巴勒斯坦濒海和高地地区。680年，沙姆又增加了一个从霍姆斯管区中分出的钦纳斯林（Qinnasirin）管区。它涵盖了沙姆地区向奥龙特斯北部和东部延伸，南到沙札尔和哈马的所有领土，后来阿勒颇取代钦纳斯林（Qinnasirin）为首府。这种行政区划一直维持到1098年。

1099年，安提阿国建立，沙姆地区部分进入了十字军统治的阶段（1099—1265年）。他们占领的地区沿整个海岸线从北部亚玛奴山脉延伸至南部的加沙。它最初以拉丁国家或奥楚米尔（Outremer）闻名，后又涵盖了沿海地区、耶路撒冷王国、安提阿以及埃德萨和的黎波里国家的领地。随着阿卡（Acre）的沦陷，奥楚米尔走向终结，并最终落入阿什拉夫·哈利勒的手中。

马木鲁克时期，沙姆地区被划分为六个省：大马士革省，从北部的豪兰（Hawran）① 延伸至卡拉克（al-Karak）②，包括巴勒斯坦从西奈沙漠到伊本·阿米勒沙漠（Marj Ibn Amer）的地区，从提尔（Tyre）③ 到毕布勒（Byblos）④ 的海岸，黎巴嫩南部和贝卡（Biqa'），向东延伸至巴尔米拉（Palmyra）⑤；阿勒颇省，涵盖沙姆北部地区并从南部的马阿拉延伸至北部的赛斯（Sis），且从巴利斯幼发拉底河（Balis the Euphrates）到地中海；哈马省，从北部的马阿拉（Ma'arra）⑥ 延伸至南部的拉斯吞（al-Rastan）⑦，西至奇力·阿德达瓦（Qil'ad-Da'wa），东至沙漠；的黎波里

---

① 豪兰（Hawran），叙利亚东南部从荷尔蒙山到约旦边境的地区。

② 卡拉克（al-Karak），今约旦的卡拉克省的省会，因其内的十字军城堡"卡拉克城堡"而闻名，是这一地区三大城堡之一，另外两个在叙利亚。

③ 提尔（Tyre），位于今黎巴嫩南部省。

④ 毕布勒（Byblos），历史悠久的古城，位于今黎巴嫩的黎巴嫩山省。

⑤ 巴尔米拉（Palmyra），也译作帕米拉，是叙利亚中心的古代重要的阿拉米亚城市，其古遗址位于大马士革东北部215公里及在德尔祖尔距幼发拉底河西南180公里的绿洲。

⑥ 马阿拉（Ma'arra），也称Siege of Maarat，曾在第一次十字军东侵时被占，属于今天的叙利亚。

⑦ 拉斯吞（al-Rastan）位于今天叙利亚霍姆斯省，内有著名的拉斯吞大坝。

省，涵盖了黎巴嫩北部，从海滨到拉塔基亚北部以及努萨里山；萨法德省，包括加利利以及海滨平原；卡拉克省（al – Karak），包括从阿拉（al – Ala）到兹亚（Zizya）的地区。

1516 年，素丹塞利姆一世（1512—1520 年在位）将叙利亚（沙姆地区）并入奥斯曼帝国。这一时期，沙姆地区被划分为三个大省（Wilayah），每个省又由若干县（Sanjaq）构成。这三个省分别为：阿勒颇省，有九个县，覆盖沙姆南部从马阿拉特—纳曼（Ma'arrat al – Na'man）到阿里什（al – 'Arish）的地区；的黎波里省，包括霍姆斯、哈马、贾巴拉赫（Jabalah）和萨拉米亚（Salamiyya）；西顿（Sidon）省，包括西顿、贝鲁特和萨法德。

19 世纪，随着埃及征服的结束，沙姆地区被划分为大马士革、阿勒颇、的黎波里、阿达纳和塔尔苏斯（Tarsus）、西顿和巴勒斯坦、耶路撒冷和纳布卢斯几个省。1831 年，沿海城镇提尔、西顿、贝鲁特和的黎波里开始受易卜拉辛帕夏直接控制。1832 年，包括黎巴嫩在内的整个地区都被并入一个省，称"Barr al – Sham"、阿拉伯斯坦（Arabistan）或沙姆（Bilad al – Sham），由艾米尔贝希尔管理。

然而，随着 1840 年奥斯曼人重返沙姆地区，这里的行政区划又发生了改变。1856 年，他们将沙姆分为两个省：西顿省，包括西顿、贝鲁特、提尔、地尔·卡穆尔（Deir al – Qamar）、比朗德·巴沙尔（Bilad Bishara）、纳布鲁斯（Nablus）、德鲁兹山区（Jabal al – Druze）和纳萨尔山区（Jabal al – Nasara）；大马士革省，包括大马士革、霍姆斯、哈马、豪兰（Hawran）、阿基隆（'Ajloun）、依拉比德（Irbid）、布勒噶（Balqa'）和卡拉克（Kerak）。

直到 1864 年 11 月，随着奥斯曼政府新行政法律的实行，"叙利亚"这一名称才又重新露面。1870 年进一步确立了这种行政制度：将沙姆地区分为两个部分：叙利亚省（Wilayat Suriya），包括以前的大马士革省（含大马士革、霍姆斯、哈马、豪兰、阿基隆、依拉比德、布勒噶和卡拉克）和西顿省（贝鲁特、提尔、地尔·卡穆尔、比朗德·巴沙尔、纳布鲁斯、德鲁兹山区、纳萨尔山区；以及前的黎波里省）及阿勒颇省，包括除了艾因塔布（Aintab）的整个沙姆北部地区。

这种行政区划一直持续到 1888 年，这时沙姆地区又一次被重组并细化为六个地区：叙利亚省，包括四个县（sanjaq）；大马士革省，包括齐拉姆恩山（Jabal Qalamun）、瓦迪巴拉达（Wadi Barada）、瓦迪阿加姆（Wadi al－'Ajam）、贝卡沙里奇（al－Biqa, al－Sharqi）、巴勒贝克（Baalbek）、拉什亚与哈什亚的贝卡哈利比（al－Biqa, al－Gharbi with Rashayya and Hasbayya）；哈马省，包括哈马、霍姆斯、萨拉米亚（Salamiyya）和哈穆泰迪亚（Ham Tdiyya）；豪兰省，包括豪兰、阿杰隆（Ajlun）、库奈特拉巴西尔—哈里里（Qunaytra Basr al－Harir）、达尔（Dar'）、苏韦达（Suwayda）、塞勒海德（Salkhad）和阿什拉（Ashira）；和卡拉克（Kerak）省，也称穆安（Mu'an），包括卡拉克（kerak）、穆安（Mu'an）、塔菲拉（Tafi－lah）和萨尔特（al－Salt）；阿勒颇省，包括阿勒颇、乌尔法（Urfa）和马拉什（Mar'ash）；贝鲁特省，包括贝鲁特、拉塔基亚、的黎波里、阿卡（Acre）和拜勒加（al－Balqa'）；约里穆塔萨里菲亚〔Ior Mutasarrifiyya，包括代尔约里（Deir el－Ior）和巴尔米拉（Palmyra）〕；黎巴嫩穆塔萨里菲亚〔Mutasarrifiyya，包括拜特龙（Batrum）、凯瑟瓦（Kisirwan）、马特尼（al－Matn）、苏夫（al－Shuf）、吉兹（Jizzin）、库拉（al－Kura）、雅赫勒（Iahleh）和代尔齐玛（Dei el－Qamar）〕；及耶路撒冷穆塔萨里菲亚〔Mutasarrifiyya，包括耶路撒冷、雅法（Jaffa）、加沙、希伯伦（Hebron）和比尔萨比（Bir Sabi）〕。这种行政区划一直持续到1918年第一次世界大战结束。

四 法国委任统治前后的"叙利亚"

1916年4月至5月，英法签订了瓜分沙姆地区的《赛克斯—皮科协定》，粗略地界定了英国和法国的势力范围。英法双方都想直接控制海岸并在腹地保留影响力，因此将耶路撒冷保留为国际化地区。但随后，《赛克斯—皮科协定》被修订，法国放弃对巴勒斯坦的权力要求，把摩苏尔地区移交给英国。作为回报，法国对叙利亚和黎巴嫩的控制合法化。

第一次世界大战后，沙姆地区被分为两个政治区域：南部地区，包括巴勒斯坦和外约旦，置于英国委任统治之下；北部地区，包括多个政治单位，总称为"Les Etats du Levant"或"黎凡特诸国"，被置于法国委任统治之下。

从1920年到1936年，原沙姆地区先后建立四个国家：叙利亚国，建于1920年，由阿勒颇和大马士革两地组成；大黎巴嫩国，1920年建立并于1929年独立，包括贝鲁特、的黎波里、提尔和西顿周围地区、巴勒贝克和贝卡地区、拉什亚（Rashayya）和哈什亚（Hashayya）区域；拉塔基亚政府，1920 年建立，1922 年更名为"阿拉维国"后来又取消"国"的称谓，包括拉塔基亚省及其周围地区；以及杰贝阿里德鲁兹，1922 年独立。直到 1941 年 9 月 28 日，"自由法兰西军"的总司令加德鲁将军（General Catroux）才宣布叙利亚在它现在的边界内独立，1943 年 8 月 17 日，以此为国界的叙利亚举行了第一届总统选举。

五　阿拉伯语文献中的"叙利亚"

如前所述，"叙利亚"一词表示整个沙姆地区，但长期以来阿拉伯文献中很少使用这一词汇，而是用 "al – Sham" "Bilad al – Sham" "al – Diyar al – Shamiyyah" "al – Shamiyyah" "Barr al – Sham" 或 "al – Iyalat al – Shamiyyah" 代替，指的是从北部的塔尔苏斯（Tarsus）延伸到南部的里法赫（Refah）、埃拉特，西到地中海，东部横穿沙米亚（Shamiyyah）和阿勒颇，从布勒噶（al – Balqa'）到萨拉赫德（Salkhad）的广大地区。

普遍被接受的观点是沙姆（al – Sham）在词源学上的意思是"左边"或"左边的陆地"；区别于"也门"（al – Yaman）即"右边的陆地"，麦加夹在两者中间。从 8 世纪到 9 世纪上半叶，阿拉伯人唯一用过的词汇是沙姆（al – Sham）和它的派生词，从未使用过"叙利亚"。

19 世纪中叶以后，随着"（大）叙利亚"认同的产生和黎巴嫩印刷业的发展，"叙利亚"一词开始出现在阿拉伯语的文学作品中。但由于这个概念还不是一个通用概念，因此不同作者作品中的"叙利亚"一词的内涵也有所不同，有的指当今的黎巴嫩，有的指叙利亚与黎巴嫩，还有的指整个（大）叙利亚地区。

第二节　"（大）叙利亚"认同的起源与演变

随着现代叙利亚国家的建立，我们习惯称原沙姆地区为"（大）叙利亚"地区或"黎凡特"（Levant）地区。该地区在 19 世纪出现了"（大）叙利亚"认同，它是中东人在前几个世纪与西方交往的过程中，在西方思想影响下其领土身份观念发生的一种改变。它的起源与演变是一个复杂、渐进的过程，且对叙利亚现代民族（国族）认同的产生与发展有深远影响。

"（大）叙利亚"一词原本已淡出当代词汇，而如今却因活跃在伊拉克和叙利亚的极端恐怖组织"伊斯兰国"而再次成为热点词汇。"伊斯兰国"（英语：The Islamic State，缩写：IS）的前称为"伊拉克和（大）叙利亚伊斯兰国"（英语：Islamic State of Iraq and al-Shams，缩写：ISIS）。从 ISIS 的称谓中不难看出，"伊斯兰国"的政治目标是消除"二战"后（大）叙利亚地区（今叙利亚、黎巴嫩、巴勒斯坦、约旦、以色列）的国界，并在这里创建一个以极端伊斯兰信仰为根基的统一的"哈里发"国。而这种政治目标显然是以 19 世纪出现的"（大）叙利亚"认同为规划基础和舆论宣传工具的。可见，了解"（大）叙利亚"认同的起源及其内容在今天不仅具有极高的学术价值还具有重要的现实意义。

一　"瓦坦"（waṭan）概念的演变

"（大）叙利亚"认同顾名思义带有领土含义，而中东人传统的领土观念十分薄弱，且只具有政治意义，在地方社会中的认同远不及宗教、部落或语言。中东人仅对自己生长的城市、村庄及周围地区有依恋之情，故阿拉伯语中有"瓦坦"（waṭan）一词，意为"某人居住的地方"。但由于中东人一般不用居住地来定义自己，除非迁徙到外地为便于自我介绍才会提及原居住地，因此"瓦坦"一词并不常用，而更广泛的领土忠诚在中东几乎不存在。甚至在 20 世纪之前，中东语言中的"国家"一词①只表示政府、民权、政治统治、王朝等，根本没有领土的含义，而中东国家也极少正式提及其领土属性，统治者也很少被冠以领土性的头衔，因此中东人对其国家的政治忠诚中也缺乏对其领土的忠诚。

奥斯曼帝国时期，由于西方传教士开始在叙利亚地区进行广泛的传教、办学活动，②叙利亚的基督徒最早接触到西方的"国家"观念。19世纪上半叶，以基督徒为主的当地知识分子开始认可西方高度政治化了的领土认同，语言上的标志是词语"祖国"和"爱国主义"在阿拉伯语中

---

① 阿语中的 dawlah、土耳其语中的 devlet 及波斯语中的 doulat。

② 早在 6 世纪就已经有基督教传教士来叙利亚传教，但 16 世纪以后才形成较大规模，18—19 世纪其影响越来越大。详见 Zine N. Zeine，*The Emergence of Arab Nationalism*，New York，Caravan Books，1973，pp. 20—22。

出现。① 由于西方的"祖国"对中东人来说完全是个外来概念，其本土语言中本没有与之对应的词汇，于是他们就用"watan"这个在语义学上唯一与其有联系的词语来指代这一概念，并用圣训短语"hubb al – watan"②来指"爱国主义"。这些新词汇及其应用逐渐传播到中东各地，尤其是像伊斯坦布尔、开罗和贝鲁特这样受西方影响较大的中心城市。19世纪中叶，中东兴起的出版业进一步加速了这个传播进程。③

然而，中东人却在引进这些外来概念时无意中改变了它们的词义，watan 和 hubb al – watan 的现代词义往往与西方词汇中的"祖国"和"爱国主义"并不相同。很多中东学者仅把"瓦坦"的新意义理解为比一个人最熟悉的地区更大些的地方，而个人与其瓦坦之间的传统关系并无多大改变。这种关系和西方人与其"祖国"的关系主要存在两点不同：第一，"瓦坦"缺乏"祖国"的政治含义，即领土意识。"领土"是西方对"祖国"政治忠诚的中心，而"领土"在中东人与其"瓦坦"的关系上并不突出；第二，西方的爱国主义是领土民族主义，体现的是在特定领土上的居民的政治统一，而中东的 hubb al – watan 只是一个人对其所在地区的热爱，不包含对该地区人民的特殊责任和感情。可以说，中东地区原有的认同特别是宗教社团认同严重影响了中东人将其对瓦坦的忠诚感延伸到对该瓦坦的居民身上。例如，大马士革东正教徒与贝鲁特东正教徒相比时会产生一种地方政治认同，但这种地方认同却不能使他们与大马士革穆斯林之间创造政治联系。

尽管如此，(大)叙利亚也有少数地方知识分子理解了"爱国主义"这一西方观念的全部内涵，并尝试传播这种理念。如叙利亚记者哈利勒·胡里（Khalil al – Khuri）于1858年强调爱国主义深层次的政治特征，称其是一种可使人不惜牺牲自己、抛弃宗教分歧、热爱其同胞的精神。但持这种想法的人终归是少数，总的来说，19世纪时中东人还不能真正理解"瓦坦"的新含义。叙利亚作家法拉赫·安吞（Farah Antun）于1899年写道："'瓦坦'在中东是个模糊的概念，中东人知晓却不理解。他们要

---

① 实际上，中东人最早接触到这些词汇是在18世纪时，常常是法语形式的 Patrie 和 Patriotisme。

② 后来，阿拉伯人又在阿语中创造出"wataniyyah"一词来表示"爱国主义"。

③ Bernard Lewis, *The Middle East and the West*, Bloomington, Indiana University Press, 1964, pp. 75—81.

真正理解这一概念仍需要克服很多困难。"①

　　直到 20 世纪,中东知识界才开始真正理解"瓦坦"的含义,但人们对"瓦坦"的理解并不是以破坏原有的族群纽带为前提的,而是使其作为一种"超族群"概念而存在。但无论如何,中东人开始赋予"瓦坦"更广泛的内涵,而不再将其仅仅作为一个传统的地方性概念而存在。如伊斯坦布尔的土耳其知识分子构想一个涵盖整个奥斯曼帝国的"瓦坦",开罗的说阿拉伯语的穆斯林认为埃及是他们的"瓦坦",而贝鲁特的基督徒则开始引用这一词汇指当时常被称为"叙利亚"(即"(大)叙利亚")的地区。

二 "(大)叙利亚"地区的宗教社团②认同

　　由于"(大)叙利亚"地区在历史上长期受外族统治,一直是各民族、宗教及教派聚集和融合的地区,各族群尤其是宗教社团长期聚居在某一区域,因此这里存在着强烈的族群认同特别是宗教社团认同。中东人在日常生活中很少称自己为"叙利亚人""黎巴嫩人"等,而更多称自己为"穆斯林""基督徒""犹太人"等,可见宗教社团认同远远超过了对领土"国家"的认同。这些宗教社团认同的存在势必对日后萌生的"(大)叙利亚"认同及叙利亚建国后不断构建的叙利亚民族认同产生深远影响。而由于"(大)叙利亚"认同最初是在"(大)叙利亚"基督徒中萌生的,因此这里主要阐述"(大)叙利亚"地区存在的穆斯林社团认同与基督徒社团认同以及二者之间的关系,进而探讨二者对"(大)叙利亚"认同产生的影响。

　　(一)穆斯林社团③的"强势群体"认同与基督徒社团的"弱势群体"认同

　　从严格意义上讲,"强势群体"与"弱势群体"认同都是由于社会不公

---

① Arnon Groiss, "Communalism as a factor in the rise of the Syria idea in the 1800s and the early 1900s", *The Origins of Syrian Nationhood*, *Histories*, *pioneers and identity*, Adel Beshara ed. , New York, Routledge Press, 2011, p. 31.

② 从严格意义上说,宗教社团或是教派也属于族群。但由于叙利亚地区族群、教派发展的不同步与各自的特殊性,故本书为了方便阐述,一律将教派从族群中分开,进行单独论述。

③ 主要是逊尼派穆斯林,有时伊斯兰少数派的地位还不如基督徒,因为在逊尼派穆斯林看来,基督徒也是"有经典的人",而其他伊斯兰少数派如阿拉维派等却是"宗教异端",因此伊斯兰少数派也有"弱势群体"认同,这点将在下文阐述。在这里,由于我们主要审视基督徒的"弱势群体"认同,因此拿来与其比较的主要是伊斯兰多数派即逊尼派。伊斯兰少数派在此不做考虑。

而产生的"次国家"认同，它们一般反映的是一种阶级认同。而自从公元636年，"（大）叙利亚"地区被阿拉伯伊斯兰军队征服并入阿拉伯帝国后，信仰伊斯兰教的穆斯林便成了高人一等的集团，而原来在东罗马帝国享有特权的基督徒成了"次等公民"，从此他们的"宗教社团"认同也分别带有了"强势群体"和"弱势群体"认同的色彩，为二者的关系增添了复杂性。

1516年"（大）叙利亚"被奥斯曼纳入其帝国版图后，由于奥斯曼素丹从16世纪起也任伊斯兰世界的"哈里发"，帝国亦为"伊斯兰教"国家，因此穆斯林社团与基督徒社团的地位没有变化。除黎巴嫩外，叙利亚地区的基督徒大多散居在穆斯林当中，不具备任何影响力。即便这样，帝国实施的伊斯兰法律仍规定了基督徒的身份与地位低于穆斯林。例如法律规定：非穆斯林在法律上的证词不能驳回穆斯林；非穆斯林的权利不能凌驾于穆斯林之上；非穆斯林需缴纳特殊税；非穆斯林不能骑马、携带武器、穿穆斯林服饰，建造的房子不能高于周围穆斯林的房子；非穆斯林不能在公共场合履行宗教仪式，等等。虽然这些法律限制并不经常实行，但基督徒在穆斯林社会中总的差别地位一直延续到19世纪。当我们研究两者关系时必须考虑到这一点。

一方面，由于穆斯林社团在帝国内部享有政治、经济、社会等特权，因此具有强烈的"强势群体"认同；另一方面，由于基督徒社团受穆斯林政府统治，在政治上被边缘化，在经济、社会、宗教等多方面受到不公平待遇，并时常遭受到穆斯林群体的歧视和冷眼、极端穆斯林对他们的暴力袭击甚至政府对他们的迫害，因此他们无时无刻不担心自己的生命和财产安全，内心充满了对以穆斯林为主体的社会的不满与愤恨。这些决定了数代叙利亚基督徒持有的"基督徒社团"认同中都具有"弱势群体"认同的成分，影响了其后来萌生的"（大）叙利亚"认同的内容。

（二）19世纪下半叶穆斯林与基督徒矛盾的加剧

自16世纪起，英法等欧洲大国（尤其是法国）便趁奥斯曼帝国日益衰落之机开始攫取帝国内部种种特权，其中最重要的特权之一是外国居民及受外国保护的当地人可免受奥斯曼帝国的法律管辖。于是，越来越多的"（大）叙利亚"基督徒向西方传教士寻求保护。① 由于受保护者不仅可

---

① W. Polk, *The Opening of South Lebanon*, 1788—1840, Cambridge, MA, Harvard University Press, 1963, p. 132.

以免服兵役、免受法律制裁，还只需缴纳与外国人同样多的税，[1] 其税率比奥斯曼居民包括穆斯林需支付的税还要低很多，因此西方国家不仅成为防止奥斯曼政府对基督徒迫害的盾牌，同时还为受保护的当地人带来了大量经济利益。

19世纪，西方国家不仅加紧对"（大）叙利亚"地区进行资本渗入，还开始对当地基督徒进行系统化的保护，借长期扶植某些基督教派来加强自己在当地的影响力。[2] 例如，法国成了马龙派教徒和天主教徒的保护者，俄国是东正教徒的保护者，英、美是新出现的新教社团的保护者。于是，"（大）叙利亚"的各基督教社团逐渐滋生出了对各自保护国强烈的友好感情，有时甚至达到了政治忠诚的程度，并远远超过了其对奥斯曼国家的忠诚。由于中东人普遍认为西方及当地基督徒都是与伊斯兰敌对的，而基督徒在被扶植中又受益良多（尤其是在经济上），利益受损的则往往都是（逊尼派）穆斯林，因此无形中增加了穆斯林对当地基督徒的不满。

与此同时，19世纪中叶正值奥斯曼帝国被称为"旦齐马特"[3] 的改革时期。在西方国家的压力下，奥斯曼政府在改革中融入了一些改善非穆斯林状况的内容，其中最重要的当属1856年颁布的"哈蒂·胡马雍诏书"，它规定帝国内部人民不论种族、宗教信仰一律平等，奥斯曼帝国允许非穆斯林及伊斯兰少数派从事公职、在地方行政机构中拥有自己的代表、在混合法庭中享有公平审判的权利以及与逊尼派穆斯林缴纳同样的税款等，从而废除了非穆斯林在法律上低于穆斯林的地位。

---

① R. H. Davison, *Reform in the Ottoman Empire* 1856—1876, Princeton, NJ, Princeton University Press, 1963, p. 45.

② 实际上，西方大国从19世纪起还开始在奥斯曼帝国的穆斯林主要是伊斯兰少数教派中传教、办学，以增加其影响力，比较明显的有美国新教徒在阿拉维派中的活动。很多阿拉维派为了自我保护而假装皈依基督教，但也有些人成为真正的新教徒。这些伊斯兰少数教派在帝国的地位有时还不如基督徒，他们也被看作"非穆斯林"。详见 Joseph L. Grabill, *Protestant Diplomacy and the Near East*, *Missionary Influence on American Policy*, 1810—1927, Minneapolis, University of Minnesota Press, 1971, p. 18。但本文在这里主要关注叙利亚基督教徒的变化，因此不对其做阐述。

③ "旦齐马特"意为"卓越高尚的改革"，这一时期奥斯曼素丹推行了一系列自上而下的西化改革。历史著作中对于旦齐马特的分期观点不一。一般从1839年11月3日素丹阿卜杜勒·麦吉德颁布"古尔汉"改革诏书为开端，分为两个阶段：第一个阶段包括1839—1856年；第二个阶段从1856年改革诏书"哈蒂·胡马雍"颁布开始。结束时间部分史学家认为到1863年前，部分认为到1876年前。

由于给予基督徒与穆斯林平等地位的政策客观上违背了传统伊斯兰社会强调穆斯林政治法律优越权的原则，因而保守派穆斯林感到新法案威胁到了他们自古以来享有的特权。于是，他们开始对奥斯曼改革持怀疑态度，对西方日益增强的影响力感到惊恐，而他们一贯持有的"强势群体"认同使其不能容忍新法案实施。1860 年夏，黎巴嫩的德鲁兹派和马龙派之间爆发冲突，该冲突迅速转变成贝卡谷地德鲁兹派和其他穆斯林对基督徒的大屠杀。7 月，大马士革也发生了连续几天的穆斯林对基督徒的大规模屠杀，其他地区也发生了对基督徒的袭击。据估计仅现在的叙利亚就有约两万多基督徒被杀，380 个基督徒村庄、560 个教堂、40 所修道院被毁。[1]

虽然奥斯曼政府在西方大国的压力下逮捕并处死了大批暴乱者，[2] 恢复了社会秩序，且奥斯曼统治下的"（大）叙利亚"地区再没发生过如此严重的教派屠杀，但穆斯林与基督徒之间的仇恨却进一步加深了，二者的关系因此变得更加紧张。此后，无论是奥斯曼帝国与某少数派后台国家对某一问题的争执还是普通基督徒与穆斯林之间的个人冲突，都会导致二者矛盾激化，发生局部冲突。1877 年的俄土战争、19 世纪 90 年代和 1909 年的亚美尼亚大屠杀、1911 年的土意战争和 1912 年的巴尔干战争等无一例外地都将"（大）叙利亚"地区的穆斯林与基督徒的紧张关系推向了顶峰，并导致穆斯林对基督徒的袭击。而由于"（大）叙利亚"认同最早是从基督徒中萌生的，因此穆斯林与其之间的矛盾与冲突必然影响了基督徒设想的"（大）叙利亚"认同的内涵以及穆斯林对这种认同的反应。

三　"（大）叙利亚"认同的产生与模式选择

19 世纪上半叶，随着西方在中东影响力的增强，"叙利亚"（Syria）一词开始被阿拉伯人采用，并从 19 世纪 50 年代开始通过阿拉伯语出版物获得较大传播。1865 年，官方首次采用"叙利亚"一词作为由过去的大马士革和西顿两省以及耶路撒冷独立区组成的新行政单位的名称。虽然1870 年这里又恢复了省管理系统，但"叙利亚"仍作为大马士革省的官方名称被保留了下来。

与此同时，19 世纪 30 年代，越来越多的"（大）叙利亚"基督徒在

---

① 彭树智主编：《阿拉伯国家简史》，福建人民出版社 1999 年版，第 275 页。

② 实则奥斯曼政府对暴乱者持同情态度。

西方思想的影响下开始将"（大）叙利亚"看作是自己的"瓦坦"，"（大）叙利亚"认同开始出现。但由于中东人在传统上缺乏领土认同意识，即便使用"叙利亚"一词代替了"沙姆"，也不能使"（大）叙利亚"地区的居民立刻对"（大）叙利亚"产生认同感，因此该认同只能随着"叙利亚"作为一个"瓦坦"的观念在当地知识分子中的建立而逐渐发展。最终，"（大）叙利亚"认同历经近50年才开始在"（大）叙利亚"地区的知识分子中广泛传播。

然而，由于"叙利亚"在历史上仅是一个内涵不明确的地理词汇，而非一个直接、单独的政治单位；而"（大）叙利亚"地区长期居住着多种族群与宗教团体，且该地区在不同历史时期又被统治者划分为不同行政区，因此在中东根本不存在"叙利亚国家"的传统，所谓"（大）叙利亚"认同也十分薄弱，远不及前文提到的宗教社团认同。这些宗教社团认同的存在及相互之间的排斥与分歧成为日后阻碍"（大）叙利亚"认同发展的主要障碍。

此外，由于"（大）叙利亚"认同在中东不具备历史根基，是人为构建出来的，因此人们无法确定其准确内容，进而对什么是叙利亚、哪些人属于叙利亚人、怎样使新的认同与原有认同相协调这三个重要问题的答案也都不尽相同。叙利亚人①在解决这些问题时主要受到两个因素的影响：一是受西方强烈的领土认同观念的影响；二是受"（大）叙利亚"的基督徒与穆斯林的紧张关系的影响。19世纪，可供选择的"（大）叙利亚"认同的内容基本有以下两种。

第一，在原有的族群②认同基础上建立新的"（大）叙利亚"认同。这种"（大）叙利亚"认同在定义其内涵时更强调各自社团的特征，而忽视其他群体的特征。这是与中东watan和hubb al – watan的传统观念相一致的，即个人只与其瓦坦之间有直接联系，与其瓦坦内的人口无必要联系。持这种观念的"叙利亚人"只属于其所属族群框架下的"（大）叙利亚"，而没有建立与其他叙利亚人群体的特殊联系。例如，在19世纪90年代期间，"（大）叙利亚"认同观念在安条克（古叙利亚首都，现土耳

———————

① 由于本章中的"叙利亚"泛指叙利亚国家建立以前的"（大）叙利亚"地区，因此"叙利亚人"也指在"（大）叙利亚"地区领土上的居民。

② 广义的"族群"包括族裔群体和宗教群体（教派），本文总体上使用广义概念的"族群"，但在特殊情况下会分别讨论。

其南部城市)主教区讲阿拉伯语的东正教徒之间广为传播,但几乎没人提及非东正教徒的"叙利亚人"。可见,这种"(大)叙利亚"认同实际上只是用西方观念包装的原族群(特别是教派)认同。但由于这种认同选择最符合中东人的思维惯性,因此被大多知识分子采纳。

第二,由各宗教群体成员共享的更广泛的"(大)叙利亚"认同观点。实际上,它与前一种认同相比只有一点不同,即前一种"(大)叙利亚"认同中不包括认同"(大)叙利亚"的穆斯林,而后者则包括。前者体现了中东传统对其的影响,因为除领土外,它还包括两个中东政治分类里的传统标准:宗教和族裔渊源;后者忽略了这两个因素,包括了所有叙利亚人口,是纯粹领土的"认同",明显更忠于原西方观念。虽然后者较接近西方的"祖国"与"爱国主义"观念,但真正超族群的"(大)叙利亚"认同并没有普及。

在"(大)叙利亚"认同中排除穆斯林是因为长期以来基督徒和穆斯林都坚信穆斯林不仅在宗教上与基督徒不同,而且在族裔上也不同。他们认为,穆斯林或本来就是阿拉伯人,或是通过皈依伊斯兰教、通婚等方式成为阿拉伯人,而基督徒是唯一仍保持旧叙利亚人特征的群体。甚至欧洲人有时也趋向从族裔上区别叙利亚的基督徒和穆斯林。① 因此,当时普遍认为穆斯林只是在领土上而非在族裔上是叙利亚人。而每一个基督徒都可以决定他自己的"(大)叙利亚"认同观念中是否包括穆斯林。

在对"(大)叙利亚"认同模式选择的问题上,受西方观念影响的知识分子及基督徒与穆斯林之间的紧张程度两个因素起了重要作用。总的来说,第一个因素的影响是单向的,即受西方观念影响的知识分子倾向于强调"(大)叙利亚"认同中的领土标准而非族群(尤其是教派)标准。而第二个因素则在两个对立方向都起了作用。一方面,它刺激一部分基督徒试图通过强调他们与穆斯林共同的领土认同来终结双方之间的敌意;另一方面,它又使一部分基督徒发展了一种基于族群、宗教差异的反穆斯林的"(大)叙利亚"认同观。后者的观点使"叙利亚"成了基督徒的"叙利亚"。

然而,由于穆斯林是叙利亚的多数群体,将穆斯林完全排除在"(大)叙利亚"认同之外是不现实的,因此,一些基督徒综合上述两个

---

① 而实际上,叙利亚的基督徒和穆斯林同属于阿拉伯人。

矛盾，创造了"（大）叙利亚"认同的第三种选择，即具有内外双环模式的超族群的"（大）叙利亚"认同。在这种模式中，内环是"（大）叙利亚"认同的核心群体即基督徒，而外环则囊括了所有"（大）叙利亚"人口，只是基督徒在情感上很少强调这一环。这使"（大）叙利亚主义"的政治目标在这种结构下变得有些模糊。例如，1899 年在纽约由基督徒建立的反奥斯曼政治组织"青年叙利亚协会"就给出了"（大）叙利亚"认同的双重概念。但该协会在本质上仍是基督徒社团的组织，只是害怕奥斯曼政府干涉才拿"（大）叙利亚"身份做掩饰，他们甚至在公众会议上反复强调 1860 年的教派大屠杀。可见，不管基督徒的内心感受是什么，叙利亚的政治现实客观上要求他们构建的"（大）叙利亚"认同中正式包括穆斯林。

尽管如此，在大多数人心中，新的"（大）叙利亚"认同并不能够取代旧的族群认同。而且，"（大）叙利亚"认同在其早期发展阶段实际上从属于族群认同，后来则常常作为一种超族群认同将各种族群认同松散地联结在一起，并继续保持各族群认同的独立地位。当然也有人认为"（大）叙利亚"认同是一个终极身份，如法拉·安吞（Farah Antun）就这样提倡，但持这种观点的人非常少。而"（大）叙利亚"认同与阿拉伯民族认同之间的关系及地位问题就更加复杂，因为二者的关系及地位都在不断变化。总的来说，直到 20 世纪最初十年现代世俗阿拉伯民族主义①壮大起来后，"（大）叙利亚"认同才与阿拉伯民族认同平起平坐，但也并未超越它，而是像从前的族群认同一样在更广泛的阿拉伯民族认同之内以一种"独立认同"继续存在。

四　由"（大）叙利亚"东正教徒倡导的"（大）叙利亚"认同

早期持"（大）叙利亚"认同观念的主要是叙利亚的东正教徒，最早反映出这种认同观念的著作是东正教徒阿斯阿德·哈亚特（As'ad Khayyat）于 1847 年在伦敦出版的英文著作《黎巴嫩之声》（*The Voice of Lebanon*），该书是为了激起英国公众对"（大）叙利亚"的热爱而写。书中收录了他自 1839 年到 1842 年在英国做的讲座的内容，反映了他本人强烈的"（大）叙利亚"认同观念。对哈亚特来说，"（大）叙利亚"是他

———————

① 阿拉伯民族主义于 19 世纪中叶出现，20 世纪初开始发展壮大。

热爱的国家，他希望能作为一个"叙利亚人"而生活，并献身于叙利亚的事业。哈亚特在书中充分叙述了叙利亚的光辉历史，并认为恢复叙利亚的荣耀是叙利亚人和叙利亚本身的现实使命。

《黎巴嫩之声》是"（大）叙利亚"人所著的第一本反映西方领土忠诚观念的著作。但哈亚特只是将新发展起来的领土身份简单地应用到"（大）叙利亚"现存的族群现实中，并没有吸收欧洲爱国主义的世俗理论。哈亚特认为，"（大）叙利亚"人首先也最重要的是东正教徒，其次也包括"（大）叙利亚"其他基督教派的教徒，但绝不包括穆斯林。他在书中不仅不将穆斯林看作是"（大）叙利亚"人，连所述的"（大）叙利亚"历史也多与"（大）叙利亚"基督教徒的历史相关，而不包括伊斯兰征服后的"（大）叙利亚"历史。他认为，"基督教"是"（大）叙利亚"人的宗教，"（大）叙利亚"的政治未来与东正教会紧密相连，且"（大）叙利亚"的历史使命包括在穆斯林领地传播基督教信仰。总之，哈亚特的"（大）叙利亚"认同就是将传统的族群（这里主要是教派）认同穿上欧洲"民族主义"服装的一种尝试，同时还带有明显的基督教（尤其是东正教）特征。

在 1856 年奥斯曼帝国正式废除非穆斯林的低等地位后不久，贝鲁特一群青年知识分子（大多是东正教徒）开始提倡采用更西化的领土民族主义。如同早先欧洲的犹太人在法律上获得解放时一样，他们希望抓住机会在社会上得到更广泛的政治权利。为了达到该目标，他们必须引荐一种基于政治而非教派的认同来抛弃自己从属于一个边缘少数族群的社会耻辱。在这种背景下，一个具有包容性的"（大）叙利亚主义"宣告诞生，它遂与阿拉伯民族主义、奥斯曼主义和东方主义等对基督徒和穆斯林都适用的身份一起发展起来。

在倡导"（大）叙利亚主义"领域最活跃的东正教徒应属哈里里·胡里（Khalil al-Khuri），他于 1858 年 1 月在其 22 岁时在贝鲁特开办了阿拉伯世界第一家报纸，名为《新闻果树园》（Kabiqat al-Akhbar）。该报纸抨击教派主义并试图用所有"（大）叙利亚"人共享的世俗爱国主义将其取代，号召以"（大）叙利亚"人之间的团结作为抵抗外来经济剥削和自身进步的手段。胡里在 1860 年大屠杀后还发表文章强调在叙利亚基督徒和穆斯林之间实现团结的必要性。胡里的重要性在于他首次在报纸上提出了世俗的"（大）叙利亚"认同并将穆斯林与基督徒首次作为一个团体联系在一起。但胡里其实引用了所有能包容穆斯林与基督徒的认同来促进二者的团结，并反复提到"乌玛"①。胡里虽拓宽了"乌玛"一词的范围，但仍将其与以教派认同为主的族群认同相联系，这表明他并未以打破族群认同为构建新的"（大）叙利亚"政治认同的中心，族群认同尤其是教派认同仍具有最终优先权。

虽然19世纪40、50年代，在叙利亚的一些东正教知识分子中分别出现了族群和超族群的"（大）叙利亚"认同观念，但直到19世纪70、80年代任何一种"（大）叙利亚"认同观都没有得到广泛传播。只有极少数东正教知识分子使用"（大）叙利亚"认同，而"叙利亚民族"一词则几乎从未出现过。1880—1881年，（大）叙利亚的基督徒②在贝鲁特等城市秘密分发传单，抨击"土耳其人"并要求"（大）叙利亚"自治，他们在传单中交替使用"（大）叙利亚"认同与阿拉伯民族认同，努力建立与穆斯林共享的政治认同来加大他们的宣传。然而，该运动并没引起什么反响。总的来说，"（大）叙利亚"认同构建在"（大）叙利亚"并不成功，这主要有两个原因：

第一，19世纪中叶，受传统影响至深的"（大）叙利亚"的穆斯林多数不可能接受当地基督徒为平等伙伴，因此当时根本无法广泛推行"（大）叙利亚"认同观。第二，当时社会也没有推行"（大）叙利亚"认同的必要。拿欧洲的犹太人作比较，犹太人在欧洲获得法律解放是由已经开始世俗化进程的社会给予的，而奥斯曼帝国是在西方大国的压力下才在1856年颁布法令给予非穆斯林平等地位的，当时的社会还没有准备好采纳一个非宗教基础的政治认同。奥斯曼帝国的基督徒没有像欧洲的犹太人那样被迫放弃他们的教派认同以换取他们获得的新权利，甚至其中有些权利还是以宗教社团为基础给予的。例如，在省上和其他行政委员会中，叙利亚基督徒以社团为单位享有代表权。由此可见，"（大）叙利亚"的社会中并不需要构建新的"（大）叙利亚"认同。

19世纪70年代和80年代"（大）叙利亚"东正教知识分子中盛行的

---

① 在这里我们应着重留意"乌玛"一词在19世纪阿拉伯语应用里的新含义。虽然"乌玛"在阿拉伯语里可用于任何人甚至物的群体，但这个词语主要用来表示宗教共同体，偶尔才会指代族群。这里胡里对其的使用虽然也具有宗教共同体的含义，但大大拓宽了它的范围。

② 除了希腊天主教徒诗人易卜拉欣·雅齐吉外参与者大多为新教徒，叙利亚东正教徒没有参与。

认同是享有共同"瓦坦"的居民。例如黎巴嫩的黎波里的安吞尤斯·严尼（Antunyus Yanni）提到"叙利亚和黎巴嫩人民"。而这种观点并不是以共同的"（大）叙利亚"认同为基础，而是在睦邻的名义下提倡"（大）叙利亚"各团体之间的和平共处。此外，由于19世纪中叶的"（大）叙利亚"东正教徒主要是在与其他基督教派斗争中逐渐提出"（大）叙利亚"认同的，这种认同一开始仅仅适用于东正教徒，其目的是复兴东正教，建立"（大）叙利亚"人的东正教国家。因此，他们倡导的这种认同从诞生伊始就是以纯粹的教派认同为基础的，注定不会引起普遍认同。但即使如此，这种东正教徒的"（大）叙利亚"认同的增加仍会反过来促使"（大）叙利亚"认同产生更广泛的发展。

五　"（大）叙利亚"认同在海外的发展

随着"（大）叙利亚"知识分子大批定居国外，19世纪90年代早期在海外形成了两个"（大）叙利亚"人侨居中心：埃及和美国。而在这些侨居国外的"（大）叙利亚"东正教知识分子中间又逐渐发展起了一种更复杂的"（大）叙利亚"认同观。这种认同的产生与发展是与海外东正教徒的生活环境密不可分的。

从18世纪起"（大）叙利亚"人就开始移民埃及，且移民人数在19世纪大规模增加。19世纪30年代埃及占领叙利亚之后两者经济联系加强，这进一步促使"（大）叙利亚"基督教商人家庭移民到亚历山大、开罗等埃及城市。19世纪后半叶，由于"（大）叙利亚"基督徒广泛接受到现代教育，从而成为埃及行政人员人选。尤其在1882年英国占领埃及之后，英国人需要忠诚的、受过西方教育的、讲阿拉伯语的官僚，而"（大）叙利亚"基督徒则成了完美选择。此外，埃及还因其相对自由的知识氛围吸引了大批新型的"（大）叙利亚"知识分子移民于此，其中包括专家、作家和记者等。

19世纪70年代，"美国充满机会"的说法传入"（大）叙利亚"地区，"（大）叙利亚"人开始移民美国。早期向美国移民的基本是"（大）叙利亚"的基督徒，其中大多是受过教育的普通村民。他们一开始只想在美国挣些钱便回家，但后来，越来越多的"（大）叙利亚"人定居在美国开办小企业，有的甚至挣了大钱。不像在埃及的"（大）叙利亚"人主要聚集在少数大城市里，在美国的"（大）叙利亚"人分散在全国，只有在纽约"（大）叙利亚"移民人口数量巨大。

作为外来人口，来自"（大）叙利亚"的移民必须设法定义自己以区别于当地人。由于埃及社会在语言、文化上①都与"（大）叙利亚"极其相似，因此"（大）叙利亚"移民可选择的身份定义十分有限，唯一可用的就是地域身份。而在美国，叙利亚移民可用的身份定义较多，最初他们经常交替使用这些身份，东正教兄弟易卜拉欣和纳吉布·阿比利（Najib Arbili）于 1892 年在纽约开办的第一份阿拉伯语报纸（也是整个西半球第一份阿拉伯语报纸）《星球美国》（*Kawkab Amirika*）中就是这样混用各种身份的。但很快，"（大）叙利亚"认同便成了最主要的身份认同，在"（大）叙利亚"地区外的所有"（大）叙利亚"人不论教派②开始整体上被看作是"叙利亚人"。

最初，海外发展起来的"（大）叙利亚"认同并没有超族群（教派）含义，它只是为了方便把"（大）叙利亚"移民从当地人中区别开来。与此同时，旧有的教派关系也没有灭亡，教派认同仍保持优势地位。后来，鉴于在异国环境下的外族压力及"（大）叙利亚"不同移民团体之间在新国家内共同利益的发展，海外"（大）叙利亚"人之间的关系越发紧密，"（大）叙利亚"认同逐渐发展为一个真正有凝聚力的认同。

不像在"（大）叙利亚"地区，居民的教派与社团繁多，海外的叙利亚移民主要包括马龙派、东正教徒、希腊天主教派及少量新教徒等基督徒。那时逊尼派、德鲁兹派、阿拉维派及犹太人向外移民的较少。在这种环境下，海外的"（大）叙利亚"基督徒很容易和睦相处。但是这种状况产生的结果是海外发展起来的"（大）叙利亚"认同由此带上了基督教特征，"（大）叙利亚"人开始主要指代叙利亚基督徒。

在海外，美国成为新的超族群（尤其是教派）的"（大）叙利亚"认同产生的温床，因为美国的"（大）叙利亚"移民面对着环境聚变的严峻挑战。1893 年，美国的"（大）叙利亚"移民首次主动联合，在纽约成立名为"叙利亚人协会"的全叙利亚人组织，其主要任务是为"（大）叙利亚"移民抵抗美国新闻界的攻击。19 世纪 90 年代美国出现了更具超

---

① 最初甚至在政治上也极其相似。1914 年之前埃及与叙利亚一样在政治上从属于奥斯曼帝国，从法律上来说都是奥斯曼帝国的一部分。

② 这时移民美国的主要是叙利亚基督徒，因此他们之间的差异只要是教派差异，甚至很少有宗教（伊斯兰教育基督教）的差异，族群差异就更微乎其微了。

族群性质的协会，如"青年叙利亚人协会""联系"（al-Halqah）、"美国叙利亚人俱乐部""文学先锋"和一个全美国叙利亚人女性协会等。这些组织由于内部矛盾大多很快就销声匿迹了，但它们为 1899 年 5 月第一个全叙利亚人民族主义者组织"青年叙利亚协会"的成立铺平了道路。

"青年叙利亚协会"的政治目标是将"（大）叙利亚"从奥斯曼的统治下解放出来。它在美国各地发行传单、组织公共会议、展示叙利亚的旗帜。他们的思想传播到埃及后不久，埃及也建立了名为"青年叙利亚党"的类似组织。该组织倡导让"叙利亚民族"摆脱土耳其的枷锁，效仿古巴、菲律宾等获得独立或自治。

虽然这两个组织都是世俗性的，原则上也向"（大）叙利亚"穆斯林开放，但它们仍具有基督教特征。实际上，它们口中的"叙利亚人"都指的是"（大）叙利亚"基督徒，其高举的"叙利亚主义"既反土耳其人也反穆斯林，甚至将土耳其人看作是穆斯林的代表。两组织常将 1860年教派大屠杀举例为土耳其人压迫"叙利亚人"的证据，甚至将政府对基督徒的迫害政策说成是逼他们离开的手段，并谴责奥斯曼国家是一个建立在伊斯兰教基础上的国家，完全按照伊斯兰法律行事，阻碍了在多宗教的国家内部实现公平。

"青年叙利亚协会"的活动引起了奥斯曼驻美大使的警惕，他通过买断当地的阿拉伯语报纸、拉拢纽约各叙利亚社团的宗教领袖尤其是东正教社团的精神领袖安齐马德里特·拉斐尔·哈瓦文尼（Archimandrite Raphael Hawawini）[1] 与其合作打压协会来尽量消除它的影响。由于强大的马龙社团[2]和东正教宗教领袖都对协会带有敌意，且当时在美国的多数叙利亚人并不主张独立，而更倾向于在奥斯曼帝国内实现政治改革，因此协会不仅无法获得政治机会，甚至也没有得到太多非马龙派的普通"（大）叙利亚"人的支持。但该协会的真正重要性并不在于实际政治层面，而在于它是美国叙利亚知识分子（包括马龙派）中产生超族群（教派）的"（大）叙利亚"认同这一巨大进步的象征。

---

[1] 哈瓦文尼（Hawawini）早在 1899 年公开支持奥斯曼官方报纸《阿拉姆》（al-Aalam）时就已经开始与奥斯曼人合作了。他宣称该报纸表达了在美国的东正教社团的观点，这激起了反奥斯曼的叙利亚人的抗议。哈瓦文尼最终获得了奥斯曼素丹颁发的特殊奖章。

[2] 马龙派不仅没有表现出要抛弃他们的黎巴嫩政治身份换取来叙利亚身份，而且他们的主要报纸《胡达》（al-Huda）也在攻击协会。

20 世纪初，超族群的"（大）叙利亚"认同思想在叙利亚移民的其他中心（如埃及和巴西）中的东正教派知识分子中传播开来，并最终传播到"（大）叙利亚"地区。但这种"（大）叙利亚"认同仍没有特别提到"（大）叙利亚"穆斯林，甚至有时公开表述该认同下的"叙利亚"为基督徒的"叙利亚"。这种现象表明即使到了 20 世纪，"（大）叙利亚"知识分子仍没有采用纯粹领土意义上的政治认同。

当然，海外也有倡导更广泛意义上的"（大）叙利亚"认同甚至"奥斯曼"认同的，其中最具代表性的人物是基督徒法拉·安吞（Farah Antun）[1]。安吞于 1897 年从家乡的黎波里移民到埃及，早年是"（大）叙利亚"基督徒中十分罕见的坚定的奥斯曼主义者。他反对任何威胁奥斯曼统一的行动，谴责在纽约的青年叙利亚协会，甚至公开支持阿卜杜拉·哈米德二世的独裁以及后来土耳其的泛突厥主义政策。他于 1899 年在亚历山大开办的杂志《奥斯曼人的联合》（Al - Jami ah al - Uthmaniyah）反映了他这种观点。最终，安吞在叙利亚社会问题上的激进立场导致了他与奥斯曼官方的冲突，其观点在 1903 年贝鲁特爆发的反基督徒事件后发生了彻底改变。

朱尔吉·扎依旦（Jurji Zaydan）[2] 是首位明确地使用纯粹领土意义来定义叙利亚人的东正教知识分子。1909 年，扎依旦发表文章申明并论证了基督徒、穆斯林、犹太人以及其他宗教群体都是"叙利亚人"，但他也认为"（大）叙利亚"的穆斯林和基督徒在族群上不同。扎依旦的观点体现了领土和语言双重因素的影响，他将穆斯林"叙利亚身份化"的同时还将基督徒"阿拉伯身份化"。他的思想主要受两方面影响：一是西方关于政治认同观念的影响；二是 1908 年政变恢复了 1876 年奥斯曼帝国宪法，给予了少数群体在公共生活中更多参与机会，使他们对改变其政治地位寄予希望。

与此同时，这时已出现了准备好在新的世俗的"（大）叙利亚"认同下与基督徒合作、融合的穆斯林知识分子。于是，东正教徒越来越多地将

---

① 法拉·安吞（Farah Antun, 1874—1922），是叙利亚基督徒中最早公开支持世俗主义、提倡不论教派一律平等的人之一，但他同时也反对阿拉伯民族主义。其思想详见 Stephen Sheehi, *Foundations of Modern Arab Identity*, Gainesville, University Press of Florida, 2004, pp. 135—158。

② 朱尔吉·扎依旦（Jurji Zaydan, 1861—1914），19 世纪末 20 世纪初阿拉伯最著名的作家，创办了阿拉伯世界最负盛名的文学杂志《新月》（Al - Hilal）。

"（大）叙利亚"认同塑造为基督徒与穆斯林共享的。1913年，基督徒与穆斯林在青年土耳其党的影响下创立了反对奥斯曼政府的政治联盟，这种"（大）叙利亚主义"情绪达到顶峰。

　　但总体来说，20世纪20年代以前，持"（大）叙利亚"认同观念的主要还是"（大）叙利亚"地区以外特别是美国的东正教徒。例如20世纪最初十年，位于纽约的北美东正教的喉舌《言辞》（al‐Kalimah）对"（大）叙利亚"认同的表述比在大马士革的东正教官方报纸《恩赐》（al‐Ni'mah）高出几倍。而在巴勒斯坦和黎巴嫩，"（大）叙利亚"认同几乎不存在。

　　但我们要注意的是，美国的东正教徒对"（大）叙利亚"认同也持不同观点。美国东正教徒开办的《西方之镜》（Mir'at al‐Gharb）和《言辞》两份报纸则分别代表其对"（大）叙利亚人"内涵的两种看法。前者是世俗领袖支持的刊物，主张"（大）叙利亚"认同包括认同"（大）叙利亚"的基督徒、逊尼派、德鲁兹派和什叶派；而后者是东正教牧师办的报纸，仅视基督徒为"（大）叙利亚"人。

　　综上所述，"（大）叙利亚"认同是在西方领土意义的"国家"观念与中东本来具有的族群认同的较量与妥协的过程中形成的。由于最早致力于"（大）叙利亚"认同构建的主要是"（大）叙利亚"的基督徒，因此该认同的内涵最初也是纯粹属于基督徒的，后来才开始逐渐包括穆斯林。但由于"（大）叙利亚"认同长期以来一直从属于宗教社团认同，且是由"（大）叙利亚"少数群体"东正教徒"倡导的，因此这种"（大）叙利亚"认同注定得不到广泛认同，而以这种认同为基础的"（大）叙利亚主义"也注定不会在"（大）叙利亚"地区取得胜利。

第二章

法国委任统治以前的叙利亚概况

第一节　地理环境与经济概况

一　地理环境

（一）地理位置

叙利亚全称为"阿拉伯叙利亚共和国"（The Syrian Arab Republic），国土面积约为 185180 平方公里，其中包括以色列占领下的约 1000 多平方公里的戈兰高地（属于库奈特拉地区）。叙利亚位于亚洲大陆西部、地中海东岸，北邻土耳其，东接伊拉克，南连约旦，西南与黎巴嫩、以色列、巴勒斯坦接壤，国境线全长 2413 公里；西濒地中海，海岸线长 183 公里，并与塞浦路斯隔海相望。

叙利亚的地理位置具有非常重要的战略地位，它地处阿拉伯"肥沃新月地带"① 的核心位置，是国际交通的十字路口，联系着西亚、非洲各国和地中海地区，自古以来便是东西方商道的中转站和重要的战略要地。犹太教、基督教、伊斯兰教兴起后，叙利亚又成为宗教信徒们到耶路撒冷、伯利恒、麦加等宗教圣地朝觐的必经之路。

此外，由于叙利亚地处亚非交会之地，因而又成为历史上民族迁徙、宗教文化交融的重要场所，继而形成了现代叙利亚拥有阿拉伯人（占大

---

① "肥沃新月地带"，古代西亚文明的发源地，包括今伊拉克东北大半部、土耳其东南边缘，叙利亚北部与西部，黎巴嫩、巴勒斯坦以及约旦西部，因在地理分布上合成新月形地带而得名。在此地带内，因灌溉水源丰富或降水较多，有利于农、牧业与文化发展。与北面地形崎岖的托罗斯山、扎格罗斯山，或与南面荒旱的阿拉伯高原相比，都显得较为肥沃，故有"肥沃新月"一称。该地区具有五六千年以上的历史，其中著名古国有巴比伦、亚述与腓尼基等。

多数）、库尔德人、赛加西亚人、土库曼人、亚美尼亚人等多"族裔共同体"，与拥有逊尼派（占大多数）、德鲁兹派、阿拉维派、伊斯玛仪派等伊斯兰教派及东正教、天主教马龙派等基督教教派的多"教派共同体"共存的局面。这两种"共同体"共同构成了叙利亚内部具强大内聚力和排他性的"族群"，致使其现代民族国家构建举步维艰。

但与此同时，叙利亚也形成了许多在历史上享有重要政治、经济及文化地位的著名城市。例如，叙利亚首都大马士革，它在东罗马帝国时期成为基督徒的主教区，深受统治者的重视；而在公元661—750年它又成为阿拉伯帝国伍麦叶王朝的首都及整个西亚地区的文化中心。伊斯兰世界第一座图书馆和第一个翻译中心都建立在这里，大批罗马书籍和学术文献也都是在这里被翻译成阿拉伯文的。十字军东侵期间，它又成为十字军的征服目标，并因阿拉伯民族英雄萨拉丁打败十字军而闻名天下；叙利亚第二大城市、享有"古代文明之都"美称的阿勒颇自古以来就是地中海沿岸和东方各国商品的重要集散地与交易中心，并曾是古希腊、罗马时代及阿拉伯艾尤卜王朝时期的重要军事要地，如今还保留有大量军事古城堡；叙利亚最大的海港城市拉塔基亚，它位于地中海东岸、叙利亚海岸中心，是连接欧、亚、非三大洲的交通枢纽，早在腓尼基人时代就是商人云集的地方。其他具有类似地位的叙利亚城市还有霍姆斯、哈马、库奈特拉等。

（二）地形与气候

总的来说，叙利亚在地形上多为西北向东南倾斜的高原，其河流分布较少，总体上干旱缺水，境内河流主要有属于海湾水系的幼发拉底河、属于地中海水系的阿西河[①]；内陆河巴达拉河（Barada River）[②]、雅尔穆克河（AL - Yarmouk River）[③]、内湖霍姆斯湖（Bahrat Homs）[④] 等。根据其

————————

① 该河流在叙利亚境内得到了山泉、雨水、雪水的补给，水量相当丰富，其沿岸地区在历史上一直是叙利亚重要的农业地区，叙利亚最古老的两座城市霍姆斯和哈马都在其流域范围内。

② 巴达拉河是叙利亚境内最大的内陆河，发源于大马士革附近的山地，全长约81公里。由于流经地区有丰富的山泉作为补给，因此水量比较充沛，从而为大马士革及其附近的古塔绿洲提供了足够的水源，成为大马士革居民的重要饮用水源和古塔绿洲的农业生产用水。

③ 雅尔穆克河是约旦河的支流，同样也是叙利亚和约旦的界河。它长约45公里，是叙利亚南部地区的重要灌溉水源。

④ 霍姆斯湖位于霍姆斯西南12公里处，是叙利亚最大的淡水湖之一。罗马统治时期在阿西河上修建了一座水坝将阿西河截断，从而形成了一座半人工水库，即霍姆斯湖。它的面积约为500平方米，是附近城市与农村广大居民的生产、生活水源以及叙利亚重要的湿地之一。

具体地形特征，叙利亚又可分为四个地形带：

1. 西部地中海沿岸平原。地中海沿海平原地带从北部的叙、土边境延伸至南部的叙、黎边境，长约 180 公里。这一地带拥有丰富的泉水和地下水资源，适合在全年进行农业生产。位于这一地带的拉塔基亚平原、杰卜莱—巴尼亚斯平原、塔尔图斯—哈米迪耶平原均为叙利亚重要的农业基地及叙利亚人口最稠密的地区。

2. 中部山区。中部山区地带包括从北到南绵延于地中海海岸的山地和高原。该地带西部地区是由一系列崎岖山脉组成的"阿拉维山脉"（Alaweite Mountains），它从北部的土耳其边境一直蜿蜒到南部的黎巴嫩边境；东部与黎巴嫩交界的是"东黎巴嫩山脉"（Anti - Lebanon Range）。山区内有一条重要河流"奥隆特河"（The Orontes，也称"阿西河"ELAassi）；由于中部地区多山的地形，人口密度较低。

3. 内陆平原。内陆平原地带位于山区以东，包括大马士革、霍姆斯、哈马、阿勒颇、哈塞克、德拉等大中型城市，其中阿勒颇高原约占全国领土面积的 1/6。[①] 该地带多为高低不平的平原，其最南部邻接约旦的地方是德鲁兹山（Mount Duruz），从霍姆斯向东到德尔祖尔横贯着台德木尔山脉，东北部是包括幼发拉底河谷的杰济拉高原。内陆平原地带是叙利亚的棉花产区，[②] 具有重要经济意义，其在霍姆斯、哈马、大马士革地区的山地中还拥有一些低地，最重要的当属位于大马士革附近的古塔地区。而以色列占领的戈兰高地则位于阿拉伯山和赫尔蒙山之间。

4. 东南部荒漠地带。东南部荒漠地带位于与伊拉克和约旦交界地区，面积为 424.4 万公顷，占全国土地面积的 23%。[③] 它从叙利亚一直延伸到约旦、伊拉克和沙特阿拉伯境内，是阿拉伯大沙漠的一部分。叙利亚沙漠地带的主要组成部分是沙砾和岩石，因此气候干燥，土地贫瘠，人烟稀少。只有沙漠北部边缘地带的一些绿洲上生活着一些阿拉伯游牧民。

从气候上来说，叙利亚沿海地区与西部山区地带受地中海影响，属于地中海海洋性气候，而内陆地区靠近阿拉伯大沙漠和叙利亚沙漠，属于热

---

① 高光福、马学清编著：《列国志·叙利亚》，社会科学文献出版社 2008 年版，第 4 页。

② ［苏］H. A. 穆希基诺夫：《现代叙利亚》，北京出版社 1981 年版，第 2 页。其中杰济拉高原是最重要的棉产区之一。

③ 中华人民共和国驻叙利亚共和国大使馆经济商务参赞处网站，上网时间 2014 年 3 月 20日。http：//sy. mofcom. gov. cn/article/ddgk/zwdili/200212/20021200055388. shtml。

带沙漠性气候。由于沿海地区与内陆地区气候差异较大，因此导致叙利亚降水总体稀少[1]且分布严重不均。沿海地区及西北山区受地中海气候影响，降水量丰富，年均降水量达 762—1016 毫米；但由于湿润空气无法翻越叙利亚西部高山，因此叙利亚内陆地区越往东降水量越少，阿勒颇年降水量为 360 毫米，大马士革为 230 毫米，沙漠地区则不到 100 毫米。[2] 而降水是叙利亚最重要的补给水源，约占国家全部水源的 55%（河流和山泉占 40%，井水占 5%），[3] 对叙利亚国民经济和人民生活发展具有重要意义。

综上所述，叙利亚国土主要分为平原、山地、沙漠三种类型，且沿海地区与内陆地区气候差别较大，因此在历史长河中叙利亚逐渐以这三种土地类型为基础，分别形成了城市工商业、农村种植业及游牧业三种社会经济类型。此外，叙利亚的多山、多沙漠的地理状况还致使以上三种经济区域在地理上相对隔绝，经济上联系较少，彼此之间依赖性不强，因而导致各地区具有较强的独立性，区域认同以及地方上的主从观念较强，对叙利亚民族国家构建不利。

二 经济概况

19 世纪后半叶，奥斯曼帝国走向没落，以法国资本为主的外国资本加紧对叙利亚进行渗透，这使得叙利亚的经济极为落后。

（一）农业与畜牧业

奥斯曼帝国时期的土地分为官地、宗教寺院土地"瓦克夫"及私有土地三种。私有土地数量不多，但形成了许多大地主，他们常常居住在城市，将土地租给农民耕种，农民将收成的一部分作为地租交给地主。地主可以自由支配土地，国家对私有土地征收地税；"瓦克夫"是由地主及中小农民[4]赠予宗教机构（宗教学校、清真寺、修道院、寺院等）形成的，不用纳税，拥有大量"瓦克夫"的伊斯兰宗教封建主成为奥斯曼封建制度的最大支柱；官地分为俸田和军功田，俸田为素丹王室及大臣所有，军功田为素丹分封给军事领主的土地，不需要缴税，只需承担军务，战时带

---

[1] 叙利亚冬季是雨季，夏季是旱季，一半以上的国土面积年降水量不足250毫米。

[2] 高光福、马学清编著：《列国志·叙利亚》，社会科学文献出版社 2008 年版，第 8 页。

[3] 叙利亚环境部 2008 年年度报告，详见联合国环境规划署网站，上网时间 2014 年 3 月 18 日。http：//www. biodiv. org/default. shtml。

[4] 中小农民为了自己土地免受地主侵吞也常赠送瓦克夫土地。

领自己的后备军一同出征。

　　叙利亚除北部阿勒颇省（帕夏区）普遍实行军功田外，其他地区基本保留了原来的社会经济制度，特别是叙利亚中南部地区，当地阿拉伯封建贵族仍几乎占有全部土地。而叙利亚边远地区居住着已逐步封建化了的游牧民及定居的部落民，保留了大量原始公社制度与民主制度的残余，伊斯兰教长老谢赫既是封建统治者和骑兵统帅，同时也照顾牲畜、与家庭成员一起劳作。

　　叙利亚当时主要的经济来源是农业，但由于封建压迫严重，国家疏于对农业的管理，导致广大的土地得不到充分开发，大量农田与村庄荒芜。与18世纪中叶相比，到19世纪中期，大马士革的村庄减少为原来的1/6，阿勒颇的村庄减少到原来的1/8。叙利亚土地的1/3成了奥斯曼素丹的私有财产，剩下2/3几乎都属于大地主。[①] 农业仍采用落后的、中世纪的耕作方法，人工灌溉很不发达，农业生产率低下，农民生活困苦。由于大量农民过起了贝都因的游牧生活，因此畜牧业有所发展。19世纪后半叶，以法国为首的外国资本大量渗入叙利亚，将叙利亚彻底变为其原料产地，叙利亚主要输出生丝、棉花、烟草、羊毛和皮革等农产品。

　　（二）工业与商业

　　长期以来，叙利亚的工业都以传统手工业为主。叙利亚的纺织品、手工艺品、肥皂等在奥斯曼帝国各地，尤其是在埃及、土耳其和伊拉克都有相当好的市场。但叙利亚的手工业组织整体较为落后，与农业没有明确分工。叙利亚许多棉、毛纺织品均来自农村。[②] 到奥斯曼帝国后期，在欧洲已实现了工业化时，叙利亚的工业还没有开始现代化进程。手工业仍以行会为基础，行会内部等级森严，严重阻碍了自身的发展。叙利亚最大的手工业中心主要有内陆城市大马士革、阿勒颇、霍姆斯及沿海城市拉塔基亚、塔尔图斯、贝鲁特等。在18世纪以前，叙利亚的手工业品还出口欧洲，但随着欧洲工业化的发展，叙利亚的手工业品逐渐在欧洲市场上丧失了竞争力。

　　更严重的是，由于西方势力在17—18世纪逐渐利用与土耳其的通商特惠条约在叙利亚地区建立商贸机构，将叙利亚作为其商品销售市场，进行不等价交换，叙利亚的传统手工业由于无力与欧洲工业品竞争而受到巨

---

　　① ［叙］伊萨特·阿尔·努斯：《叙利亚地理与历史概要》，马肇椿译，三联书店1974年版，第105页。

　　② 王新刚：《中东国家通史·叙利亚和黎巴嫩卷》，商务印书馆2007年版，第128页。

大打击，逐渐开始衰落。

叙利亚由于地理位置优越，一直是奥斯曼帝国的商业中心，其主要的商业城市有大马士革、的黎波里、亚历山大勒塔等。然而，15 世纪末新航路的开辟，严重影响了奥斯曼帝国在东西方商业贸易中"捎客"的地位，叙利亚商业开始衰落。虽然叙利亚城乡间的商品交换中心仍有发展，但由于各个城市都有自己的贸易法规，帝国内部关卡繁多，度量衡不统一，因此叙利亚地区没有形成统一的国内市场，国内贸易联系也逐渐变得薄弱。16—17 世纪，叙利亚沿海地区与内陆地区的主要城市由于商路的改变而难以发展，逐渐开始衰落。

第二节 法国委任统治以前的历史概述

叙利亚是一个拥有 4000 多年历史的文明古国，是西亚地区除两河流域和埃及外的另一个人类文明摇篮，其历史可以追溯到公元前 2500 年左右。但在 1946 年以前，叙利亚一直都不是一个独立的主权国家。而且，"叙利亚"一词也并非一个国家称谓，甚至在 19 世纪以前，阿拉伯文献里都很少使用这一词汇。从历史地理的角度讲，历史上"叙利亚"一词所涵盖的范围主要指亚洲西部南起西奈半岛，北到陶鲁斯山脉，西起地中海东岸，东到叙利亚沙漠这一广阔的区域。[①] 而现在的叙利亚国家只是其中非常小的一部分。

一 阿拉伯征服前时期（公元 636 年之前）

古叙利亚地区是人类文明的发源地之一，据史前考古学研究，这里从旧石器时代早期就存在原始人类的活动。公元前 4 千纪左右这里的原住民就已经开始了农耕为主的定居生活，公元前 3 千纪古叙利亚开始从原始社会向奴隶制社会过渡，并出现了一些以商业城市为中心的奴隶制城邦国家。但直到公元前 3 千纪阿拉伯半岛的塞姆人迁徙到这一地区之前，古叙利亚地区原住民的种族与民族构成仍是不解之谜。

---

① 它包括今天的叙利亚、黎巴嫩、以色列、巴勒斯坦、约旦等国家和地区以及土耳其南部的伊斯坎德伦（即叙利亚称为"亚历山大勒塔"的地区）。

（一）塞姆人统治时期（公元前 3 千纪—公元前 539 年）

"塞姆人"（Semite），旧称"闪米特人"或"闪族人"，起源于阿拉伯半岛，是古代西亚地区说塞姆语的居民。塞姆语系主要包括阿卡德语、亚摩利语、迦南语（又称腓尼基语）、阿拉姆语、希伯来语、阿拉伯语等。使用上述语言的民族分别被称为阿卡德人（也称亚述巴比伦人）、亚摩利人、迦南人（又称腓尼基人）、阿拉姆人、希伯来人和阿拉伯人。当今生活在中东、北非的大部分居民，都是阿拉伯化的古塞姆人的后裔。

古代叙利亚地区先后居住着亚摩利人、迦南人（或称腓尼基人）、阿拉姆人、希伯来人等塞姆人民族，建立过辉煌的塞姆人国家，形成了独特的文化和心理素质，并创造、传播了腓尼基文字。

公元前 10 世纪末期，属于塞姆人的亚述人在长达两个多世纪的连续征战后，逐渐建立起地跨西亚北非的奴隶制帝国，并于公元前 705 年彻底征服叙利亚地区。一开始，亚述人对叙利亚地区实行一贯的竭泽而渔的野蛮掠夺政策，引起叙利亚地区人民的强烈不满与反抗；公元前 8 世纪后期，亚述帝国改变了其对被征服地区的统治政策，采取迁移和不同民族混居的政策进行统治。[①]

公元前 612 年，属于塞姆人一支的迦勒底人建立的新巴比伦王国灭亡了亚述帝国，占领了叙利亚地区。新巴比伦王国在尼布甲尼撒二世统治时期达到极盛，其死后王国走向衰落，内部阶级矛盾和被征服地区的民族矛盾十分尖锐。结果，当波斯人入侵巴比伦尼亚时，城内祭司竟然打开城门迎接波斯军入城；同样，波斯军进入叙利亚地区亦没有遭到抵抗。

（二）印欧语系人统治时期（公元前 539 年—公元 636 年）

从公元前 539 年波斯帝国征服新巴比伦后，古叙利亚开始进入波斯人、希腊人[②]、罗马人（包括东罗马人）等印欧语系人统治的时期。

波斯帝国统治时期，由于统治者努力维持叙利亚地区原有的社会、经济、法律等制度，因此当地社会结构没有显著变化。尽管亚述帝国政府派遣的总督总管在叙利亚地区的行政和税收大权，但总督之下的地方政府里都有当地原统治者参与，且一些地方甚至拥有相当程度的自治权。在宗教

---

① 王新刚：《中东国家通史·叙利亚和黎巴嫩卷》，商务印书馆 2007 年版，第 46 页。

② 希腊从公元前 4 世纪到公元前 64 年统治叙利亚地区，并在其帝国开展起了轰轰烈烈的希腊化运动，叙利亚也在其中，并深受影响。

与语言文化上，帝国对被征服地区采取宽容态度，支持多元化发展。在宗教信仰上，叙利亚地区除祆教徒外，还有犹太教徒等；在语言上，阿拉米语不仅是叙利亚地区广泛使用的语言也是帝国西部行省的政府官方语言。

公元前334年，波斯帝国被马其顿国王亚历山大大帝灭亡。希腊从此至公元前64年统治叙利亚地区，并在其帝国开展起了轰轰烈烈的希腊化运动，叙利亚本土亦深受影响。在经历了希腊化时期及罗马帝国（包括东罗马帝国）统治的这600年后，叙利亚地区的民族和文化有了很大改变。

在民族构成上，叙利亚地区这一时期生活着腓尼基人、阿拉米人、阿拉伯人、犹太人、马其顿人与希腊人，且昔日的种族对立与民族分治日益消失，民族融合不断加速；在宗教信仰上，这一时期兴建了数量繁多的希腊神庙和神邸，偶像崇拜兴盛，到公元1世纪中叶，巴勒斯坦诞生了基督教并逐渐增强了影响力；在文化上，深受希腊文学、哲学、历史、建筑、艺术等多方面影响；在经济上，希腊化后期起叙利亚地区的农业和园艺就已发展为重要经济部门，商业也有了长足发展，转手贸易繁荣。但由于希腊化进程主要在城市展开，而农村地区的叙利亚人大多仍保持着原有的民族、文化特点，因此叙利亚人最终仍较大程度地保留了他们的民族特征及文化的独特性。

二 阿拉伯征服至奥斯曼统治前时期（636—1516年）

公元636年，阿拉伯军队征服了叙利亚，将其并入阿拉伯帝国的版图。叙利亚自此回归东方，并在文化上摆脱了残存的其他多神教、拜物教的影响，逐步融入阿拉伯伊斯兰文明，成为阿拉伯伊斯兰世界的重要一员。

公元661年至750年伍麦叶王朝时期，由于大马士革是帝国首都，叙利亚甚至成为统治西亚地区至西班牙广大区域的阿拉伯帝国的政治、经济、军事、宗教、文化和商业中心。这一时期，伊斯兰宗教教派活动特别活跃，其中什叶派影响突出，伍麦叶王朝时期的叙利亚、黎巴嫩地区有众多什叶派信徒。

在叙利亚当地的居民开始阿拉伯化[1]的同时，叙利亚也将原来的先进

---

[1] 在阿拉伯军队征服叙利亚之前，这里就存在若干阿拉伯小公国（公元6—7世纪）。它们为叙利亚阿拉伯文化提供了时间和空间上的连续性，并被当代叙利亚人自豪地看作是他们具有阿拉伯历史身份的证明。详见 Derek Hopwood, *Syria 1945—1986*, *Politics and Society*, Oxford, Unwin Hyman Ltd, 1988, p. 13。

文化传播给了阿拉伯人。阿拉伯语的发展甚至深受希腊逻辑学等的影响，从而逐渐完善并得到普及。由于叙利亚的各塞姆人群彼此杂居，因此他们很快便融合形成了阿拉伯民族文化特性。11 世纪至 13 世纪，叙利亚受到十字军东侵的冲击，而阿拉伯民族英雄萨拉丁将西方入侵者驱逐出去的事迹被叙利亚人铭记。[①] 13 世纪后，叙利亚被马木鲁克王朝统治，直到 1516 年并入奥斯曼帝国版图。

三　奥斯曼统治至法国委任统治之前时期（1516—1920 年）

1453 年，奥斯曼人占领君士坦丁堡并将其更名为伊斯坦布尔，作为帝国的首都。1516 年，奥斯曼打败马木鲁克军队，从其手中夺得叙利亚，并以大马士革为行政中心统治当地长达四个世纪之久。奥斯曼帝国的统治给当地的社会结构留下了深刻的烙印，叙利亚从国家制度到政治上相关精英文化的出现，都可追溯到这一时代。而且，奥斯曼帝国的统治及其后期的土耳其化进程对阿拉伯民族主义事业也产生了巨大的影响。

奥斯曼统治初期，统治者并没有在叙利亚推行土耳其化政策，叙利亚人的族裔和政治结构也没有受到奥斯曼征服的严重影响。虽然土耳其语成为官方语言，但阿拉伯语仍是叙利亚人和当地清真寺使用的语言；由于奥斯曼人也信仰伊斯兰教，因而叙利亚社会依然是阿拉伯人和穆斯林的社会。虽然也有当地人认同自己为"奥斯曼人"，但总的来说，叙利亚人仍忠于当地阿拉伯豪门贵族以及那些他们信任的与奥斯曼官方打交道的处于"中间人"角色[②]的官员。其中有些家族是某个大城市名门望族的分支，直到土耳其人离开之后他们仍有很大声望。

19 世纪是中东变化的开端，在奥斯曼帝国日益衰落的同时，西方殖民者不断加紧扩大自己在中东地区的影响力，以期日后争夺奥斯曼帝国的

---

① 如果说处理某些当代事务的态度是基于历史上的某种记忆，那么牢记萨拉丁经过长时间斗争最终逐出了占领者，则为叙利亚人对待法国占领的态度奠定了基础。甚至叙利亚人在对待以色列的态度上也蒙上了坚信外来侵略者最终都会被打败的色彩。这种记忆有助于其民族的形成和增强其民族凝聚力。

② 本书引用了"中间人"概念，指的是在政府与人民之间有一批中间人，政府不是直接统治人民，而是通过这些中间人来统治人民。外国有学者认为，现代国家还有一个重要特征，就是"无中间人"的统治。因此，有无"中间人"是衡量一个国家是否是现代民族国家的一个重要工具。而在叙利亚，奥斯曼统治时期、费萨尔统治时期及法国委任统治时期都是有中间人的，因此都不算是真正的现代民族国家。

遗产。与此同时，平等思想（穆斯林与基督徒之间）、现代化思想、改革思想和民族主义思想等现代西方的新思想开始在中东传播，并逐渐威胁到当地传统的生活与思维模式。中东人了解到，西方国家通过工业革命进行资源、技术创新，从而在经济上取得了突飞猛进的发展，并使其在多方面的发展水平都领先于其他地区。这促使中东人思考为什么信仰基督教的欧洲人取得了如此大的进步？穆斯林世界是否需要接受来自西方的革新？到底需要通过什么方式及多大程度地改革自己？应当接受西方价值观念还是继续忠于自己的伊斯兰文化遗产？这些在当时提出的问题至今仍具有重大意义。

中东改革的早期标志是埃及帕夏穆罕默德·阿里①（1805—1848年执政）的改革。1798年，拿破仑率领法军入侵埃及，打败了在奥斯曼人统治下管辖埃及的马木鲁克人，但法国人很快在英国的压力下被迫撤离。与此同时，1805年，埃及人拥戴率领当地人反抗马木鲁克统治的领袖穆罕默德·阿里为帕夏，建立阿里王朝。阿里于1807年击溃侵埃英军，1811年起开始向外扩张，②1831年征服了叙利亚，并使其子易卜拉欣统治叙利亚长达10年之久。为了建立一个可与欧洲国家相媲美的强大的阿拉伯国家，穆罕默德·阿里还在其管辖范围内推行了经济、政治、社会、军事、文化教育等多方面的西化改革③，其改革在促进埃及现代化的同时也给叙利亚带来了根本性的变化。

易卜拉欣在统治叙利亚期间，效仿其父推行了广泛的西化改革，并公开声明要"振兴阿拉伯民族"。④他的改革主要包括以下几个方面：第一，他摧毁了叙利亚大封建主的势力，结束了地方分权制，首次在叙利亚实行

---

① 穆罕默德·阿里（1769—1849），出生于马其顿的卡瓦拉，伊斯兰教逊尼派信徒。他是19世纪奥斯曼帝国的埃及总督，埃及阿里王朝的创建者，以及阿拉伯国家史上著名的穆斯林君主。

② 穆罕默德·阿里扩张过程：1811—1818年出兵阿拉伯半岛，镇压瓦哈比教派反对土耳其人统治的起义，并占领麦加和麦地那；1820—1822年侵占苏丹，修建喀土穆城；1824—1827年参与镇压摩里亚半岛的希腊独立运动；1831—1841年两度出兵西亚，打败奥斯曼帝国军队，攻占巴勒斯坦、黎巴嫩、叙利亚以及奥斯曼帝国的部分领土，强迫奥斯曼帝国素丹与其签订《屈塔希亚协定》，承认穆罕默德·阿里对埃及、阿拉伯半岛、克里特岛的统治权，并将叙利亚划归穆罕默德·阿里管辖。后在英、俄、奥地利、普鲁士等国干预下，被迫接受1840年伦敦条约规定的条件，从国外撤回全部军队，仍臣属于奥斯曼帝国，仅保留埃及总督的世袭权和苏丹地区的终身管辖权。

③ 19世纪初，奥斯曼素丹谢里姆三世也在帝国内部推行现代化改革，却因教俗保守势力的反对而惨遭失败。因此这一时期中东最具影响力的西化改革当属穆罕默德·阿里的改革。

④ 彭树智主编：《伊斯兰教与中东现代化进程》，西北大学出版社1997年版，第70页。

中央集权制的统一管理；第二，对工商、贸易实行国家垄断，组织和发展叙利亚经济生活，着手大规模的经济和农业发展，进口棉布和其他物品，[①] 并向当地人征税、征兵[②]；第三，推行社会改革，宣布法律面前一切教派平等，开创了具有基督徒和犹太人等少数教派代表参加的当地行政委员会；第四，强调阿拉伯人的民族属性，大力发展教育，倡导复兴阿拉伯文化；第五，敞开国门接受欧洲的新事物和新思想，允许外国人在叙利亚设立教会和创办学校。

1840 年，埃及军队在西方的压力下撤出叙利亚，奥斯曼素丹又恢复了其对叙利亚的统治，但埃及占领的这十年可谓是开创了叙利亚历史的新纪元。在此期间，叙利亚建立了政府的常规系统，实施了对外开放的政策，拥有了安定的社会生活，而且人民对民族、国家及政治团结有了进一步的领悟与亲身感受。

易卜拉欣倡导的"阿拉伯复兴"首次在叙利亚的基督徒与穆斯林之间建立了情感联系，他们对阿拉伯文化的认同超越了传统的宗教、教派分歧，加强民族团结、争取民族独立的呼声在叙利亚高涨起来。1857 年，叙利亚基督徒与穆斯林知识分子共同创立了"叙利亚科学会"，开创了不同宗教信仰的阿拉伯人之间团结合作、共同复兴民族文化的新局面。所有这些都对 19 世纪末叙利亚率先产生"阿拉伯民族主义"的思潮以及日后其现代民族国家的构建产生了深远的影响。

此外，由于易卜拉欣的开放政策，19 世纪，西方传教士（以法国耶稣会传教士与美国新教传教士为主）开始在叙利亚大规模兴办学校与印刷厂，[③] 为原本对西方一无所知的学生提供西方教育。这些学校主要采用阿拉

---

① 这一改革客观上损害了大马士革和阿勒颇当地的贸易，这两个城市的人口于 1840 年下降。

② 易卜拉欣在叙利亚推行的征税、征兵政策引起了当地人的不满，尤其是阿拉维派等少数派，因为在奥斯曼统治时期他们都是免于服兵役的，因此有很多人为了逃脱服兵役而加入（有时是假装的）基督教，寻求西方传教士的保护。但即便这样，有时还是会被强行征召入伍或者被判处"叛国罪"等。详见 W. Polk, *The Opening of South Lebanon* 1788—1840, Cambridge, MA, Harvard University Press, 1963, p. 132。

③ 兴办学校是传教士传教的手段，因为政府不允许直接在穆斯林中传教。法国耶稣会传教士主要在基督徒中传教，美国新教徒却深入叙利亚农村和山区，尤其是阿拉维山地区，在那里的村庄中以开办学校的方式传播宗教。Joseph L. Grabill, *Protestant Diplomacy and the Near East*, *Missionary Influence on American Policy*, 1810—1927, Minneapolis, University of Minnesota Press, 1971, p. 18.

伯语教学，教授阿拉伯语、自然科学知识以及阿拉伯古典著作。教师主要是外国的传教士和从这些学校毕业、皈依基督教的当地人。传教士的这些活动客观上使叙利亚人较早地接触到西方的文化与现代民族、政治观念，提高了其文化水平，激发了其民族情绪。

1840 年奥斯曼重新统治叙利亚后，虽然也通过在帝国内部（包括叙利亚）建立公办学校、关闭外国学校等政策来减轻西方对帝国的影响，[①]但由于其经济实力不足，政治上处处依赖西方大国而未能改善外国人干政的局面。同样，叙利亚的教育也没能真正发展起来，阿拉维派的受教育状况更不容乐观，到 20 世纪中叶它仍是叙利亚文盲最多的群体，直到身为阿拉维派的哈菲兹·阿萨德成为叙利亚总统才彻底改变阿拉维派的这种状况。[②]

与此同时，西方传教士及外国领事逐渐开始公开干涉叙利亚当地事务，各国传教士及领事对不同的宗教团体进行"保护"，并敦促奥斯曼政府给予基督徒与穆斯林平等的地位。法国开始公开宣布叙利亚为其"势力范围"，这为它在"一战"后对叙利亚提出政治诉求提供了历史依据。外国的干涉打乱了叙利亚传统社会的平衡，拓宽了受西方传教士、领事保护的人的思想与眼界，使基督徒最终实现了与穆斯林法律上的平等。

19 世纪末叶，奥斯曼帝国逐渐走向衰亡，同时帝国也进入了阿卜杜勒·哈米德二世的"祖留姆"（专制暴政）统治时期（1878—1908 年）。1881 年 12 月 20 日，阿卜杜勒·哈米德二世发布了《穆哈列姆法令》[③]，确立了外国对奥斯曼帝国财政的监督。1887 年后，叙利亚被划分为 3 个省：大马士革省、阿勒颇省和贝鲁特省，直接隶属于奥斯曼帝国，因而与政府联系与交往更加密切了。此时，奥斯曼已成为西方资本主义国家的原料供应地与销售市场，其中叙利亚、巴勒斯坦、伊拉克等地约占帝国进口

---

① 由于奥斯曼帝国财政限制，公办学校既少也条件差，当地人仍愿意上传教士开办的学校。1884 年，奥斯曼政府干脆下令关闭传教士开办的学校。仅在的黎波里和阿拉维山一带就关闭了 40 多所传教士开办的学校。详见 A. L. Tibawi, *American Interests in Syria* 1800—1901, Oxford, Clarendon Press, 1966, pp. 259—261。

② 详见 M. A. Faksh, *The Alawi Community of Syria*, *A New Dominant Political Force*, Middle Eastern Studies, Vol. 20, No. 1, 1984, pp. 133—153。

③ 穆哈列姆为伊斯兰教历第一个月，1881 年 12 月 20 日正是穆哈列姆的第 28 日。

的 1/4，出口的 1/5，[①] 且法国在叙利亚的贸易中占主导地位。

残酷的祖留姆制度与外国资本的渗入引起叙利亚人的普遍不满，他们认为根源在于奥斯曼帝国推行的祖留姆制度。于是，叙利亚在 19 世纪末 20 世纪初爆发了许多反对奥斯曼统治的大起义，较为著名的是 1886 年叙利亚南部德鲁兹山区爆发的由德鲁兹显贵家族出身的纳布里·阿特拉什领导的农民起义。此外，阿拉伯文化启蒙运动的先驱易卜拉欣·雅济吉及法里斯·尼穆尔领导一些阿拉伯知识分子建立起反对奥斯曼统治的秘密社团，该机构在大马士革、的黎波里及埃及、德国、俄国都有分支机构，它提出叙利亚独立的要求，1885 年该社团被迫解体。由于奥斯曼帝国的专制环境，叙利亚知识分子大批逃往欧洲、埃及等地，在那里继续传播解放思想。

19 世纪末奥斯曼帝国实行的祖留姆制度使叙利亚人开始考虑民族独立。但这种独立要建立在什么基础之上呢？在奥斯曼帝国内部？在"（大）叙利亚"领土之上？还是在更广泛的阿拉伯统一之下？对于这些问题，叙利亚人无法给出一致答案，而 20 世纪初青年土耳其党的政策对叙利亚民族主义思想体系的发展与叙利亚民族主义者的抉择产生了深刻影响。

1889 年，伊斯坦布尔帝国军事医学院几个外省学生组建了由阿尔巴尼亚人易卜拉辛·特莫领导的"统一与进步委员会"，第一个反祖留姆统治的土耳其民族主义组织宣告诞生。随后，军事学院、海军学院、炮兵与工兵学校等军校学生越来越多地加入了该委员会，[②] 但由于受到政府迫害，组织成员多逃往巴黎和日内瓦，日内瓦遂成为委员会总部。1894 年，"统一与进步委员会"与驻足巴黎的前青年奥斯曼党人艾哈迈德·里扎领导的"秩序和进步小组"（1891 年组建）等秘密小组联合成为"奥斯曼统一与进步协会"，统称"青年土耳其党"。该组织号召帝国人民共同推翻阿卜杜勒·哈米德二世的专制统治，建立"土耳其国家"。

在奥斯曼帝国本土，穆斯塔法·凯末尔（1881—1938）于 1905 年在大马士革成立了一个秘密革命组织"祖国党"，党员主要是驻叙利亚第五

---

① 进口的商品主要是纺织品、布匹和纱线，出口的商品主要是生毛、生丝、皮革、烟草和水果。详见王新刚《20 世纪叙利亚政治经济对外关系嬗变》，西北大学出版社 2003 年版，第 17 页。

② 除此之外，兽医学校、民政学院的学生甚至一些文官也加入了该组织。

军团的军官。该党竭力拉拢叙利亚当地的阿拉伯民族主义者，游说其与自己联合共同反对阿卜杜勒·哈米德二世，建立统一的由土耳其人和阿拉伯人共同统治的现代土耳其国家。1907 年，凯末尔与青年土耳其党联合，并积极参与其活动。

一开始，凯末尔并未受到青年土耳其党的重用，也没能在 1908 年土耳其革命中担任重要角色。1909 年，青年土耳其党人推翻了阿卜杜勒·哈米德二世的统治，建立了君主立宪制国家。然而，当青年土耳其党的领导人成为奥斯曼政府的领袖后，他们开始推行"（泛）突厥主义"① 政策，将阿拉伯人逐渐排挤出省决策机构，甚至在法律上承认土耳其人至高无上的地位，② 给予土耳其人最高权力。

1908 年年末，土耳其人与阿拉伯人在议会中分别拥有 140 个和 60 个席位，这使在帝国中人数远多于土耳其人的阿拉伯人感到遭受了严重歧视。③叙利亚阿拉伯民族主义者普遍认为土耳其人正在通过土耳其化政策对阿拉伯人进行系统压制，④ 这使一些叙利亚人开始寻求自己的"民族主义"。因此，有学者认为："土耳其化政策为阿拉伯人最终声明脱离奥斯曼—伊斯兰身份创造了机会。"⑤

1913 年，阿拉伯代表大会在巴黎召开，共有 25 人参加，其中 23 名为叙利亚人，大会要求阿拉伯人更广泛地参与奥斯曼帝国事务。然而，大多数阿拉伯民族主义者却认为他们永远无法在帝国中获得与土耳其人平等的地位，因此，他们应当争取独立。而正当他们开始考虑如何获取独立时，第一次世界大战爆发了。

第一次世界大战使"（大）叙利亚"地区直接受到欧洲国家的影响，尤其是受到英法殖民主义扩张的影响。英法的《赛克斯—皮科协定》，以及后来的《贝尔福宣言》成为接下来对这一地区的行动准则，并引起了

---

① "（泛）突厥主义"，又称"土耳其主义"，是 19 世纪后期在奥斯曼土耳其出现的一种民族主义思想。它关注"土耳其种族"的历史，强调使土耳其语国语化等。

② Bassam Tibi, *Arab Nationalism, between Islam and the Nation—State*, New York, St. Martin's Press, 1997, p. 108.

③ Eliezer Tauber, *The Emergence of Arab Movements*, London, Frank Cass Press, 1993, p. 56.

④ "一战"爆发后，奥斯曼帝国还对叙利亚地区实行军事恐怖统治，例如比较著名的杰马尔帕夏的恐怖统治。这更坚定了叙利亚民族主义者脱离奥斯曼独立的决心。

⑤ Melik Kara Özberk, *Nationalist Ideologies in Syria*, 1970—2000, Saarbrücken, LAP LAMBERT Academic Publishing, 2010, p. 48.

叙利亚人长期的不满与持久的斗争。《赛克斯—皮科协定》① 将北伊拉克、叙利亚和黎巴嫩给予法国，将约旦、巴勒斯坦和南伊拉克（包括巴格达）置于英国统治之下。虽然阿拉伯大起义和费萨尔入驻大马士革从某种程度上打破了这一协定，但最终法国仍通过军事接管实现了其对"（大）叙利亚"的统治，并将这一地区分为后来的叙利亚和黎巴嫩。而《贝尔福宣言》② 的诞生则加速了犹太移民活动的进程，最终实现了犹太人建立以色列国家的愿望，并导致了旷日持久的阿以冲突。

独立梦想的破灭以及巴勒斯坦被分割出"（大）叙利亚"引起了叙利亚人的极度愤恨，它对叙利亚政治历史和叙利亚社会产生了不可估量的影响。叙利亚从那时起就致力于将犹太人复国主义者赶出巴勒斯坦，以及后来摧毁由犹太复国主义者建立在巴勒斯坦领土上的以色列国家。

但无论如何，谢里夫·侯赛因领导的阿拉伯大起义仍标志着阿拉伯民族的觉醒。1918 年 10 月费萨尔领导阿拉伯士兵进入大马士革，建立了立宪制政府，叙利亚首次成为一个独立的国家。

费萨尔统治时期，叙利亚建立了国民议会，起草了宪法草案，经历了短暂自治，且政党政治开始萌芽。1919 年 2 月，资产阶级性质的民族主义政党"阿拉伯独立党"（前身是"青年阿拉伯协会"）宣告成立；1920年 1 月，叙利亚另一个重要政党、主要由封建土地所有者（自由派地主）代表组成的"叙利亚国民党"（其前身也是"青年阿拉伯协会"）成立。此外，叙利亚还出现了如进步党、自由正义党及阿赫德（"盟约会"）等组织，其中一些组织逐渐在叙利亚日后的政治生活中发挥重要作用。

1919 年 7 月 2 日，叙利亚在大马士革召开全国代表大会，通过了一

---

① 第一次世界大战期间，英国与法国签订的瓜分奥斯曼帝国亚洲部分的秘密协定。因谈判人英国代表 M. 赛克斯和法国代表 G. 皮科而得名。1915 年英国一面答应麦加谢里夫侯赛因·伊本·阿里战后在"肥沃新月"地带和阿拉伯半岛建立独立的阿拉伯国家；一面又与法国进行瓜分这一地区的秘密谈判。1916 年 5 月 16 日，协定在伦敦正式签署。协定曾得到俄国赞同，作为交换条件，英、法同意俄国吞并安纳托利亚的东北部。1917 年俄国十月革命后，苏维埃政府公布了这个协定，揭露了英、法的阴谋。

② 1917 年英国以英国外务大臣贝尔福给英国犹太复国主义联盟副主席、犹太人大财阀罗斯柴尔德写信的形式，声明英国赞成为愿意移民巴勒斯坦的犹太人在巴勒斯坦建立一个民族之家。直至今日，很多阿拉伯人仍将《贝尔福宣言》的颁布看作是一个巨大的阴谋。1917 年巴勒斯坦的人口占阿拉伯人口的 90% 以上，他们都期待着奥斯曼政权的结束和获得独立，而这时英国竟然鼓励犹太人向巴勒斯坦移民。

系列统称为"大会纲领"的决议和文件。大会纲领倡导"泛阿拉伯民族主义",号召实现天然叙利亚(即"(大)叙利亚",包括今天的叙利亚、黎巴嫩、约旦、以色列和巴勒斯坦)的完全独立,并建立君主立宪制。

　　然而,由于费萨尔及其支持者大都来自希贾兹的哈希姆家族,叙利亚人并不认同他的权力,因此他急需拉拢当地贵族;而在奥斯曼统治时期曾作为"中间人"的地方贵族通过传统的"主从关系",在奥斯曼统治者离开叙利亚后继续控制着叙利亚的城镇。他们曾是亲土耳其派及奥斯曼改革的支持者,但由于"一战"中土耳其人谴责他们叛国和支持同盟国,很多人被捕甚至被处死刑,因此战争结束后他们也在寻找新的依靠。在这种情况下,传统贵族虽然在情感上反对哈希姆家族的统治,但为了保持他们在叙利亚的政治、经济及社会地位,他们不得不转为"阿拉伯民族主义"的信仰者,并与英国支持的费萨尔合作;而费萨尔离开他们也无法在叙利亚进行统治。

　　然而,没过多久,1920年4月,英法便在圣雷诺会议上确立了委任统治系统,一些欧洲大国在民族联盟的名义下对前奥斯曼帝国领土实行统治与管理。会议决定英国统治巴勒斯坦、约旦和伊拉克,法国统治叙利亚和黎巴嫩,"(大)叙利亚"地区从此分裂成几个"国家"与地区。1920年3月8日,叙利亚第二届全国代表大会宣布叙利亚独立,向世界表明了其争取独立自由的决心,标志着阿拉伯民族运动在这一时期达到了顶峰。但所有这些都于事无补,1920年7月25日,法军占领大马士革,费萨尔统治时期结束,叙利亚进入了法国委任统治时期。

第三节　族群、教派与区域忠诚

　　几个世纪以来,"(大)叙利亚"地区一直是各族裔群体与宗教、教派群体聚居的家园,因此现代叙利亚国家建立后仍是一个拥有多族群的国家。在叙利亚,由于族群中包含一种特殊情况,即以宗教、教派为认同基础的教派群体(下称"教派"),且包括教派在内的族群常常以部落为单位,长期聚居在某些区域,形成较为强烈的族群及区域认同,因此在这些问题给叙利亚民族国家认同构建造成巨大困扰的同时,它们本身也因各因素之间的重叠与相互作用而变得更加复杂。为了更清晰地阐述族群问题,这里将以血缘为纽带的"族群"与以宗教为纽带的"族群"即"教派"分开来论述。

一　叙利亚的"族群"概述

在以血缘为纽带的狭义的"族群"中，当今叙利亚的主体"族群"为占总人口88%的阿拉伯人，其余为库尔德人、亚美尼亚人、犹太人、土耳其人等非阿拉伯族群。叙利亚的官方语言及全国通用语言为阿拉伯语，但也有人说库尔德语、亚美尼亚语、切尔克斯语和阿拉姆语等。

（一）阿拉伯人

阿拉伯人的祖先是塞姆人，最早居住在阿拉伯半岛，后来逐渐向两河流域及肥沃新月地带迁徙并与当地族群相互融合。公元7世纪，阿拉伯穆斯林军队征服了叙利亚地区后，经过长期的民族融合，叙利亚阿拉伯民族最终形成，并成为当地的主体族群。

叙利亚阿拉伯人讲阿拉伯语，[①] 绝大部分信仰伊斯兰教，其中逊尼派穆斯林约占总人口的70%，包括阿拉维派、德鲁兹派在内的什叶派信徒约占总人口的15%，剩下的基本是希腊东正教徒。叙利亚的阿拉伯居民大部分过着定居生活，主要集中在大马士革、阿勒颇、沿海地区及其他地区的城乡。但叙利亚也有少部分阿拉伯游牧民，即贝都因人，生活在叙利亚沙漠地带，从事畜牧业。虽然贝都因人在逐渐减少，但游牧的生活方式仍是许多叙利亚人向往的，他们闲暇时甚至会到沙漠地区体验古老的游牧生活。

叙利亚在伍麦叶王朝时期曾经是帝国的中心以及阿拉伯—伊斯兰文明的核心，拥有光辉灿烂的历史与阿拉伯文化。叙利亚的阿拉伯人无论是穆斯林还是基督徒都以此为骄傲，并将这视为当今叙利亚国家的宝贵精神财富。

（二）库尔德人

库尔德人是西亚地区的一个古老民族，人口约为3000万人，为中东

---

① 所有阿拉伯人的母语都是属于塞姆语系的阿拉伯语，但阿拉伯语又分为古典阿拉伯语、现代标准阿拉伯语及阿拉伯各国（地区）方言。叙利亚阿拉伯人以前的日常语言是叙利亚阿拉伯语方言，书面用语是现代标准阿拉伯语，现在有文化的人一般也是用标准阿拉伯语。

第四大民族，其人数仅次于阿拉伯人、突厥人和波斯人。他们分散于中东各国，主要是土耳其东部、伊拉克北部、伊朗西北部及叙利亚、阿塞拜疆、亚美尼亚等国，并且其生活的地方被称为"库尔德斯坦"。库尔德人在历史上从未建立过自己的国家，是典型的"跨界族群"。库尔德人自11世纪起就定居在叙利亚地区，12世纪，库尔德人、叙利亚历史上著名的领导人民战胜十字军东侵的"阿拉伯民族英雄"萨拉丁建立了阿尤布王朝，统治着叙利亚和埃及。所以可以说，库尔德人为叙利亚灿烂的历史、文化做出了自己的贡献。

　　库尔德人的语言被称为库尔德语，是印欧语系伊朗语族的一个分支，且叙利亚的库尔德人使用阿拉伯字母来拼写自己的语言。大部分叙利亚的库尔德人都会使用库尔德语和阿拉伯语两种语言，但如今城市的库尔德人（特别是住在大马士革的）有些只会讲阿拉伯语了。

　　相比其他叙利亚少数派，库尔德人问题则较为特殊。库尔德人虽然在祖裔上属于少数族群，但他们在宗教上大多信仰伊斯兰逊尼派，[1] 属于占多数的教派。其实，在法国委任统治时期之前，库尔德人还不算真正的"少数族群"，也没有所谓的"族群意识"，是法国委任统治当局"分而治之"的政策促使其慢慢成长为一个独立的"族群"（关于这一过程本书将在第二编详细阐述）。

　　20世纪20年代土耳其凯末尔改革时期，一些土耳其的库尔德人由于对政府改革政策不满而大批迁居到了叙利亚。如今，叙利亚的库尔德人主要聚居在叙利亚北部的艾因阿拉伯（Ayn al-'Arab）、达戈（Kurd-Dagh）和杰齐拉（Jazira）三个孤立的地区，人口总数为150万—200万，[2] 约占全国人口的9%，是叙利亚人数最多的也是最主要的少数族群。

　　叙利亚的库尔德人基本上都是定居生活，也有少部分过着游牧或半游牧生活，保留着传统部族的关系纽带。总体上说，库尔德人长期不信任任何政府，对他们的部落忠诚远甚于对叙利亚国家甚至库尔德民族的忠诚，但这种传统态度在不同时期也有变化。如今，与叙利亚阿拉伯人杂居的库尔德人在语言、生活习惯上都与阿拉伯人没有两样。农村的库尔德人以务

---

　　① 但其教义受到苏菲主义的影响，也有一些信奉琐罗亚斯德教和雅兹迪教（Yazidi）。详见闫伟《叙利亚政局与库尔德问题的嬗变》，《世界民族》2013年第6期。

　　② Flynt Leverett, *Inheriting Syria*, *Bashar's Trial by Fire*, Washington, D. C., The Brookings Institution Book, 2005, pp. 2—3.

农为生，城市的库尔德人大多为工人、手工业者，还有些成为工头、企业管理人员、公务员、军人，少数甚至获得了较高职位。

（三）亚美尼亚人

亚美尼亚人起源于公元前 6 世纪时期的外高加索地区，除了现在亚美尼亚共和国的主体民族外，其他亚美尼亚人主要散居在格鲁吉亚、土耳其、伊朗、叙利亚、黎巴嫩、塞浦路斯等国。亚美尼亚人讲的亚美尼亚语（分多种方语言）属于印欧语系亚美尼亚语族，并有自己的字母体系。叙利亚的亚美尼亚人大多信仰亚美尼亚格里高利教派①，其他信仰天主教、伊斯兰逊尼派等，总体上说是具有族群、教派双重性的"少数派"。

很久以前，亚美尼亚人就开始生活在叙利亚地区，而由于 1915—1916 年土耳其政府对生活在其境内的亚美尼亚人进行镇压，很多人逃到叙利亚。如今，叙利亚大约生活着 30 万亚美尼亚人，② 集中在大马士革、阿勒颇等大城市，其中大马士革的亚美尼亚区（Hayy al—Arman）为叙利亚最主要的亚美尼亚人聚居区。他们主要居住在城镇，从事医生、律师、商人、小手工业者等职业，较少有人去政府部门工作。

不同于库尔德人，亚美尼亚人的"民族"观念比较强，受阿拉伯民族同化程度较小。一些亚美尼亚人的领袖强烈反对与其他民族融合，强调维护亚美尼亚民族特性的重要性。他们有自己的风俗习惯、自己语言的报纸、自己的"民族"学校，并大多用亚美尼亚语进行宗教活动。

二　叙利亚的"教派"概述

叙利亚的主要宗教群体是逊尼派穆斯林，约占总人口的 68%，什叶派约占 17%，其中阿拉维派约占 11.6%。基督徒（包括希腊东正教徒、新教徒和天主教徒等多种派别）占 14%，犹太人最少，大约只占总人口的 1%。为更深刻地探讨叙利亚教派问题的成因，本书先对叙利亚存在的主要宗教教派及它们在宗教上的差异进行如下阐述：

---

① 亚美尼亚格里高利教派，形成于 4 世纪初，因其创始人名为格里高利而得名。它是基督一性论派，在仪式上与正教派差别不大，该派圣书和祈祷文都是用亚美尼亚语写成，宗教活动也主要使用亚美尼亚语。在叙利亚，该派的主要信徒为亚美尼亚人。

② 赵国忠主编：《简明西亚北非百科全书（中东）》，中国社会科学出版社 2000 年版，第 26 页。

（一）伊斯兰教

伊斯兰教从产生开始，就不仅是宗教，也是与社会和政治紧密相连的一种社会生活方式。穆罕默德不仅是宗教上的"先知"，而且是一位杰出的政治家。但由于其没有子嗣，在生前也没有对其继任者问题进行明确安排，因此在他逝世后，穆斯林社团上层围绕着宗教与世俗领导权的继承问题展开了激烈争论，继而在教内发生分裂，出现了不同的教派。在此我们主要阐述叙利亚存在的几个教派。

1. 逊尼派

逊尼派与什叶派并称为伊斯兰教中两大政治、宗教派别。其中，逊尼派是伊斯兰教中人数最多的主流派，约占全世界穆斯林的85%，由于其获得历代大多数哈里发和统治者的支持而被称为"正统派"。他们将穆罕默德的言行视为穆斯林生活及行为的准则，承认"四大哈里发"[①]为穆罕默德的合法继承人。他们认为哈里发是执掌政教大权的领袖，是安拉使者的代理人，但哈里发与使者不同，他不能立法，且应出自古莱氏部族。逊尼派认为哈里发除掌有相当君主的世俗权力以外，其主要职责在于保护伊斯兰教的信仰。"逊尼"意为"遵守逊奈者"，即遵守和仿效穆罕默德的行为和道路的人。在宗教上，逊尼派和什叶派皆尊奉《古兰经》，但各有注释及各自的圣训集。

2. 什叶派

第四任哈里发阿里在世的时候，拥戴阿里的信徒形成一支强大的政治力量，称为"什叶"（阿拉伯音译，为"追随者"），其教义的核心是关于伊玛目的思想。他们认为：伊玛目是全体穆斯林的领袖和统帅，具有神性，不是凡人，其地位、权力和世袭世系都由安拉确立；伊玛目继承了穆罕默德的一切美德和学问，一贯正确，不会犯错；伊玛目是安拉和人之间的"中介"，人必须通过他们才能进入天堂，也只有他们才能明晓和解释《古兰经》的隐义并享有创制教法的权利。什叶派中还盛行着"隐遁的伊玛目"思想，认为最后的伊玛目即马赫迪（意为"被引入正道的人"）没有死而是隐遁了，他在世界末日前会再临人世，为人类带来光明和正义。这种思想反映了什叶派早期在政治斗争失败后寄希望于马赫迪的出现来改

---

① 四大哈里发依次为：艾布·伯克尔（632—634 年在位）、欧麦尔（634—644 年在位）、奥斯曼（644—656 年在位）和阿里（656—661 年在位）。

变他们生活的愿望。

　　此外，什叶派从斗争需要出发，允许教徒在特殊情况下运用"塔基亚"（意为"掩饰""谨防"）原则来掩饰自己真正信仰，以便保护自己。他们还在斗争中发展出了强烈的受难和献身的宗教感情，出现了对殉难的赞美，对圣徒、圣墓的崇拜。后来，什叶派内部因对伊玛目继承人世袭发生分歧而又产生很多派系，叙利亚的伊斯玛仪派、阿拉维派、德鲁兹派都是什叶派的分支。

　　3. 伊斯玛仪派

　　为什叶派的一个支派，又被称为"七伊玛目派"，出现在 8 世纪后半期。该派认为阿里的第六世孙伊斯玛仪应为第七世伊玛目，虽然他早亡于其父，但他会作为马赫迪降临人世，因此伊玛目传袭世系应止于此。伊斯玛仪派还在新柏拉图主义思想的基础上建立起一套复杂的宗教思想体系，认为宇宙、物质世界的形成都是分 7 个步骤依次流出的结果。[①] 伊斯玛仪派内分若干阶段和等级，不同等级的（少数）掌握教理者向教徒秘密地传教，并逐渐发展起一套便于行动的秘密组织。他们宣称，在马赫迪降临前，启示和隐义都是保密的，入教者在宣誓保密并缴纳一定费用才能知晓，并禁止外传。

　　4. 德鲁兹派

　　德鲁兹派创建于公元 11 世纪，为伊斯玛仪派的一个分支，历史上被逊尼派等视为异端。从族源上讲，"德鲁兹人是阿拉伯人、波斯人和突厥人的混种"。目前，该教派信徒人数约 200 万，主要分布在黎巴嫩、叙利亚、约旦和巴勒斯坦等地。德鲁兹派信徒自称"穆瓦希敦"（信仰一神者），以德鲁兹星为象征，其教义受到诺斯底主义的影响，主要为：信安拉；信奉哈基姆，他为安拉在大地上的代理人，具有神性，是完美的化身及"隐遁伊玛目"；认为宇宙万物是安拉通过宇宙智慧依等级次序流溢出来的；相信灵魂转世说，认为好人死后会变成星星，恶人会转化成猪、狗等动物。该派不履行伊斯兰教法所规定的五项宗教功课，主张简化宗教礼仪，免去礼拜、朝觐、天课、圣战等义务，不设清真寺。该派内部实行等级制，将信徒分为"知秘者"（欧格拉）和"无知者"（朱海拉）两个等级，并允许使用"塔基亚"原则。

---

　　① 详见黄心川主编《世界十大宗教》，社会科学文献出版社 2007 年版，第 297 页。

5. 阿拉维派

阿拉维派于 9 世纪创立，也是伊斯玛仪派的一个分支，又称"努萨里派"。该派教义受斯诺替教、基督教、伊斯兰教以及拜火教的元素影响，形成了混合的宗教思想：尊崇（但不崇拜）阿里为神，认为他是万物的创造者和复兴者；相信轮回；允许使用"塔基亚"原则。历史上，虽然阿拉维派有自己的神学家及宗教书籍，但没有自己的清真寺，所以只能在私人住宅做礼拜。他们的宗教仪式称"弥撒"，包括红酒和面包，[①]除伊斯兰教的节日外，他们还用独特的方式庆祝许多基督教、拜火教渊源的节日，如圣诞节、复活节等。在宗教仪式上，他们不认为必须进行礼拜，信徒不封斋、不朝觐、不崇拜圣地。该派组织与活动都十分秘密，入教仪式非常严格。

（二）基督教

基督教教派主要分为天主教、东正教和新教三大教派。这三种教派在叙利亚都有，但和传统的三大教派又有不同，生活在叙利亚的基督教徒所属的教派主要的特点有：

1. 东正教派

公元 1054 年，基督教会分裂为东、西两个教会，即东正教与天主教。东正教因强调自身是"唯一的、从使徒传下来的"教会，故称正教，又因其是基督教初期流行于东罗马帝国希腊语地区的教会发展而成而称"东正教"或"希腊正教"。在信仰教义上，东正教重视对圣母玛利亚的崇拜，宗教仪式上实行"七大圣礼"，即圣体血圣事、圣洗圣事、圣膏圣事、圣秩圣事、忏悔圣事、婚配圣事、敷油圣事。东正教相信血和饼是基督的血与肉，并使用发酵的饼，节日中以复活节为重。叙利亚东正教教会（包括雅各宾派[②]及上文提到的格里高利教派）在教义、礼拜和仪式上，同巴尔干半岛及东欧其他东正教教会相似。叙利亚东正教教会是安提阿东

<hr>

[①]　Yaron Friedman, *The Nusayrī - Alawīs, an Introduction to the Religion, History and Identity of the Leading Minority in Syria*, Leiden, The Neitherlands, 2010, p. 38.

[②]　雅各宾派，也称叙利亚正教会，产生于公元 6 世纪，创始人是雅各宾·巴赖泰。它也是基督一性论派，宗教仪式与东正教派区别不大，他们在宗教事务中使用古老的阿拉姆语。雅各宾派教会驻地在霍姆斯，教徒约 15 万，主要是叙利亚阿拉伯人，辖叙利亚 4 个教区、土耳其 3 个教区、伊拉克 2 个教区，黎巴嫩和约旦各 1 个教区。

正教会①，是中东地区仅次于塞浦路斯东正教会的第二大东正教会，创建于公元 4 世纪拜占庭帝国的教区基础上。它由大主教领导，驻地设在大马士革，下设大马士革教区和黎巴嫩教区。

2. 天主教马龙派

"天主教"一词源于希腊语，意为"普遍的、通用的"，因此也称"罗马公教"。天主教信奉天主和耶稣基督，尊玛丽亚为圣母。其基本教义为信仰天主存在，认为天主是永恒的、万能的，创造了世界万物，并赏善罚恶；信仰圣父、圣子、圣神三位一体、道成肉身、圣子受难，复活升天，末日审判等。天主教主张教权至上，在哲学上反对神秘主义。天主教在一些宗教仪式上与东正教不同，例如在圣餐礼上使用无发酵面包，且普通教徒只使用面包，教职人员才使用面包和酒，并禁止神职人员结婚。叙利亚的天主教徒主要为马龙派，属于东仪天主教派，创立于公元 5 世纪，原是基督教会中的一个特殊教派，18 世纪加入罗马天主教会。马龙派承认罗马对教皇的隶属关系，但在宗教仪式上保留了基督教会的传统。其总主教由主教会议选举产生，神职人员可以结婚，总主教的驻地设在黎巴嫩贝鲁特的开贝尔，统辖黎巴嫩的 7 个教区、叙利亚的 3 个教区和塞浦路斯的 1 个教区。

3. 新教

新教是 16 世纪欧洲宗教改革运动中脱离罗马天主教的一系列新教教派的统称。信教徒只信上帝、《圣经》，不信仰三位一体，也不信仰圣母。在宗教仪式上，他们提倡简化仪式，反对圣像崇拜。19 世纪上半叶，由于美国、英国、德国、荷兰等国的新教传教士在叙利亚进行积极的传教活动，② 叙利亚逐渐出现了少数新教徒。

总的来说，由于奥斯曼帝国长期以来权力下放，允许少数群体相对自

---

① 东正教派认为其教会可回溯至五个早期的基督教会中心：罗马教会、耶路撒冷教会、安提阿教会、亚历山大教会和君士坦丁堡教会。虽然所有的东正教教会都承认君士坦丁堡牧首为最高领袖（正式头衔为君士坦丁堡新罗马大主教和普世牧首），但是东正教会之间并不是完全一体，而是在彼此承认的状态下相互独立。

② 美国最先发现在叙利亚传播新教的潜力，并付出的努力最多，取得的成绩最大。叙利亚新教徒长期受到美国对外传教团长官委员会（American Board of Commissioners for Foreign Missions, ABCFM）的赞助，而该委员会的目标之一就是在异教徒居住地区传播新教。详见 R. Anderson, *Memorial Volume of the First Fifty Years of the American Board of Commissioners for Foreign Missions*, Boston, The Board, 1863, p. 77。

治，再加上宗教压迫、清洗等原因①，因此各宗教教派和族群并非平均分布在整个叙利亚，而是经常在不同程度上聚集于不同行政区。根据这种情况，本书引用尼克劳斯·范·达姆的划分，将少数"族群"与"教派"（统称"少数派"）再区分为"集中的少数派"和"分散的少数派"。② 前者的人口主要集中于某一地区，形成当地的多数，在当地具有较大影响力；而后者则分散在多个地区，缺乏影响力。例如，在少数派中，基督徒③散布全国，在各地都没有绝对影响力；而阿拉维派、德鲁兹派和伊斯玛仪派则集中于特定地区，形成地方多数。④

（三）叙利亚的"集中的少数派"

从各省的教派分布情况来看，逊尼派在除拉塔基亚和苏韦达两省外的叙利亚其他各省都占多数；在拉塔基亚省，阿拉维派占多数（占62.1%），农村地区居住着占当地人口12.8%的希腊东正教徒（希腊东正教徒约占全国总人口的4.7%）；在苏韦达省（也被称为德鲁兹山区）居住着占当地人口87.6%的德鲁兹派及人数相对较多的希腊东正教徒和其他基督教社团，而逊尼派在该省人口不到2%，是所有省份中最少的；在哈马省，虽然逊尼派占64.6%的多数（主要居住于省会），但伊斯玛仪派（占13.2%）和希腊东正教徒（占11.0%）的人数也相对较多，并主要集中在省会周围的农村地区；而叙利亚的伊斯玛仪派主要集中于萨拉米亚（Salamiyah）和马萨亚夫（Masyaf）地区，构成当地多数。

从以上数据我们可以看出，阿拉维派、德鲁兹派、伊斯马伊派都属于"集中的少数派"范畴。此外，从严格意义上来说，叙利亚的"集中的少数派"还应包括主要居住在叙利亚与土耳其交界的北部地区的库尔德人。但由于历史上库尔德人在叙利亚"集中的少数派"中的重要性较低，且上文已经对其进行了阐述，因此这里不再对其展开赘述。下面我们着重对以上三个"集中的少数派"做进一步的分析与论述。

---

① 如历史上历届逊尼派政府对阿拉维派及其他什叶派的残酷迫害与屠杀等。

② Nikolaos Van Dam, *The Struggle for Power in Syria*, *Sectarianism*, *Regionalism and Tribalism in Politics*, 1961—1980, London, Croom Helm, 1981, pp. 22—25.

③ 由于基督教本身在叙利亚属于少数派，其内部矛盾已成为次要矛盾，并不突出，因此本书将上述各种"基督教派"看作是一个整体，其信徒统称为"基督徒"。

④ Martha Neff Kessler, *Syria*, *Fragile Mosaic of Power*, Hawaii, University Press of the Pacific, 2002, p. 25.

1. 阿拉维派

大约 75% 的叙利亚阿拉维派居住于拉塔基亚地区，构成当地多数。他们绝大多数居住在乡村，从事农业，是拉塔基亚主要的农业人口。而在拉塔基亚的沿海城镇，逊尼派和基督徒则为当地多数。因此在拉塔基亚地区城乡和阶层差别比教派差别更加突出。奥斯曼统治后期与法国委任统治时期，拉塔基亚城乡差别巨大，农民常被迫将他们大部分收成交给城市地主和商人作为税收，市民有时还与外国人勾结榨取赤贫的农民的钱财。

考虑到社会组织问题，我们应该区分居住于山区的阿拉维派和居住在平原和沿海地区的阿拉维派。首先，在山区的阿拉维派中，部落纽带更强有力；而在沿海平原的阿拉维派中，部落纽带已近消失，家庭成为重要的社会单位，家族的团结性趋于加强。其次，平原和沿海地区的阿拉维派在经济上受到逊尼派及基督徒的控制与剥削；而那些居住于不易进入的山区的阿拉维派的经济却在较大程度上得以独立发展，这里阿拉维派农民的社会经济地位也相对较高。最后，也是二者最大的不同是，山区的阿拉维派受到本教派人的剥削，其他阿拉维派社区则没有这一现象。

阿拉维派按部落可进一步划分为四个主要联盟，哈亚吞（Khayya-tun）、哈达顿（Haddadun）、马塔维拉（Matawirah）和卡尔比亚（Kalbi-yah）。[①] 他们分散在整个拉塔基亚地区及其周边地区，许多村庄及其土地分配给属于不同部落的家庭。部落联盟有时有多个领袖，在联盟内部又分为很多部落，每个部落各有自己的头领，大多数甚至还有自己的宗教领袖。虽然宗教领袖的权力范围不如部落领袖，但他们具有较强的思想和社会影响力。有时，宗教领袖会通过剥夺部落领袖的支持者或干脆取代他们来削弱部落领袖的权力，显示自己的影响力。有时，宗教领袖和部落领袖属于共同或相近的家族。

由于部落和宗教领袖们掌握着土地，因此他们控制着当地农民和宗教信徒，很多部落领袖同时是其部落里的宗教领袖，部落农民的地位则堪比农奴。在法国委任统治下，这样的宗教—部落—封建关系存在于阿拉维派世家阿巴斯（'Abbas）、坎基（Kanj）和穆尔西德（Murshid）家族及其领导下的信徒之间。这些家族的权力大大超过了他们拥有的财产规模。

---

① Nikolaos Van Dam, *The Struggle for Power in Syria*, *Sectarianism*, *Regionalism and Tribalism in Politics*, 1961—1980, London, Croom Helm, 1981, p. 22.

"阿拉维派山区"从前是叙利亚最贫困、发展最落后的地区，在很多方面落后于本国其他地区。虽然在叙利亚独立之后，尤其是在 1963 年复兴党执政后，阿拉维派农民的社会经济地位有了相当大的提高，但是拉塔基亚地区仍比其他农业省份贫穷。①

20 世纪 60、70 年代，阿拉维派山区和拉塔基亚地区的阿拉维派出现了大规模的迁居。有的强占了其他宗教少数派如伊斯玛仪派的地盘，有的则迁到较低的平原和城市，这导致哈马省和霍姆斯地区阿拉维派村庄的数量成倍增长。

2. 德鲁兹派

叙利亚超过 90% 的德鲁兹派居住在南部的苏韦达省，其地区集中性比拉塔基亚的阿拉维派更高。与阿拉维派聚居地不同，由于苏韦达的农村和城市的主要居民均为德鲁兹派，因此不仅没有出现拉塔基亚地区的城乡差别，而且苏韦达的传统精英也都是德鲁兹派，不像在拉塔基亚地区的精英阶层包括了阿拉维派、逊尼派以及少数基督徒。

可以说，在德鲁兹山区，占多数的德鲁兹派未受其他任何宗教社团成员的控制，社会经济和阶级差别都存在于同一个德鲁兹社团内部。其结果，一方面，苏韦达省的居民具有更强的社会凝聚性。尤其当奥斯曼政府或后来的叙利亚中央政府努力将权力扩展到德鲁兹山区时，苏韦达的德鲁兹社团便常常显示出巨大的团结精神。另一方面，苏韦达和拉塔基亚地区都存在强烈的地区认同，但前者较后者弱。相对德鲁兹派在苏韦达的绝对势力，阿拉维派在拉塔基亚势力较弱，因此拉塔基亚的地区认同更加突出，其地区（沿海城镇与山区农村）间的紧张度也强于德鲁兹地区。②

当今生活在苏韦达地区的大多数德鲁兹派都是 17—19 世纪（尤其是19 世纪）从黎巴嫩、巴勒斯坦或阿勒颇地区迁徙过来的移民的后裔。后来，那些移民的家族或部分部落就掌控了他们定居的地区或村落，成为当地的多数。有时整个村落干脆就是由某个大家族的全部成员构成的。

总体上看，苏韦达地区德鲁兹社团的领导权长期以来一直掌握在哈马丹家族手中，他们用各种粗暴手段对待德鲁兹农民，把他们当作农奴，拒

① Raymond A. Hinnebusch, "Local Politics in Syria, Organization and Mobilization in Four Village Case", *The Middle East Journal*, Vol. 30, No. 1, Winter, 1976, pp. 1—24.

② Michael H. Van Dusen, "Political Integration and Regionalism in Syria", *The Middle East Journal*, Vol. 26, No. 2, Spring 1972, p. 125.

绝给予他们任何土地所有权。1868 年这一领导权落入著名的阿塔什（al - Atrash）家族手中，他们继续镇压农民，直到 1890 年迫于大规模反封建起义而做出了一系列妥协，包括承认在土地上耕作的当地农民的土地所有权等。从此，阿塔什家族中一些没有土地的人被迫成为季节工，或迁移到城市以期改善其经济地位。

但不管怎样，长期以来，德鲁兹社团中一直实行着建立在这种重要的社会和地位标准之上的严格的家族等级制度，并将其应用于重要的社会实践与行动中。像阿塔什或阿布·阿萨里（Abu Asali）这样著名的德鲁兹家族就是利用其家族的传统威望在当地选举中胜出的。但是 20 世纪 60 年代以来，这些家族的权力被大大削弱了。

3. 伊斯玛仪派

叙利亚的伊斯玛仪派大约有 80% 定居在中心城市哈马的农业区马萨亚夫和萨拉米亚地区，从事农业耕作。萨拉米亚在 9—10 世纪是伊斯玛仪派的主要中心，11 世纪，很多伊斯玛仪派信徒为了避难逃往拉塔基亚山区，但主要定居在马萨亚夫和乔本斯镇周围。在此期间，他们被迫逐渐从农村转向城镇，并努力在那里取得社会和经济主导地位。在拉塔基亚的农村地区，阿拉维派普遍对伊斯玛仪派持敌对态度，而后者于 1845 年奥斯曼素丹阿卜杜拉·哈米德二世将萨拉米亚夺取为帝国领土后又重新回到了这里。

叙利亚独立后，萨拉米亚地区的伊斯玛仪派在经济和社会上都获得了比在阿拉维地区他们的宗教反对派更快的发展，后者则维持相对贫穷落后的状态。相比阿拉维派和德鲁兹派，伊斯玛仪派百年来一直服务于城市，在教育和职业上都是如此。尤其在 1963 年复兴党夺取政权以来，更多的伊斯玛仪派信徒迁徙到城市。

三　族群、教派、区域忠诚的成因与特点

叙利亚的传统社会孕育了人们对族群、教派和区域的认同，继而使其产生了较强的族群、教派和区域忠诚，这些次民族认同与忠诚给叙利亚现代民族国家构建带来了极大挑战。总的来说，叙利亚族群、教派和区域忠诚是在历史长河中逐渐形成的，并在产生过程中也塑造出了自己的特点。

（一）族群、教派、区域忠诚的成因

叙利亚族群、教派和区域忠诚的形成经历了漫长、复杂的过程，但总

的来说，促使这些忠诚形成的因素主要有以下几个方面：

1. 地缘政治因素

叙利亚所属的肥沃新月地带在历史上一直是不同民族、宗教社团交汇、融合的地区。这种融合有时是以和平方式进行的，有时是以武力手段实现的。

首先，叙利亚地区在近代以前常常被不同民族征服，例如波斯人、希腊人、罗马人、阿拉伯人、蒙古人和土耳其人等，并经常成为部落和民族迁移的走廊。这致使叙利亚地区民族、族裔构成较为多元化。

其次，犹太教、基督教和伊斯兰教这三大神教都起源于叙利亚所属的广泛地区，后来这里又不断发展起具有各自独特信仰和仪式的教派、学派，从而又导致了信仰上的多元化。而各个宗教与教派的发展导致了不同部落与族群的差异，这又促使教派之间差异不断扩大。在此过程中，政治与宗教的多样性自然而然地发展起来。最终，叙利亚地区的居民常以部落为单位隶属于不同教派团体，逐渐形成教派认同与教派忠诚。

最后，中东地区尤其是叙利亚地区时常是周边地区那些因政治或宗教理由受迫害的人们的避难所，这些难民以家族、团体为单位定居在叙利亚或其周围地区，为当地产生族群、教派、区域忠诚埋下了伏笔。

2. 各族群、教派的区域集中因素

首先，叙利亚各族群、教派的区域集中导致其与其他群体的差别得以保持并加强，从而催生了族群、教派、区域忠诚。

其次，多数派与少数派在居住地上的相互隔绝及环境优劣差异进一步加深了少数族群、教派对其自身的认同。从安全角度考虑，占人口多数的传统族群尤其是阿拉伯逊尼派由于不用过于担心自己的安全问题，因此常常居住在易受中央控制的河谷和外人较易进入的平原地区；而不愿接受中央政府控制、在历史上频繁受到严重迫害的族群、教派常常选择迁徙到外人难以进入的山区和鲜有中央控制的沿海地区，以使其生活不受干扰。例如，阿拉维派、德鲁兹派、伊斯玛仪派都主要居住在偏远的地区。而客观上，前者的居住与生活条件明显优于后者，这进一步加剧了两者的分化与各自对自身社团的认同与忠诚。

最后，叙利亚少数派聚居地区的地理结构又进一步培养了这些区域中居民强烈的区域忠诚，并使这种区域忠诚与族群、教派忠诚相连。这一因素尤其体现在地势险峻的拉塔基亚山区和德鲁兹山区。在这些少数派聚居的山区，由于外人难以进入并缺乏强有力的中央集权而导致其与外界交流不足，从而进一步保存了不同族群、教派团体独有的特征与独立状态，进而滋生出对外界尤其是逊尼派政府强烈的敌意和对本族群、教派强烈的忠诚。

3. 伊斯兰教逊尼派的态度因素

叙利亚地区被纳入阿拉伯帝国版图之后，伊斯兰教逊尼派统治者对其他族群、教派的态度一定程度上决定了这一地区族群、教派、区域忠诚的发展方向。对待这一因素，我们要从两方面来审视。

一方面，伊斯兰教具有一定的包容性。第一，伊斯兰教一向视基督徒和犹太人为"有经典的人"，因而作为逊尼派的统治者对他们相对比较宽容，允许他们保留其宗教组织、宗教信仰、崇拜场所以及个人身份。穆斯林统治者甚至对基督教和犹太社团的内部事务也不进行过多干预，而是努力推行同化政策。基督徒和犹太人的特殊地位在奥斯曼帝国时期进一步加强了，他们的社团被官方承认为"米莱特"，即"宗教国"。由于这些保护，他们得以保持自己特有特征直至今日，虽然代价是成为二等公民。第二，伊斯兰教宣称"穆斯林皆兄弟"，因而作为阿拉伯人的统治者对待皈依伊斯兰教的外族人也基本一视同仁，在教内实行民族平等政策。例如，中东地区主要的族群如阿拉伯人、土耳其人、库尔德人等对彼此都相当宽容。这些宽容政策客观上鼓励了这一地区族群、教派多样性的继续发展。

另一方面，伊斯兰教逊尼派长期对伊斯兰教内部的少数派采取敌视态度甚至迫害政策。阿拉伯逊尼派历史上一直视什叶派和其他教派如阿拉维派、德鲁兹派和伊斯玛仪派等为"异端"，对其的态度比对基督徒和犹太人这些"非穆斯林"更不宽容，甚至常常对其进行迫害、屠杀等。在"民族主义"在伊斯兰世界开始流行以前，人们对自身的认同不是沿着"民族"路线，而是主要依照"教派"来进行的。例如，在奥斯曼统治时期，占人口大多数的逊尼派阿拉伯人并没有觉得受奥斯曼土耳其人统治是在受"外族"统治，而阿拉维派、德鲁兹派和伊斯玛仪派却有这样的感觉。[①] 时至今日，叙利亚居民也总是按宗教认同自己为逊尼派、德鲁兹派、伊斯玛仪派、希腊东正教徒或犹太人等。

---

① Elie Kedourie, *The Chatham House Version*, London, Weidenfeld & Nicolson, 1970, pp. 386—387.

（二）叙利亚族群、教派、区域忠诚的特点

由于以上各种因素，叙利亚族群、教派、区域忠诚逐渐发展起来，并在发展的过程中渐渐形成了自己独特的特点。总的来说，大致有以下几个特点：

1. 叙利亚的族群、教派和区域分类本身很容易重叠，且与部落联系紧密

在对待叙利亚族群、教派与区域忠诚问题时，我们要注意它们之间错综复杂的关系。由于某些特殊族群、教派的地区性集中，一些部落团体经常也属于相同的族群或教派，而部落、族群的划分也常与宗教因素紧密联系在一起，因此族群、教派、区域甚至部落忠诚常常相互重合。针对这种情况，为避免在进行具体分析时混淆族群、教派与区域忠诚，我们必须仔细甄别在某一特殊情况下什么因素起主要作用。例如，阿拉维派是宗教上的少数派，但在族群上是属于多数派的阿拉伯人；而库尔德人在族群上是非阿拉伯人的少数族群，但在宗教信仰上却是属于多数派的逊尼派穆斯林。在他们与逊尼派阿拉伯人产生矛盾时，我们就要甄别到底是什么因素在起作用。

2. 叙利亚的族群、教派和区域团体有时也会与社会经济类别部分重叠

一个人可能同时是一个族群或教派的成员、一个特殊社会阶层的成员以及一个有特殊地位的自给自足的居民。然而，族群、教派与社会经济阶层类型的差异很大。一个社会经济阶层可以被看作是一个水平的社会阶层，其成员带有特殊的社会经济特征；而一个族群或教派经常由几个社会经济阶层构成，而且在一定程度上按照不同社会经济阶层可以构成垂直的分类。因此一个社会经济阶层可以与几个族群或教派有交集。

一方面，由于一个族群、教派经常是由多种社会经济阶层构成的，因此族群的团结常常会阻碍阶级意识的增长；另一方面，当族群、教派差别与社会经济差别一致的时候，族群、教派忠诚又会催化阶级斗争，并通过族群、教派斗争的形式表现出来。这种情况在教派斗争中表现得尤为明显。例如城市的逊尼派与居住在农村的少数教派之间的矛盾就是阶级矛盾与教派矛盾的总和。因此可以说，如果族群、教派或区域忠诚与社会经济阶层的忠诚相重叠，那么各因素所起的作用会相互补充、加强。

3. 军队对叙利亚的族群、教派、区域忠诚影响至深

由于少数族群、教派大多集中在偏远山区、贫穷的农村，以农业为

生，因此他们为改变命运从奥斯曼时期开始大批参军，军队中的拉帮结派加剧了族群、教派、区域忠诚。在奥斯曼帝国时期，由于帝国兵员不足，开始从广大农村招募士兵。由于生活贫苦、文化程度低，生活在农村的少数族群、少数教派常常把当兵、上军校①看作是脱离贫穷生活的唯一途径。而生活在大城市、条件优越、文化程度较高的逊尼派穆斯林则歧视当兵，除非孩子考不上学或被学校开除才会上军校，② 这客观上造成了一开始少数族群及教派成员就在军队里占绝大多数的形势。而为了加强个人的权力，军队中拉帮结派之风盛行，少数族群、教派成员继续提拔或举荐自己族群、教派甚至区域的人，这不仅为日后军队由少数族群、教派成员掌权的局面埋下了伏笔，也增强了族群、教派、区域忠诚。

---

①　军校是免费的，它基本上是生活在山区、家庭贫困的宗教少数派学生唯一的上学选择。

②　Nikolaos Van Dam, *The Struggle for Power in Syria*, *Sectarianism*, *Regionalism and Tribalism in Politics*, 1961—1980, London, Croom Helm, 1981, p. 15.

第三章

叙利亚现代民族国家构建的阶段

当代叙利亚国家是以阿拉伯人为主体的多民族国家。由于该地区在历史上民族迁徙频繁、政权及疆域多变以及近代受西方国家殖民托管，因此叙利亚现代民族国家的构建步履维艰。严格意义上的叙利亚现代民族国家构建从 1920 年开始，大致可以分为三个历史阶段：法国委任统治阶段（1920—1946 年）、独立的初期阶段（1946—1963 年）、复兴党统治阶段（1963 年至今）。

第一节　法国委任统治阶段（1920—1946 年）

从 19 世纪开始，由于奥斯曼帝国不断走向衰落以及西方思想的影响，叙利亚地区萌生出了阿拉伯民族主义思潮，并最终发展为争取自治乃至独立的运动——阿拉伯民族大起义。1918 年 10 月—1920 年 7 月，阿拉伯民族大起义的领袖之一费萨尔亲王首次尝试建立叙利亚独立国家。虽然由于英法等帝国主义国家的背信弃义，费萨尔民族政府仅存在了 22 个月，但它在叙利亚现代民族国家构建的历史上具有重要的意义：第一，叙利亚首次以一个独立国家的身份存在；第二，成立了议会（国民代表大会），形成了具有政党性质的政治派别，起草并通过了宪法草案，建立了选举基础上的立法机制；第三，在联邦制的基础上建立了立宪君主制国家，是对叙利亚国家构建的初步尝试。前两者后来都被继承下来。

法国委任统治阶段叙利亚现代民族国家的地理疆域、政治制度都具备了基本雏形。本阶段可以分为前后两个时期：法国委任统治初期（1920—1925 年）和法国委任统治后期（1926—1946 年）。

一 法国委任统治初期(1920—1925 年) 的特点

随着法国委任统治在叙利亚的建立，叙利亚现代民族国家构建取得明显进展，其初期主要有以下特点：

（一）领土的开始确定

根据 1920 年协约国的《圣雷莫协定》，英法两国分别在所谓"天然的叙利亚"（即"（大）叙利亚"）实行委任统治。英国获得巴勒斯坦和约旦（当时称外约旦），法国获得叙利亚和黎巴嫩（这一时期"叙利亚"的称谓也缩小为这两地）。然而，由于委任统治当局实行分而治之政策，把叙利亚和黎巴嫩划分成各自为政的地区，并宣布建立"阿拉维派国""杰贝尔德鲁兹国"以及将亚历山大勒塔划为"自治区"，为黎巴嫩、亚历山大勒塔的分离及叙利亚内部的地区矛盾埋下了伏笔。

（二）经济基础设施的建立

法国人在叙利亚开设了以法资为主的叙利亚黎巴嫩银行（1919 年建立），控制了货币发行权，确立了以法币为基础的金融货币体系。法国高级专员署完全控制了叙利亚地区的海关、邮政、交通、专卖公司以及社会福利部门，法国垄断资本控制了叙利亚的铁路、港口、电力等国民经济的主干部门及自来水等民营市政企业。委任统治当局制定了一些税收项目，强制征税，并在农村扶植大土地所有制。

（三）族群结构与族群认同发生变化

由于法国委任统治当局实行"分而治之"的政策，对少数族群进行扶持，并以族群尤其是教派为依据划分了若干小国，因而加剧了族群结构与族群认同的变化。少数族群地位及经济、军事实力上升，阿拉伯逊尼派的地位受到打击，同时少数族群加强了自我认同，且这种认同正式与区域认同联系起来。

（四）国家机器的形成与最初的党派活动

法国委任统治当局在叙利亚建立了军队、警察和情报机构等国家机器以压制人民运动特别是党派活动，但党派活动仍屡禁不止。在埃及流亡的叙利亚民族主义活动分子组织了叙利亚联合党及阿拉伯独立党等政治组织。1921 年 9 月，叙利亚、黎巴嫩和巴勒斯坦等地党派代表在日内瓦召开叙利亚—巴勒斯坦大会，成立执行委员会即叙利亚—巴勒斯坦委员会，该组织向国际联盟及热那亚会议、洛桑会议提出给予叙利亚独立的要求。

委任统治当局这时也采取让步态度，撤销紧急状态，开放党禁。1925 年 2 月，合法政党"人民党"成立，阿卜杜拉·拉赫曼·沙赫班德尔博士为主席，其纲领和目标为"以合法的方法和手段"实现叙利亚的独立和统一，并与叙利亚—巴勒斯坦委员会建立广泛的联系。[①] 其他一些先进的工人和知识分子组成的共产主义小组等组织也在叙利亚、黎巴嫩活跃起来。

（五）民族主义的广泛传播与反法大起义的爆发

委任统治时期，阿拉伯民族主义、"（大）叙利亚主义"等民族主义在叙利亚地区广泛传播。但在 1920 年至 1925 年的委任统治初期，叙利亚的民族主义斗争规模有限，缺乏统一和有组织的领导，领导者多为民族资产阶级和开明的封建地主，参与者大多是农民和城市下层人士。而最早爆发于德鲁兹地区的 1925—1927 年大起义是委任统治时期民族斗争的总爆发，是一场参与广泛，且有组织、有领导纲领的全国性反法大起义，人民党代表与德鲁兹起义者还组成了叙利亚临时民族政府。

起义军的总指挥苏尔坦·阿特拉什发表了动员人民为叙利亚的独立自由而战的公告，其中包含了以下主要政治纲领：第一，法国须承认叙利亚的独立和统一；第二，建立人民政府，召开制宪会议制定基本法；第三，赶走法国占领军，建立民族武装；第四，摒弃内部矛盾，号召各教派、党派团结起来，共同与法国侵略者斗争。起义军得到了叙利亚—巴勒斯坦委员会及阿拉伯各国的叙利亚侨民的大力支持，虽然最终失败了，但增强了叙利亚人民争取独立的决心。

二 法国委任统治后期（1926—1946 年）的特点

在法国委任统治后期，叙利亚现代民族国家构建方面经历了重大的变化。总的来说，这一阶段主要有以下特点：

（一）叙利亚民族政府的建立

为了缓解国际社会的压力，更有效地控制叙利亚的形势，法国委任统治当局转而与叙利亚、黎巴嫩民族主义者谈判，先后在大马士革组建了以艾哈迈德·纳米尔为首的叙利亚民族政府、以阿里·侯赛尼为首的民族政府，以及通过选举产生的以亲法分子为主的议会及以穆罕默德·阿里·阿

---

① Tabitha Petran, *Syria—Nation of the Modern World*, London, Ernest Benn Limited, 1972, p. 62.

比德为总统、哈基·阿兹姆为总理的首届宪政体制下的民族政府（1932年6月—1936年11月）、以民族联盟成员为主的议会及以哈西姆·阿塔西为总统、杰米勒·马尔丹为总理的新一届民族政府（1936年12月—1939年2月）以及以塔杰丁为总统的民族政府等。

（二）1930年宪法与叙利亚现代议会民主政治的萌生

1928年4月，叙利亚经两级选举选出制宪会议代表。代表资产阶级和大地主阶级利益的政党"民族联盟"（1927年1月成立）在选举中获胜，其领袖之一、前费萨尔民族政府的总理哈西姆·阿塔西当选为制宪会议主席。6月9日，第一次立宪会议召开；8月，宪法草案制定完成并获得一致通过。该宪法的首要条款是，不承认法国在叙利亚的委任统治地位，坚持叙利亚的独立和统一。法国委任统治当局拒绝了该草案，解散了制宪会议。1930年5月法国高级专员强行实施以原宪法草案为蓝本的宪法修改稿。虽然委任统治当局对原宪法草案做出了多达23处修改，但它仍带有明显的资产阶级民主政治的印记和浓郁的民主共和政治体制的色彩。它关于国家体制的政治制度的基本内容奠定了委任统治时期乃至独立初期叙利亚政治体制的基本框架，是现代叙利亚国家政治制度的源头，标志着叙利亚现代政治的萌生。

（三）领土的初步确定

1936年12月，"杰贝尔德鲁兹国"（德鲁兹山国）和拉塔基亚重新并入叙利亚版图。① 1937年，国际联盟在没有叙利亚民族政府代表参加的情况下决定把亚历山大勒塔置于法国和土耳其的共管之下。1938年，根据国际联盟的决议，土耳其军队开进亚历山大勒塔自治区，举行"普选"。同时，亚历山大勒塔在法国和土耳其安排下制定区域自治宪法，并规定该地区在法国和土耳其联合监督下实行完全自治。1939年7月，法土签订亚历山大勒塔划归土耳其的协定，亚历山大勒塔正式并入土耳其，成为其"伊斯坎德伦"省。

（四）经济现代化的启动

1. 工业及基础建设：委任统治当局开始促进本地工业的发展；投资建设公路交通网、邮政通信设施、发电站及古霍姆斯水库大坝加高工程；

---

① 阿塔西民族政府辞职后，委任统治当局曾一度宣布"杰贝尔德鲁兹国"和拉塔基亚阿拉维区及阿尔—吉齐拉三省正式脱离叙利亚。但这些地区对叙利亚的归属感早已形成。

英属伊拉克石油公司在叙利亚铺设石油管线，法国石油公司在叙利亚获得石油勘探租让权，石油工业兴起；30 年代初期以后，叙利亚现代工业萌芽，迅速建立起大量小型现代轻工业企业，多数由当地工商业者开办经营，外国人担任技术人员。

2. 土地制度：法国委任统治当局在叙利亚地区展开土地普查、测量和进行土地所有权登记，将国有土地分配给小土地所有者；允许将国有土地出售或租让给大土地所有者及社会名流，鼓励将"瓦克夫"（宗教寺院土地）出售给大庄园主；批准民族政府组建国家农业银行，贷款给大土地所有者。这些政策促进了私有大庄园主经济的成长和农业资本主义的发展。到 30 年代末，在叙利亚形成了一批大土地所有者和拥有可观数量土地的外在地主。

3. 教育：委任统治当局鼓励兴办学校尤其是小学。除附属于清真寺的宗教学校外，叙利亚还增加了私立学校、宗教社团学校和村社主办的世俗学校。但这些学校带有浓厚的教派、部族特征及殖民主义色彩。而且，全国文盲率仍高达 80% 以上，教育仍处于落后状态。

（五）获得彻底独立与国际社会的承认

1943 年 10 月，叙利亚宪法修正案取消委任托管条款；1943 年 11 月 22 日，黎巴嫩正式独立。法国当局在强大的民族解放运动的压力下，被迫于 1943 年 12 月同意叙利亚独立并恢复宪法，重组民族政府。法国被迫承认叙利亚、黎巴嫩独立后，1944 年美、英、苏等大国及其同盟国相继予以承认。1945 年 2 月，叙利亚和黎巴嫩以独立主权国家的资格对轴心国宣战，初步以一个拥有独立外交、宣战、媾和与领土等权利的新兴民族国家形象登上世界舞台。在旧金山会议上，英、法在世界舆论的压力下，被迫承认叙利亚和黎巴嫩的代表资格，叙利亚、黎巴嫩成为联合国创始成员国。此后，两国又经过了近两年的斗争迫使英法撤军，两国终于取得了彻底的独立。叙利亚的领土范围也最终确定下来，成为今天的版图。

第二节　独立的探索阶段（1946—1963 年）

1946 年叙利亚获得彻底独立后，开始了对其现代民族国家建设的探索阶段。本书将这一阶段以阿拉伯联合共和国（下文简称"阿联"）的建

立为界分为两个时期：探索阶段初期（1946—1958 年）和探索阶段后期
（1958—1963 年）。

一　探索阶段初期（1946—1958 年）的特点

随着彻底的独立，叙利亚现代民族国家构建有了新的发展。在探索阶
段初期，其民族国家构建主要具有下列特点：

（一）代议制民族国家初具雏形

独立初期，叙利亚在政治制度上继承了法国委任统治时期的代议民主
制，即在国家政体上延续了 1930 年宪法基础上的一院制民主共和政体。
1947 年，叙利亚举行独立后首次选举。1950 年 5 月，叙利亚正式颁布了
独立后的第一部宪法，宣布叙利亚是阿拉伯议会民主共和国，承认叙利亚
为阿拉伯民族的一部分，实行议会民主政体，由议会行使立法权，总统和
内阁行使行政权。同时，立宪会议拒绝了在宪法中确认伊斯兰教为国教并
宣布伊斯兰法为司法及法律主要依据的要求，仅接受了共和国总统应是穆
斯林的条款。宪法规定了公民自由的条款，保证言论、出版、结社、集会
的自由权利，并对公民的经济及社会权利，如就业权、免费义务教育权及
社会福利等一一予以确认。

（二）民族经济发展，社会结构发生显著变化

独立后，叙利亚建立中央银行，将一些国家重要部门收归国有，着手
促进民族经济的发展。1956 年 8 月，叙利亚中央银行正式投入使用，将
发行本国货币的权力从原法国建立的"叙利亚黎巴嫩银行"手中收回，
由中央银行负责。把叙利亚原属于外国资本家的铁路、城市交通、大型发
电站等收归国有。大力发展农业，加大粮食生产，努力达到自给自足；在
工业领域中限制外国资本，通过实施保护性关税等政策加大对民族工业的
扶植，从而促进民族经济的发展。

"二战"及战后初期的国内国际形势促进了叙利亚经济的发展，独立
后政府对经济的建设又使得叙利亚人口大幅度增长，城市化从这一时期起
发展迅速。民族经济与城市化的发展打破了叙利亚的传统社会结构，从前
以家族、族群、区域等为基础的传统社会关系遭到削弱，农民阶层觉悟提
高，新中产阶层开始壮大。

（三）新党派兴起

独立后，原来领导叙利亚与法国斗争并取得独立的温和的民族主义者

（以民族爱国联盟为代表）取得了叙利亚统治权。但他们任人唯亲，统治无力。1947 年议会选举前，民族爱国联盟分裂为国民党和人民党两个党派。与此同时，阿拉伯社会党、阿拉伯复兴党、叙利亚社会民族党、共产党及穆斯林兄弟会等新党派开始崛起，并探索建立叙利亚现代民族国家的崭新道路。在这一时期，国家意识形态的基础从传统的伊斯兰教转变为民族主义，但总的来说，部族、家族及教派政治仍是这一时期政党及政治活动的主要特征。

（四）军事政变频发

1949 年的三次军事政变动摇了宪政体制，从此军事政变频发成了叙利亚政治生活的一个重要特征，动摇了脆弱的宪政体制。独立后，叙利亚政府所使用的政治原则完全是"外来的"，与叙利亚传统的价值观之间存有矛盾和冲突，因而政府无法建立起政治权威。而由于这一时期叙利亚还没有形成真正意义上的成熟的"政党"，因此存在严重的权力真空，议会和政府仍掌握在代表上层阶级利益的民族主义者手中，唯一能够实质性改变叙利亚的就是军队。此外，新老殖民主义国家如英美仍对叙利亚政治进行干预，于是 1949 年一年内，叙利亚发生了三次在外国支持下的军人政变与反政变。这些政变开辟了叙利亚军人干政的传统，也加速了原本就十分脆弱的宪政体制的灭亡。

二 探索阶段后期（1958—1963 年）的特点

1958 年"阿联"的建立是阿拉伯民族主义的一次勇敢实践，然而对叙利亚来说，却是其探索过程中的挑战。因此，这一时期叙利亚民族国家构建非常特殊，总的来说有以下特点：

（一）"阿联"时期叙利亚民族国家构建中断，脱离"阿联"才使其恢复独立国家的政治生活

1958 年"阿联"的建立是泛阿拉伯民族主义理论的实践，但也使叙利亚宪政民主制遭到中断。1961 年，叙利亚脱离"阿联"为其恢复独立主权国家下的政治生活创造了条件。在复兴党的推动下，1958 年 2 月，阿拉伯联合共和国（简称"阿联"）正式成立。3 月，纳赛尔颁布联合国临时宪法，宪法规定：阿联实行总统民主制，设立统一的国民议会行使立

法权。禁止党派活动，以"民族联盟"取代，实行一党专政，①从而使叙利亚国内的政治生态遭到严重破坏。纳赛尔的强权政治引起叙利亚人的极度不满。1961 年 9 月，叙利亚资产阶级地方集团和右翼军官发动政变，宣布脱离阿联，重建独立的阿拉伯叙利亚共和国。同年 11 月，叙利亚进行的议会选举及其共和国总统、总理的选出，标志着叙利亚主权国家政治生活的恢复。但由于在是否脱离阿联态度上的分歧，党派间的矛盾及党派（如复兴党②）内部的分裂加深，纳赛尔主义者趋于联合。

（二）土地改革与国有化等经济政策的实施

叙利亚自独立起，即采取赎买的办法，把殖民地行政当局所拥有的以及租让给外国垄断资本的企业收归国有。20 世纪 50 年代末至 60 年代中期，又对烟草、铁路、电话和货币发行银行等实行了国有化。1958 年，处于阿联时期的叙利亚开始土地改革，缩小土地最高占有额，将收回的土地分给无地少地的农民。虽然埃及政府强制实行的土改和国有化等政策由于步伐太快而招致叙利亚政界、地主和工商界等阶层的不满，但这些改革已势在必行。1962 年的三次军人政变的重要政治诉求之一就是恢复土地改革进程和国有化运动。

（三）军事政变的频发与议会民主政治的终结

1962 年 3 月 28 日至 4 月 3 日，大马士革、霍姆斯和阿勒颇于一周内分别发生了三次政变，政变加速了叙利亚议会民主政治的衰亡。1963 年 3 月 8 日，复兴党人通过策划和指挥一场政变（即复兴党政府后来称为的"三·八革命"）而成为执政党，叙利亚议会民主制至此彻底终结。

第三节　复兴党统治阶段(1963 年至今)

复兴党自 1963 年"三·八革命"至今一直统治着叙利亚，其统治阶段可分为三个时期：复兴党统治初期（1963—1970 年）、老阿萨德统治时期（1970—2000 年）及巴沙尔统治时期（2000 年至今）。三个时期的民族国家构建各有其自身特点。

---

① 陈德成主编：《中东政治现代化》，社会科学文献出版社 2000 年版，第 334—335 页。

② 由原阿拉伯社会党和阿拉伯复兴党于 1953 年合并而成。

一　复兴党统治初期(1963—1970 年)的特点

复兴党自 1963 年政变上台至 1970 年哈菲兹·阿萨德掌权这段时间，是复兴党统治的初期阶段。这一阶段叙利亚现代民族国家构建的特点如下：

（一）复兴党一党专政、党政合一的军政体制初步确立，军队成为效忠复兴党的工具

1963 年政变成功后，全国革命指挥委员会更名为全国委员会，融入了军事委员会①和纳赛尔主义者②，并被赋予国家最高权力。但是，复兴党人占据了革命指挥委员会、政府及军事管制委员会中的关键职位，并对纳赛尔主义者进行排挤，从而初步建立起复兴党党政合一的军政体制，彻底地改变了叙利亚政治进程的发展方向。1963 年 7 月 18 日，军事管制委员会代理主席阿明·哈菲兹出任革命指挥委员会主席即实际上的国家领导人，标志着复兴党人彻底取得了一党专政的执政地位。与此同时，复兴党军事委员的影响力与日俱增，其成员占据了军队的关键职位，使军队成为复兴党最坚定的支持者和效忠复兴党的政治工具。1964 年 2 月，复兴党地区领导机构召开紧急代表大会，会议重新选举地区领导机构，复兴党叙利亚地区领导机构成为实际上的叙利亚国家最高决策机构，并且初步构建起复兴党领导下的党政合一的国家政治体制的基本框架。

（二）复兴党新左派崛起，党内矛盾激化

复兴党新左派力量于 1963 年 9 月召开的复兴党叙利亚地区代表大会上正式登场，新左派人士在地区领导机构中开始占多数，且复兴党第六次民族代表大会（同年 10 月召开）后，党的基本纲领开始受新左派影响变得激进化。由于复兴党内部在国家政策制定的方向上产生了严重的意见分歧，因而党内矛盾逐渐激化。

（三）阿拉维派、军队、农民、新中产阶层等力量进一步上升

军事政变的频发使军队的力量大大提高，同时由于复兴党内阿拉维派占多数，因此其力量与地位进一步增大。新左派实行的激进政策，在打压了传统贵族、中产阶层的同时提高了农民及以小资产阶层、中下等中产阶

---

①　军事委员会是在"阿联"时期由一些复兴当军官在埃及发起成立的复兴党秘密组织，并是参与 1963 年军事政变的主要成员。政变成功后，复兴党领导层承认军事委员会的作用。

②　纳赛尔主义者政治团体主要包括阿拉伯民族运动、统一阿拉伯阵线和前复兴党领导之一萨米·苏凡领导的社会主义联盟运动等组织。

层为主的新中产阶层的经济利益，使其力量进一步增强。

（四）政策较为激进，党纲上接受"阶级斗争"的理念，经济上推行国有化改革，军事上接受苏联军援

在新左派的影响下，叙利亚开始实行激进的政策。在发展道路上，推行所谓"科学社会主义"道路，宣称将把"阶级斗争"作为社会发展的基本原则；在经济上，推行国有化运动并深化土地改革，确立国家对经济的控制。20世纪60年代中期，叙利亚基本上对所有国内大中型企业和部分外贸机构实行国有化，在农村土改的同时建立农村合作社；在军事上，接受苏联的军事援助，使其军事逐渐现代化。但在1967年"六·五战争"中的失败，使叙利亚丧失了戈兰高地（约1200平方公里），极大地损害了叙利亚的民族尊严与国家利益。此外，过于激进的改革使国家在经济中的主导地位产生动摇，同时也导致20世纪60年代中期叙利亚经济危机出露端倪。

二　老阿萨德统治时期（1970—2000年）的特点

老阿萨德（哈菲兹·阿萨德）统治时期是叙利亚民族国家构建最关键的时期，这一时期的主要特点有：

（一）国家政治体制的重构及老阿萨德个人集权的确立

1971年3月，哈菲兹·阿萨德在全民公决中被选为总统，随后宣布一系列改革，启动了国家政治体制的重建过程。1971年2月，恢复了国民议会；3月和8月，复兴党民族和地区领导机构进行重大改组；1972年建立了全国进步阵线；1973年颁布新宪法。宪法确认了叙利亚为"总统共和制"及复兴党一党执政的地位，从而确立起一党制总统共和制政体。总统不仅为国家元首兼军队最高统帅，同时还是阿拉伯复兴社会党总书记及民族进步阵线的主席；[①] 总统有任命副总统、政府总理（又称部长委员会主席）及政府部长、副部长、军队将领和法院法官等最高权力；总理辅佐总统行使权力，实现政府职能，并向总统负责；总统可向议会（称人民议会）提出法律议案，有解散议会并在特殊情况下自行颁布法令的权力，宪法修正案也需总统批准方能生效。总统由全民投票选举产生，任期7年，可连选连任，唯一候选人在复兴党地区领导机构的建议下由议会

---

① 1973年宪法并未规定复兴党书记必须与总统及总统候选人相统一，但全国进步阵线章程规定了"共和国总统、阿拉伯复兴社会党总书记是民族进步阵线的主席"的内容。

提名。而实际上，1971—2000 年，老阿萨德一直是历届总统选举的唯一候选人和当选人。

（二）党政合一体制的进一步深化

除了总统是复兴党总书记外，政府、军队要害部门的领导职位均由复兴党党员出任，甚至社会团体，如工会、商会、学生会、行业工会及高等院校等领导职位也均由复兴党员出任。复兴党建立党的各级基层组织，直至城镇村社一级，党的各级组织监督各级政府，参与中央至地方基层各级政府政治、经济等决策，并向党的中央机构——地区指挥部负责。同时，复兴党直接掌握军、警、特等机构，设立情报、安全局等，对各级军队、政府以及社会团体、文化教育部门、宗教组织等进行严密监控。

（三）以军队为代表的国家暴力机器实现高度现代化

在老阿萨德的领导下，叙利亚建立起了一支拥有各种先进和重型武器装备的多军兵种的现代化军队，且老阿萨德亲自担任武装部队总司令。自埃以媾和后，叙利亚成为对抗以色列的主要前线国家，因此大规模投资军事建设，军费开支庞大，军队规模大规模扩大，从 1947 年的 1 万人增长到 1984 年的 36.2 万人。[①] 20 世纪 70 年代初，苏联援助的武器使叙利亚大部分武装得到更新，大批苏联军事顾问进入叙利亚。

（四）经济调整与改革

接受大量外援（主要来自阿拉伯产油国和苏联）及经济技术合作，苏联帮助叙利亚进行地质勘探、资源开发、修建铁路和兴修水利等，其中石油勘探与开采给叙利亚经济带来深远影响；对经济放松控制和鼓励私人投资，放松对外汇的控制，允许私人进口商品和机器设备，政府在大马士革、阿勒颇等城市开辟了六个自由贸易经济区，允许当地私人企业从事进口、加工和再出口的经营活动；另外，政府通过减免税收和提供低息贷款等方式，鼓励国外资本对叙利亚的制造业和其他亟待发展的部门进行投资；20 世纪 80 年代中后期叙利亚经济危机后，政府加深了对经济的调整与改革，包括调整汇率、改革外贸管理体制；鼓励私人企业参与进出口贸易，发展私营经济；颁布《鼓励外商投资法》（1999 年），[②] 拓宽投资来

---

① Derek Hopwood, *Syria 1945—1986*, *Politics and Society*, Oxford, Unwin Hyman Ltd, 1988, p. 130.

② 国内有学者认为《鼓励外商投资法》是叙利亚经济繁荣的基石，详见严庭国《叙利亚经济发展的基石——〈鼓励外商投资法〉》，载于《阿拉伯世界》2002 年第 4 期。

源；转变经济模式，发展外向型经济等。

（五）叙利亚成为对抗以色列的主要国家并成为外交强国

老阿萨德执政后，在对以色列态度上采取更激烈的立场。1973 年，叙利亚与埃及联手发动"十月战争"；1979 年埃以和谈后，叙利亚不断发表反对埃及的言论，成为阿拉伯国家中对抗以色列的主要前线国家。此外，叙利亚也因其对以色列的强硬态度而赢得了众多阿拉伯国家的支持和国家社会的关注，使其在经济上获得大量阿拉伯产油国的外援，并成为中东外交强国、中东和平进程中不可或缺的一分子。

在外交上，这一时期叙利亚与美国及主要西方国家缓和关系，与以色列签署脱离接触协议（1974 年），使其撤出十月战争中占领的叙利亚土地；与苏联结成盟友（1980 年签订叙苏友好条约），获得大量军援及经济、技术合作；20 世纪 70 年代中后期，叙利亚卷入黎巴嫩内战，并在其内部和解中发挥了重要作用，彰显出其与黎巴嫩的"特殊关系"；在 20 世纪 80 年代的两伊战争中，叙利亚主要支持非阿拉伯国家的伊朗，显示了老阿萨德务实的外交理念及思想上从"泛阿拉伯主义"渐变到"国家民族主义"。

（六）大力发展民族教育和文化

老阿萨德时期，叙利亚取缔了外国学校和私立学校，大量兴办公办学校；着手将小学和初中合并为一个基础教育阶段，推行义务教育制度；大力发展技术教育、高等教育和军事教育；注重让妇女接受教育和就业；在各级教育中推广阿拉伯语教学和宣传阿拉伯文化，鼓励包括诗歌、小说、戏剧等在内的文化事业的发展。通过这些政策，叙利亚学生人数从 1960 年的 6.5 万上升为 1980 年的 41.8 万，增长了 540%，男女学生比例为 1.76：1。[①] 然而，叙利亚净入学率仍很低，在 20 世纪 90 年代约为 66%，计划实现初中教育义务制的目标也没有达成。

（七）在新中产阶级、知识分子等阶层形成的同时，建立支持政府的"跨阶层社会联盟"

老阿萨德政府打击原有的以大地主、城市资产阶级为主的中产阶层力量，扶植起以军队、阿拉维派为主的新兴中产阶级作为阿萨德统治的坚实

---

① Derek Hopwood, *Syria 1945—1986*, *Politics and Society*, Oxford, Unwin Hyman Ltd, 1988, p. 125.

基础；同时，建立包括农民、劳工、中产阶层、官僚等在内的"跨阶层社会联盟"，以此作为支持其统治的主要基石。

三　巴沙尔统治时期(2000年至今)的特点

2000年老阿萨德去世后，叙利亚议会立即将宪法规定的总统年龄下限从40岁调低至34岁，从而使年仅34岁的巴沙尔顺利当选为总统。巴沙尔统治时期叙利亚民族国家构建的特点主要有：

(一)　采取收缩的对外政策，承认目前的国家领土范围

巴沙尔在继承其父外交方针的同时有所调整。一方面，他支持真主党、哈马斯，并坚决反对美国在2003年发动的伊拉克战争；另一方面，面对国际社会要求叙利亚从黎巴嫩撤兵的压力，巴沙尔顺应时代要求，缓和两国关系，不断从黎巴嫩撤军。2005年4月26日，叙利亚完成从黎巴嫩全部撤军的工作，叙黎关系正常化。2008年10月15日，叙利亚与黎巴嫩正式建立外交关系，这一做法等于宣告叙利亚接受了目前的国家领土范围。

(二)　实行"自由主义"的经济改革

巴沙尔进一步鼓励私有化的经济改革、吸引外资、改善民生；并为叙利亚注入新的自由和开放国内市场，重视科技在国家经济建设中的作用，积极倡导计算机的应用与普及，推崇现代化和互联网应用，在全国各省建立了信息协会机构，大力普及信息科学技术。

(三)　政治上放松管制，公民社会开始展开活动

巴沙尔执政之初，释放数以百计的政治犯，放松对媒体、言论的控制，也开放了集会自由，鼓励群众讨论经济改革和政治民主，并在推动国内反贪污运动中扮演积极角色，打击贪污、腐败、特权等。在巴沙尔的领导下，叙利亚经历了一段宽松治理的时期，该改革当时被称为"大马士革之春"。在"大马士革之春"中，以论坛为主要表达形式的公民社会开始展开广泛活动，要求政府加大经济、政治、社会改革等。

(四)　库尔德民族运动的高涨

巴沙尔统治初期的"大马士革之春"的公民社会活动促进了库尔德民族运动的高涨。不仅叙利亚国内出现了库尔德人要求政府取消对他们语言、文化限制的活动，2004年4月，流亡欧洲的叙利亚库尔德人还宣布成立"西库尔德人流亡政府"。在国内外活动的推动下，2009年12月，

叙利亚成立政治大会，库尔德人问题愈加复杂。

（五）2011 年起叙利亚发生国内危机，叙利亚现代民族国家构建宣告失败

叙利亚受中东变局影响，于 2011 年 3 月开始爆发国内危机，并一度因大国干涉等因素演变为内战。叙利亚危机爆发的主要因素仍然是国内政治经济体制不合理、社会不公、族群教派等次民族认同与情绪上升等问题导致的，归根结底反映了叙利亚现代民族国家构建的失败。如今，虽然巴沙尔没有像普遍预言的那样下台，但他与复兴党统治的合法性已受到致命摧毁。而极端恐怖组织"伊斯兰国"（The Islamic State，缩写：IS）开始活跃在伊拉克和叙利亚两国，给叙利亚现代民族国家构建带来了新的挑战。

本 编 小 结

由于叙利亚地区在历史上长期遭受外族统治，从来没有建立过独立的国家，因此一直缺乏领土、国家观念。奥斯曼征服"（大）叙利亚"后，在很大程度上保留了它原来的自治状态，因而对叙利亚人的社会生活起主要影响的不是奥斯曼政府而是直接统治他们的家族族长、部落领袖、宗教领袖以及当地贵族等。这些人大部分为大地主，有些还担任各级地方官员，负责为奥斯曼政府收税、推行帝国颁布的政策、举荐或委任地方官员等。这样他们与百姓又建立了一种"主从关系"。

叙利亚多山、各地区相对孤立等地理特点，以及奥斯曼帝国时期本地区没有形成一个统一的市场，不同区域、教派的人们之间交往十分有限，社会缺乏凝聚力。人们对族群尤其是教派、区域的政治认同较高，严重影响了叙利亚民族国家的构建及其方式。另外，作为奥斯曼帝国这样一个庞大的政治架构内的一个地理区域，叙利亚必然与帝国境内具有同文同种同教、同样不受西方控制（比较而言，北非阿拉伯地区基本上处于欧洲殖民统治之下）的其他西亚阿拉伯地区发展起某种天然联系。

由于上述原因，"（大）叙利亚"认同的构建从一开始就注定面临着重重困难，"（大）叙利亚主义"，在当时也无法获得较大影响力和号召力。而与此同时，在青年土耳其党统治下日益加强的泛突厥主义的刺激下逐渐兴起的"阿拉伯民族主义"，则由于触动了人们对"阿拉伯"的认同而很快在阿拉伯政治精英中发展起来，并逐渐由阿拉伯民族复兴运动发展为争取阿拉伯民族独立的政治运动。

然而，由于"阿拉伯民族主义"也诞生于叙利亚地区，因此叙利亚的民族国家构建必不可免地受到了它的巨大影响。而"（大）叙利亚主义"也没有因此退出历史舞台，直到老阿萨德统治时期，仍有一些知识分子主张这种思想，老阿萨德的一些外交政策尤其是对待黎巴嫩问题的态度也清晰地反映了这种思想的影响。甚至如今受到国际普遍关注的极端组织"伊斯兰国"在思想上也有"（大）叙利亚主义"的痕迹，这从其前称"伊拉克和"（大）叙利亚"伊斯兰国"（Islamic State of Iraq and al - Shams，缩写：ISIS）中可见一斑。其政治目标主要是消除"二战"后"（大）叙利亚"地区（今叙利亚、黎巴嫩、巴勒斯坦、约旦、以色列）的国界，并在这里创建以极端伊斯兰信仰为根基的统一的"哈里发"国。

第二编

法国委任统治阶段：
从殖民地到议会民主制

第一章

法国委任统治初期(1920—1925年)

根据1920年协约国的《圣雷莫协定》，英法分别确立了各自在所谓"天然的叙利亚"① 地区的委任统治，逐渐打破了这一地区自古存在的密切的政治、经济、文化、宗教等联系。而"叙利亚"这一古老称谓所指的地域范围也从这一时期开始逐渐缩小，泛指法国委任统治下的叙利亚和黎巴嫩两地。

法国委任统治的建立中断了费萨尔统治时期开始的对叙利亚独立民族国家实体的构建过程，使叙利亚民族国家的构建以另一种方式和轨道展开。法国委任统治阶段的叙利亚民族国家构建是通过两个方向进行的。一方面是法国统治者在进行殖民统治时客观上开始了叙利亚国家的建设；另一方面是由于叙利亚自身的觉醒，叙利亚民族主义者开始有意识地进行民族国家的建设。民族主义运动的展开，也必然推动了叙利亚民族意识的形成。对殖民当局来说，委任统治初期的任务主要是将叙利亚按照自己的需要分区管理，建立必要的政治、经济制度，以便于其统治；而对于叙利亚民族主义者来说，主要的任务是建立政党、号召人民进行反法运动及尝试建立自治政府。

第一节　族群②结构与族群认同的变化

在讨论叙利亚族群结构问题之前，必须先阐明"结构"与"结构主

---

① "天然的叙利亚"包括今天的叙利亚、黎巴嫩、巴勒斯坦和约旦等地。英国在巴勒斯坦和约旦（当时称"外约旦"）建立委任统治，而叙利亚和黎巴嫩交由法国实行委任统治。

② 这里使用的"族群"是广义的，包含族群与教派。

义"的概念。法国当代著名的"年鉴学派"学者弗朗索瓦·多斯（Fran-cois Dosse）指出，"结构"最初只具有建筑学意义，指"一种建筑样式"。17 世纪和 18 世纪，"结构"的概念被拓宽用来类比活的生灵，并逐渐用以描述包括解剖学、心理学、地质学、数学、社会科学等方面的结构，并最终因为语言学的发展而将这种使用规范化了。丹麦语言学家叶姆斯列夫便声称，"结构主义"一词可作为一种范式来使用。① 中国学者王水雄则给"结构"下了一个较易操作的定义，认为结构"并非指作为分析对象的总体性的社会结构，而是指人们先赋具有的或在互动活动和其他社会行为中沉淀和积累的，具有一定规范性或至少获得了一定数量的行为者认同的，具体人与人之间的关联模式"②。

"结构主义"的主要创始人之一列维·施特劳斯在《结构人类学》中强调"结构主义"的主要特点有：第一，结构的整体性。结构是一个完整的整体，组成结构的各元素之间严密地相互制约，以至于任何一个元素都不可能独自发生变化；第二，结构的可变性。如果一个结构中的某个元素发生了变化，那么该结构将不复存在；第三，结构的可识性。结构的意义在于可以直接地认识被观察到的一切事实。③

本书主要采用以上观点来从"结构"的角度把握"叙利亚民族（国族）"的整体性，从"结构"的可变性来看待"叙利亚民族"的发展过程。

一   族群结构的变化

19 世纪，西方一些大国为了扩大其在奥斯曼领土上的势力，而自诩为少数族群尤其是少数教派的保护者来干预奥斯曼帝国的内部政治事务，④ 叙利亚少数族群的地位因而普遍有所提高，但奥斯曼政府及占人口

---

① ［法］弗朗索瓦·多斯：《从结构到解构——法国 20 世纪思想主潮》，季广茂译，中央编译出版社 2004 年版，第 1—3 页。

② 王水雄：《结构博弈——互联网导致社会扁平化的剖析》，华夏出版社 2003 年版，第 7 页。

③ ［法］列维·施特劳斯：《结构人类学》，张祖建译，中国人民大学出版社 2006 年版，第 15 页。

④ 法国宣布保护黎巴嫩基督徒，俄国政府宣布保护希腊东正教徒，英国则主要保护德鲁兹派和犹太人。详见 Cf. Shakeeb Salih, "The British – Druze Connection and the Druze Rising of 1896 in the Hawran", *Middle East Studies*, Vol. 13, No. 2, May 1977, pp. 251—257.

多数的逊尼派穆斯林①却因此将他们看作是帝国内部及伊斯兰内部"潜在的叛徒和西方殖民主义的代理人"②，双方矛盾加剧。但总的来说，在法国委任统治时期以前，叙利亚的族群结构仍然是逊尼派穆斯林占统治地位，③少数族群中以少数教派较为突出，且二者势力基本处于没有实质性变化的传统状态。然而，这种状态却在法国委任初期由于委任政府"分而治之"的政策而发生了根本改变。具体来说，叙利亚族群结构这一时期的变化主要有：

（一）法国委任统治初期，少数教派聚居地区的"独立为国（区）"逐渐改变了原有的族群结构

委任统治初期，叙利亚各地不断爆发大大小小的反法民族主义起义。法国委任统治当局为了分裂反法势力，便于统治，而在统治初期实施了一系列人为分裂叙利亚的举动。

首先，1920 年 8 月 30 日，法国当局宣布将贝鲁特、的黎波里、西顿、提尔（逊尼派占多数的沿海地区）、贝卡谷地（什叶派与基督徒混居区）和巴勒贝克并入原黎巴嫩省，组成大黎巴嫩。这样便将以基督教族群为主的黎巴嫩从以伊斯兰教族群为主的叙利亚中初步"独立"出来，为其日后独立埋下了伏笔。

其次，1921 年 8 月，委任统治当局宣布亚历山大勒塔为"自治区"，从而将以"土耳其人"为主要族群的亚历山大勒塔初步"独立"出去，该地区最终在 1939 年并入土耳其。

最后，委任统治当局又先后以教派不同为依据，1920 年 8 月 30 日在以阿拉维派为主要族群的拉塔基亚阿拉维派聚居区建立"阿拉维派国"（又称"阿里教派国"）；稍后在以逊尼派阿拉伯人为主要族群的大马士革和阿勒颇分别建立独立区；1922 年在以德鲁兹派为主要族群的叙利亚南部德鲁兹派聚居区建立"杰贝尔德鲁兹国"。虽然这种区划在委任统治时

---

① 虽然"少数族群"中包含库尔德人这样的逊尼派在内，但大多数属于少数教派（及宗教），再加上伊斯兰教政教合一的思想传统，因此逊尼派很容易从宗教教派不同为出发点，与宗教少数派对立。

② A. H. Hourani, *Minorities in the Arab World*, London, Oxford University Press, 1947, p. 24.

③ 如第一章所述，法国委任统治之前，库尔德人这样的少数族群还没有自己是"少数族群"的观念，他们也是逊尼派穆斯林大家庭中的一员。

期还有变化，① 但是这种以族群为依据分化叙利亚的办法仍破坏了当地原有的族群生态。

（二）由于委任统治当局在政治、经济及军事多方面扶植叙利亚少数族群，后者的力量逐渐增强，改变了原有族群结构中的力量对比

法国统治当局在"分而治之"政策的指导下，对叙利亚少数族群尤其是少数教派予以政治扶植、经济援助与军事支持。在法国划分的各单独行政区里，委任统治当局拉拢少数族群领袖充当地方行政长官（没有实权）；将公有土地分配给少数族群的大地主；利用少数族群由于长期遭受民族、宗教歧视而对外界的不满情绪，从以阿拉维派为主的少数教派中招募士兵组成特殊部队支队，并对他们进行正统的军事教育，让其维护治安和镇压地方逊尼派阿拉伯人的起义，使其成为整个法国委任统治时期法国殖民者的主要依靠力量之一。这些分化阿拉伯民族力量、应对阿拉伯民族主义起义的办法客观上增强了叙利亚少数族群的力量，逐渐改变了叙利亚少数族群的地位，为日后他们成为叙利亚政治中的重要力量奠定了基础。

（三）加深了多数族群与少数族群之间以及各少数族群之间的矛盾冲突，使叙利亚族群结构中的分离性增强

一方面，委任统治当局"分而治之"的政策，尤其是从少数族群中招募士兵镇压当地起义的政策，加深了逊尼派阿拉伯人与少数族群之间的不和。少数族群将当兵看作是自己翻身的唯一机会，而作为多数族群的逊尼派阿拉伯人则将其自愿入伍看作是"背叛"。另一方面，委任统治的"分而治之"政策也同样应用到了少数族群内部，委任统治当局通过在各部落、宗教领袖中挑拨离间而增加其内部矛盾，这使叙利亚族群结构问题变得更加复杂化了。

二　族群认同的变化

在委任统治当局实施的"民族分裂"政策改变了叙利亚族群结构的

---

① 委任统治当局后来又对除大黎巴嫩外的这 5 个地区进行分合。1922 年 6 月 28 日，委任统治当局又宣布在原大马士革区、阿勒颇区和"阿拉维派国"上建立"叙利亚联邦"；1924 年 12 月 5 日，委任统治当局又重新从联邦中划出"阿拉维派国"，仍用该"国名"。同时将大马士革区和阿勒颇区合二为一，改称"叙利亚"。这种将叙利亚一分为四（阿拉维派国、叙利亚、亚历山大勒塔、杰贝尔德鲁兹国）的局面一直持续到 1939 年亚历山大勒塔分割给土耳其，剩下三部分构成了今天叙利亚国家版图的基本雏形。

同时，最为可怕的是也改变了其内部的族群认同，为日后叙利亚民族国家构建带来了很多麻烦。这一时期叙利亚族群认同的变化具体表现如下：

（一）少数族群首次建立了独立的政治实体，加深了少数族群及多数族群各自的族群认同

19 世纪西方大国对奥斯曼帝国的政治干预就已经加强了叙利亚少数族群作为政治团体的建构以及他们的公共观念。而法国委任统治当局给予他们"独立国家（区）"的地位，让他们首次体验到合法自治的经历，加深了其族群认同。与此同时，多数族群的一些成员也开始增强了自己的族群认同，把少数族群看作是与自己不同的群体，这也和法国的宣传有关。

法国委任统治当局第一任高级专员古罗将军为了证明"分而治之"政策有理，就曾对当地贵族演讲道："先生们：法国在你们当中建立和谐和民族自由的第一步就是建立自治国，其目标和结果就是满足特殊人士的需要并给所有人创造和谐。"① 这种灌输明显有意将培养族群身份和建立一个新的和谐的"叙利亚国家"的目标分割开来。这种分化政策的影响一直持续到今天。由于中东宗教和族群社团间有密切的关系，因此法国人利用这点制造了所谓"特殊主义者的要求"为己所用。因此可以说，"法国不是鼓励形成本地的管理机构以备叙利亚独立，而是创造延长他们统治的环境"②。

（二）族群认同正式与区域认同联系起来

在法国委任统治初期，一方面，委任统治当局为抑制阿拉伯民族主义的发展、镇压阿拉伯民族起义而蓄意煽动教派、部落忠诚，把这种忠诚描述为和谐的状态。③ 且委任统治当局通过将一些少数族群聚居区定为某些少数族群的自治国（区），使原本和族群夹杂在一起的"区域"因素正式登上历史舞台；另一方面，一些少数族群如阿拉维派、德鲁兹派由于被给予在当地自给的地位而形成了当地的多数派，从而导致其"区域主义"情绪的高涨，加重了叙利亚少数族群的分离主义，使"区域认同"成为

① Melik Kara Özberk, *Nationalist Ideologies in Syria*, 1970—2000, Saarbrücken, LAP LAMBERT Academic Publishing, 2010, p. 50.

② Malcolm Yapp, *The Near East since the First World War*, A History to 1995, London, Longman, 1996, p. 203.

③ Melik Kara Özberk, *Nationalist Ideologies in Syria*, 1970—2000, Saarbrücken, LAP LAMBERT Academic blishing, 2010, pp. 48—52.

阻碍叙利亚民族国家构建及认同的又一个重要因素。

第二节　民族主义与多元政治选择

由于叙利亚地区是"（大）叙利亚主义""阿拉伯民族主义"的发源地，而委任统治初期委任统治当局"分而治之"的政策促进了各种"民族主义"思潮的发展，因此这些民族主义思潮客观上为叙利亚知识分子提供了多种不同的政治选择，继而深刻影响了叙利亚民族国家的构建。而纵观众多的民族主义思潮，对叙利亚产生影响最大的当属"（大）叙利亚主义""阿拉伯民族主义"及"国家民族主义"三种。以下我们将分别阐述其主要思想和为叙利亚提供的政治选择。

一　阿拉伯民族主义

阿拉伯民族主义作为一种意识形态，其萌芽出现得非常早[1]。到了 19 世纪中叶，在反对土耳其专制统治及西方殖民主义的过程中，出现了以阿拉伯民族主义为指导的文化复兴与民族觉醒运动。19 世纪末 20 世纪初，这种文化复兴运动终于转变为阿拉伯民族争取解放的政治运动。可以说，土耳其的专制统治与西方的殖民压迫是阿拉伯民族主义产生的根本原因。

由于叙利亚地区尤其是黎巴嫩教育文化水平较高，民族工商业发展得较早，并且是最早接触到西方文化与民族主义思想的地区，因此成了阿拉伯民族主义的诞生地。19 世纪中叶，叙利亚早期的阿拉伯民族主义思想家主要有布特鲁斯·布斯塔尼[2]、纳希夫·雅济吉[3]等，他们面对叙利亚地区长期存在的族群（尤其是教派）问题主张宗教宽容，号召叙利亚的

---

[1]　"阿拉伯民族主义"意识形态大约在 15 世纪以前开始萌芽，在 19 世纪中叶以前处于启蒙阶段。详见彭树智主编《东方民族主义思潮》，人民出版社 2013 年版，第 249 页。

[2]　布特鲁斯·布斯塔尼（Butrus al－Bustani，1819—1883），黎巴嫩基督教徒，著名阿拉伯民族主义思想家、教育家、政治家和作家。他创办了阿拉伯语杂志《叙利亚号角》《小花园》，并于 1863 年在贝鲁特创办了第一所阿拉伯民族学校，主要致力于阿拉伯文化运动。

[3]　纳希夫·雅济吉（1807—1871），基督徒，伯什尔二世的宫廷诗人、布斯塔尼最亲近的朋友，他为推广阿拉伯标准语、研究阿拉伯文学做了突出贡献。他反对宗教狂热，号召阿拉伯人联合起来。

阿拉伯人不论宗教信仰、族群而团结在一起。

随着第一次世界大战后中东地区争取国家独立运动的蓬勃发展，阿拉伯民族主义思想逐渐完善。它倡导所有阿拉伯民族的统一，主张建立阿拉伯联合的国家。这种思潮为叙利亚提供的政治选择是追求与其他阿拉伯国家如伊拉克、约旦等①的统一。虽然这种构想由于阿拉伯各国的不同国情在当时（乃至今日）根本无法实现，但它确实起到了团结阿拉伯民族共同反抗西方殖民主义及奥斯曼帝国压迫，争取民族独立的意义。而且，随着后来阿弗拉克倡导的"复兴社会主义"思想对其的发展，"阿拉伯民族主义"对叙利亚的民族国家构建产生了深远影响。甚至在这种思想指导下，叙利亚最终在 1958 年与埃及合并，共同建立了"阿拉伯联合共和国"。

二　（大）叙利亚主义

"（大）叙利亚主义"，也称"（大）叙利亚民族主义"或"地区主义"。该思想体系于 19 世纪 30 年代开始萌芽，19 世纪中叶以后在叙利亚地区（特别是今天的黎巴嫩）发展起来。该思想的主要论点是"沙姆地区"是一个地区、文化和政治上的整体，只是被法国殖民统治当局人为地分割成了若干小国家。"（大）叙利亚主义"以前只是一个文化原则和思想流派，却在 20 世纪 30 年代追求独立的过程中转变为一个政治方案，并经叙利亚社会民族党（Syria Social Nationalist Party）加工后制度化了。持该思想体系的代表人物为叙利亚社会民族党的领袖安吞·萨阿代赫（Antoun Saadeh）②，他从未接受过当今叙利亚的国界。

"（大）叙利亚主义"可是说是与"阿拉伯民族主义"相伴而生的，二者最初在内容上没有实质不同。但随着各自理论的完善，二者成为互相竞争的思想体系与政治方案。"（大）叙利亚主义"反对阿拉伯民族主义，并且不接受阿拉伯认同为"（大）叙利亚"人的主要认同。"（大）叙利亚主义"思想家通过论证证明叙利亚人民的历史远长于阿拉伯人的历史，

---

① 阿拉伯民族主义最早的"阿拉伯民族"并不包括北非国家，甚至埃及，后来到 20 世纪初才逐渐包括埃及等国。

② 安吞·萨阿代赫（Antoun Saadeh，1904—1949），著名的黎巴嫩哲学家、作家和政治家，1932 年 11 月创立叙利亚社会民族党。参见"Antoun Saadeh"，http：//en. wikipedia. org/wiki/Antoun_ Saadeh。

且阿拉伯人是黎凡特人阿拉伯化了的后裔。

"（大）叙利亚主义"思想体系认为是人与土地的相互作用创造了"民族"，遂将民族定义为"生活在一个有限的和界定好的区域上长期互相交往的人民群体"[①]。"（大）叙利亚民族主义"者认为生活在"沙姆地区"的人民构成了"叙利亚民族"，其思想家常常强调前殖民时代的"（大）叙利亚"领土包括巴勒斯坦、约旦、黎巴嫩和叙利亚，因此不断申明叙利亚国家也应该在"天然的叙利亚"领土范围内建立。"（大）叙利亚主义"从本质上是为了强化地区政治和提升共同的黎凡特文化，但它为叙利亚提供的政治选择在"（大）叙利亚"地区于"一战"后建立的委任统治系统确立后形成的各自为国的局面下已经没有任何可行性。

三　国家民族主义

由于在法国委任统治下，上述两种民族主义都缺乏实际操作性，因此，在与奥斯曼统治者和法国殖民者的斗争过程中，一些叙利亚人萌生了务实的"国家民族主义"思想，试图在法国委任统治当局允许的范围内实现独立或自治。

在法国委任统治当局实行的分裂、分化政策造成叙利亚族群（包括教派）间的矛盾与误解，加剧了双方之间的仇恨与不信任的时候，一些知识分子与宗教领袖（包含逊尼派、什叶派及基督徒）意识到这样叙利亚将有分裂的危险。于是，他们开始宣传叙利亚的"团结""统一"等"爱国主义思想"，甚至一些宗教领袖为了加强叙利亚族群内部的团结，还反复声明阿拉维派等宗教少数派为什叶派的一支，而不是宗教异端。[②]他们的这些活动都促进了叙利亚逐渐发展起了新的叙利亚"国家民族主义"认同，为叙利亚提供了切实可行的政治选择。

在法国委任统治后期，这种"国家民族主义"思想指导了一些民族主义者在有限的领土范围内向法国争取独立。他们在斗争中有时采取妥协态度，力图使叙利亚获得独立民族国家的身份。虽然他们也在名义上表示要争取在"天然的叙利亚"疆域内独立，但实际却争取更具可能性的

---

① Melik Kara Özberk, *Nationalist Ideologies in Syria*, 1970—2000, Saarbrücken, LAP LAMBERT Academic Publishing, 2010, p. 75.

② Yvete Talhamy, *The Fatwas and the Nusayri/Alawis of Syria*, *Middle Eastern Studies*, Vol. 46, No. 2, 2010, p. 185.

"叙利亚"国家的独立。这种以叙利亚国家利益为重的务实的"国家民族主义"后来成为哈菲兹·阿萨德统治时期政府的指导思想。

第三节　政治、经济、文教领域的殖民主义政策

法国委任统治初期，委任统治当局在叙利亚实行直接统治，推行政治、经济、教育等多方面的殖民主义政策，极大地抑制了叙利亚的阿拉伯民族主义及"民族"的发展，具体体现在以下几个方面：

一　政治方面

在政治上，法国委任统治初期委任统治当局禁止一切党派活动，在叙利亚地区建立具有军队、警察及情报机构等的监督管理制度，且迟迟不拟定宪法。

除法国高级专员①掌握一切行政大权外，委任统治政府各部门皆任用法国的行政顾问和技术顾问，当地人几乎没有实际政治权利。在新的国际形势下，1922 年 7 月 22 日国际联盟理事会颁布了关于叙利亚、黎巴嫩委任统治的决议，规定："委任统治当局应在委任统治实施后三年内拟定叙利亚、黎巴嫩的基本法，基本法的拟定应得到地方民族政府的同意，应考虑本区域内民众的权利、利益和愿望，委任统治当局应进一步采取措施促进叙利亚、黎巴嫩发展为独立的国家"②。这一新的委任统治决议实际上就是督促委任统治政府拟定宪法，在鼓励各地区实行地方自治的基础上逐渐将其发展为独立国家。

然而，法国委任统治当局既没有兑现三年内制定叙利亚宪法的承诺，也没有采取措施促进叙利亚的独立进程。相反，委任统治当局在 1925—1927 年大起义间加强其殖民统治并加大对人民反法运动的镇压力度，试图长期控制这一地区。

---

①　1920—1925 年的委任统治初期，法国委任统治当局先后派遣了三位法国将军充任高级专员，分别为古罗将军（1920—1922 年）、魏刚将军（1922—1924 年）和萨拉伊尔将军（1924 年接任）。

②　Stephen Hemsley Longrigg, *Syria and Lebanon under French Mandate*, London, Oxford University Press, 1958, p. 376.

二　经济方面

在经济上，法国委任统治初期委任统治当局主要加紧对叙利亚的经济控制，具体体现在以下几个方面：

（一）控制金融与货币体系，打击民族工商业

法国在正式确立起其在叙利亚的委任统治之前，就于1919年在叙利亚开设以法资为主的叙利亚黎巴嫩银行。1920年委任统治制度建立后，委任统治当局在叙利亚确立了以法币为基础的金融货币体系，控制了其金融货币体系和货币发行权，并掠夺了费萨尔民族政府约300万金里拉的外汇与黄金。[①]

奥斯曼帝国崩溃后传统市场的丧失使叙利亚国内市场减小，而法国委任统治当局在各行政区设立关卡及关税壁垒的政策，进一步将该市场分裂得支零破碎。而且，委任统治当局在委任统治初期将叙利亚看作是纯粹的原料产地和商品倾销地，对其实施竭泽而渔的控制与掠夺。法国资本、商品的大量涌入以及法国商人享有烟草专卖等特权的状况，使原本就欠发达的民族工商业受到致命打击而急速衰退。例如叙利亚支柱性产业纺织业，1911年在叙黎两地有纺织工厂194家，而1922年只剩下45家。[②]

（二）农业上扶植大土地所有制

为拉拢地方封建主与少数族群领袖，委任统治当局在刚开始委任统治时进行了田赋登记，将原土耳其帕夏的土地及委任统治当局攫取的国有土地分配给包括少数族群首领在内的封建土地所有者。后者趁机大肆扩大其土地占有面积并将大量公有土地占为己有，使其势力逐渐壮大，成为叙利亚日后政治及社会生活中的重要力量。而同时叙利亚农村存在大量无地少地的农民，他们不得不向封建大地主租佃土地，地租有时高达80%，从而形成委任统治时期叙利亚农村经济结构中大土地所有制与小农经济相结合的主要特征。委任统治当局对农业的控制与掠夺加重了第一次世界大战后叙利亚农业经济的凋敝。1921年，叙利亚仅耕种了可耕面积的1/10。

---

① ［苏］阿·耶·别里亚也夫等：《现代叙利亚》，高等教育出版社编辑部译，高等教育出版社1958年版，第118页。

② 王新刚：《20世纪叙利亚政治经济对外关系嬗变》，西北大学出版社2007年版，第46页。

（三）控制基础设施部门，对人民横征暴敛

在法国委任统治初期，委任统治当局完全掌控了叙利亚的海关、交通、邮政通信及社会福利部门，法资企业则控制了叙利亚的铁路、港口、电力、自来水等国民经济及有关民生的主干部门。除了控制叙利亚基础设施部门，委任统治当局还极力压榨叙利亚人民。他们强迫叙利亚人民缴纳巨额的军事占领费及偿还部分"奥斯曼债务"，并常常制定和调整出新的税款，给广大叙利亚人民增添了巨大经济负担，极大地影响了民生。

三　教育文化方面

委任统治当局在叙利亚推行文化殖民主义，以此为手段加强其在叙利亚的殖民统治。他们一方面限制叙利亚阿拉伯民族教育文化的发展，排斥使用阿拉伯语的学校和机关单位；另一方面支持和保护自 19 世纪以来法国便渗入叙利亚的教育与宗教文化活动，极力促进法国教育文化在叙利亚的发展。具体体现为：第一，学校教育法兰西化。法国委任统治当局强迫所有公立学校从初级到高级均采用法国的教学方法与教学大纲，法文为所有学校必修课，法国历史是学校课程中优先学习的科目。第二，规定法语为官方语言。委任统治当局规定所有政府公务员及高级职员必须通晓法语。第三，派遣留学生赴法深造。为了在当地人中培养精通法语且具有法国思想精神的政府各级公务员，法国委任统治当局这一时期还选送大批叙利亚青年去法国学习。[1] 第四，推广法国文化与生活方式。法国文化与生活方式这一时期在叙利亚上层社会流行开来，对本土社会文化生活影响越来越深。

马克思结合印度殖民社会的具体情况，提出了他关于殖民主义的"双重使命"（即"破坏性使命"和"建设性使命"）的经典理论。[2] 本编将在第二章第三节中系统引用这一理论来阐述法国委任统治当局的殖民主义在叙利亚民族国家构建上的"破坏性使命"和"建设性使命"。

---

① 　Keith D. Watenpaugh, "Middle Class Modernity and the Persistence of the Politics of Notables in inter – War Syria", *International Journal of Middle East Studies*, Vol. 35, 2003, pp. 257 – 286, 277.

② 　马克思：《不列颠在印度统治的未来结果》，《马克思恩格斯选集》第九卷，人民出版社 1962 年版，第 246—252 页。

第四节　早期叙利亚的民族斗争

法国委任统治初期的掠夺与专制统治使得叙利亚反法斗争频发。但总体来说，这一时期叙利亚的民族斗争还处于早期的未成熟阶段，具体有以下特点：

一　民族独立意识有所发展

在法国委任统治初期，叙利亚受到 20 世纪第一次民族主义浪潮[①]的影响，民族独立意识有所发展。第一次世界大战瓦解了奥匈、沙俄和奥斯曼三大帝国，在世界范围内开辟了民族主义新时代，建立了一种新的民族国家的国际体系。民族国家开始成为现代世界体系的基本组织单位，民族自决原则成为国际层面上处理民族关系的一个原则。

由于第一次世界大战中民族主义被交战双方作为一种"武器"广泛使用，[②] 因此人民主权、领土主权、民族独立、民族自决与自治这些起源于欧洲的观念也于"一战"后在整个世界范围内传播开来。为了从内部瓦解奥斯曼帝国，英国曾向阿拉伯人许诺，只要阿拉伯军队支持他们反抗奥斯曼土耳其，他们便支持其在战后建立一个独立的阿拉伯国家。[③] 而一战后，英法等西方大国背信弃义，将"（大）叙利亚"地区以委任统治名义瓜分，并鼓励犹太人移民，这些都增强了叙利亚民族独立的精神，开始了广泛的反殖民主义、争取独立的斗争。

二　民族斗争多为自发性斗争

在法国委任统治初期，民族斗争具有自发性特征，缺乏统一和有组织

---

① 20 世纪共出现了三次民族主义浪潮，分别为第一次世界大战后的第一次民族主义浪潮、第二次世界大战前后的第二次民族主义浪潮、冷战结束以后的第三次民族主义浪潮。

② "一战"中交战双方互相拿对方境内的民族问题做文章，鼓励对方境内少数族群独立或争取自治，英国甚至有一段时间每天用飞机向德军战线空投 14 万份用各种民族语言写成的传单，以涣散奥匈帝国的军心，瓦解其斗志。详见王建娥：《族际政治：20 世纪的理论与实践》，中国社会科学出版社 2011 年版，第 94 页。

③ Clive Christie, *Race and Nation*, *A Reader*, London, I. B. Tauris, 1998, pp. 106—110.

的领导、系统的斗争纲领以及广泛的社会阶层的参与。由于这一时期叙利亚的民族工业发展缓慢，因此，20 世纪 20 年代刚刚登上历史舞台的叙利亚工人阶级的力量还很薄弱，他们人数较少并缺乏强有力的组织。正因如此，在这一时期的叙利亚的民族斗争中发挥领导作用的是民族资产阶级和部分开明且具有民族主义精神的封建地主阶层。而且，由于缺乏组织和动员，这一时期参与民族斗争的多为农民和城市下层人士。他们往往因为难以忍受委任当局的残酷掠夺和压迫才"揭竿而起"，缺乏理论指导和系统的斗争纲领和精神。

三 海外出现民族主义政治组织

法国委任统治当局最初在这一时期禁止一切党派活动、示威游行，并大肆逮捕、迫害民族爱国人士。在这种情况下，大批民族主义者流亡海外，他们逐渐在海外建立起政治组织，并与海外的阿拉伯政治组织建立联系。

这一时期，埃及一度成为这些流亡爱国人士的活动中心。他们在埃及建立了叙利亚联合党及阿拉伯独立党等政治组织，1921 年 9 月，他们与黎巴嫩、巴勒斯坦等地的党代表一同在日内瓦召开叙利亚—巴勒斯坦大会，讨论统一组织、统一行动等问题，成立执行委员会即叙利亚—巴勒斯坦委员会，主要行动为向国家社会呼吁给予叙利亚独立。国外的政治斗争有力地帮助了叙利亚国内的斗争，促进了民族解放斗争的发展。

四 叙利亚党派活动开始兴起

当 1925 年 2 月委任统治当局在叙利亚国内外压力下一度开放党禁后，叙利亚党派活动开始兴起。1925 年 2 月 9 日，以阿卜杜拉·拉赫曼·沙赫班德尔（Abd al - Rahman Shahbandar）[1] 和法里斯·胡里（Faris al - Khuri）[2] 为首的民族主义者组建合法的政党"人民党"，二者都曾是费萨尔民族政府的成员。该党的主要纲领与目标是：反对法国在叙利亚的统治及其分裂叙利亚的政策，提出以合法的手段建立包括巴勒斯坦和黎巴嫩在

---

[1] 一名来自大马士革的受过西方教育的医生，"二战"前活跃于叙利亚政界。

[2] 曾在英国驻大马士革使馆工作过的一名基督徒律师，和沙赫班德尔都即将在接下来的叙利亚政治舞台上扮演重要角色。

内的统一叙利亚国家，获得以民主方式管理国家的权利，实行现代化改革，促进民族工业和教育的发展，等等。

人民党的领袖们是叙利亚社会的传统精英和温和的民族主义者，希望在未来新的叙利亚国家中确立自己的地位。该党的目标反映了其所代表的城市中产阶层的利益。人民党很快在大马士革、阿勒颇、霍姆斯、哈马等城市建立了分部，并与"叙利亚—巴勒斯坦大会"执行委员会建立了广泛的联系。[①] 此外，一些先进的工人和知识分子组成的共产主义小组等组织也在叙利亚、黎巴嫩活跃起来，并于1924年成立"叙利亚和黎巴嫩共产党"[②]，为争取民族独立做出了不懈的努力。在人民党的影响下，1925年始于德鲁兹地区的起义发展成了一场声势浩大的反法民族大起义，民族意识更加深入人心。由于法国当局下令逮捕人民党成员，沙赫班德尔遂逃到德鲁兹地区，并宣告成立叙利亚民族政府，它是法国委任统治时期宣告成立的首个民族政府。

---

① Tabitha Petran, *Syria—Nation of the Modern World*, London, Ernest Benn Limited, 1972, p. 62.

② 1964年，两党正式分开，分为叙利亚共产党、黎巴嫩共产党。

第二章

法国委任统治后期(1926—1946年)

在本阶段，民族主义者的主要任务是争取叙利亚地区的自治乃至完全独立，最终建立自己的民族政府，获得国际社会的认可，等等。而法国委任统治者则努力通过各种政治、经济建设缓和叙利亚国内矛盾和国际压力，企图继续在叙利亚维持其殖民统治。但总的来说，这一时期二者的努力都客观上加快了叙利亚现代化的进程，促进了其现代民族国家的构建。

第一节　叙利亚现代议会民主政治的萌生

法国委任统治后期，叙利亚民族主义者通过不懈的努力，在政治上争取到了许多自治权利，[①] 甚至组建了民族政府、民族军队，并最终获得了国际社会的承认，在第二次世界大战后获得了彻底独立。但本阶段对叙利亚独立后的现代民族国家构建产生最重大影响的，当属叙利亚现代议会民主政治的萌生。其特点主要有以下几个。

一　1930 年宪法确立了叙利亚现代议会民主制度

法国委任当局迫于叙利亚国内与国际压力，于 1928 年 2 月 15 日宣布举行议会选举，4 月 24 日，正式举行立宪会议选举，经两级选举选出制宪会议代表。同年 6 月 9 日，立宪会议召开第一次大会，8 月，议会宪法委员会起草并一致通过了一部宪法，不承认法国对叙利亚的委任统治地

---

① 法国委任统治当局迫于叙利亚国内和国际社会的压力，从 1920—1925 年的直接统治过渡到了 1926—1936 年的政治协商阶段，但本书根据论述需要，将这一阶段到 1946 年叙利亚彻底独立看作一个阶段。

位，要求建立独立统一的叙利亚共和国。委任统治当局拒绝该宪法草案，并解散了制宪会议。1930 年 5 月，法国委任统治当局公布了一部以原宪法草案为蓝本的宪法修改稿（对原宪法草案做出了多达 23 处修改）并强行实施。①

1930 年宪法宣布叙利亚为法国委任统治下的共和国，其政治体制为共和制政体；建立一院制的议会，议会实施以地域和教派为基础的议会选举制；总统为国家元首，由议会选举产生；总统有权任命内阁成员，但内阁向议会负责。

虽然法国委任统治当局在 1930 年宪法中增加了很多承认法国在叙利亚的委任统治地位以及法国因此享有的相关权利的条款等，使这部宪法带有很多殖民主义色彩及很大局限性，但总的来说，1930 年宪法为叙利亚建立了具有资产阶级性质的议会民主政治制度体制。它关于国家体制的基本内容奠定了委任统治时期乃至独立初期叙利亚政治体制的基本框架，是叙利亚现代国家政治制度的源头，标志着叙利亚现代政治的萌生。

二　以民族联盟为代表的民族主义者具保守性与妥协性

1927 年元旦成立的民族联盟在这一时期成为叙利亚反法斗争的主要领导力量，他们这一时期主要采用温和的手段进行斗争。民族联盟的主席哈希姆·阿塔西为 1928 年立宪会议的主席，1925—1927 年反法大起义的主要领袖之一易卜拉欣·海纳奴为宪法委员会的主席。从其领导力量上来分析，民族联盟的领袖大多是大马士革和阿勒颇的穆斯林（也有部分东正教徒和新教徒），并多属于奥斯曼时代的显贵和大家族，代表了大地主阶层的利益。

出于这种利益考虑，民族联盟领导人在制定宪法草案、争取民族独立的斗争中都显示了较强的保守型与妥协性。在经济上，他们为了维护自己未来的地位②而热衷于维持经济现状；在族群问题上，他们不愿疏远保守派穆斯林，因而他们在宪法草案中融入的关于信仰自由、族群和解（主要是教派间的和解）等理念只是一种空喊。最终，他们所有的保守态度

---

① 与此同时，法国委任统治当局在"杰贝尔德鲁兹国"、阿拉维区和亚历山大勒塔公布所谓"基本法"，意欲将这些地区分裂出叙利亚。

② 法国委任统治当局支持农村大地产制的发展，而这些领导者大多是大地主阶层，因此不愿进行彻底的斗争。

都反映在了争取独立斗争时的妥协态度上。

　　民族联盟在制定宪法期间，表示同意给予法国政治、经济、军事上特权，甚至连"叙利亚—巴勒斯坦大会"执委会也支持他们这种立场。在1932 年议会选举①受挫后，他们再次提出与法国谈判，签订法叙条约，以此取代法国委任托管制，换取叙利亚独立的地位。1933 年 2 月，委任当局提出了以《英国伊拉克条约》为蓝本的条约草案，但其中根本没有涉及叙利亚的独立问题，且明确将黎巴嫩、杰贝尔德鲁兹国和拉塔基亚分离出叙利亚共和国之外。虽然委任统治当局逼迫温和派民族主义者组成的内阁接受条约草案，但即便是亲法分子组成的议会也拒绝了该草案，法国委任统治当局于是下令解散政府和议会，停止实施宪法，政治协商时期就此结束。

　　1936 年 1 月，民族联盟领导了一场全国性罢工，叙利亚的社会经济陷入瘫痪。面对这种形势，法国委任统治当局于 2 月 25 日同意大赦政治犯，并立即重新开始谈判。1936 年 9 月 9 日，以哈西姆·阿塔西为团长的代表团在巴黎与法国列昂·勃鲁姆（Leon Blum）政府②签订了《法叙友好援助条约》，并约定三年内应经双方议会批准，有效期 25 年。

　　《法叙友好援助条约》的主要内容是：第一，法国承认叙利亚的独立与统一；第二，阿拉维区和德鲁兹区与叙利亚合并，但保持二者特殊的行政机构和财政制度；第三，双方结成军事同盟，法国向叙利亚政府军派遣军事代表团，教官和顾问由法国人担任，武器装备与法军一致；第四，法国有权在拉塔基亚和德鲁兹山区驻军 5 年；第五，法国有权在叙利亚建立4 个军事基地及随时使用大马士革附近的麦泽机场和阿勒颇附近的尼拉卜机场；第六，叙利亚聘任法国人为外交顾问和外交官。在涉及双方的外交

---

　　①　1931 年 11 月，委任当局解散侯赛尼过渡时期民族政府，宣布 12 月 20 日举行选举，1932 年 1 月 5 日复选。但由于委任统治当局扶植亲法分子，选举中舞弊事件频出，因此在民众不满的压力下，委任统治当局对民族联盟提出的对大马士革和阿勒颇进行重新选举的要求做出让步。3 月 20 日和 4 月 5 日，两地分别进行重新选举，但是最终结果仍是亲法分子 52 人进入议会，民族联盟仅获得 17 个席位。6 月的议会选举上，建立了中间派穆罕默德·阿里·阿比德为总统，哈基·阿兹姆为总理的新一届民族政府。

　　②　列昂·勃鲁姆（Leon Blum）政府（1936 年 5 月—1937 年 6 月）为法国人民阵线政府。1935 年 7 月 14 日，法国社会党、法国激进社会党、法国共产党和各大工会组织组成法国左翼党派联盟，即"人民阵线"。"人民阵线"是由社会党领导的，其政策有一定进步内容，这也是法国向叙利亚让步的原因。

事务上，叙利亚应与法国协商，采取共同行动。从条约中可以看出，以民族联盟为代表的民族主义者在争取叙利亚独立的斗争中总体上采取了妥协的态度。

第二节 叙利亚国家认同的萌芽

由于叙利亚地区长期以来缺乏领土"国家"概念，因此叙利亚国家认同在叙利亚人心中成长缓慢。但这一时期，叙利亚国家认同已开始萌芽，具体特点如下：

一 反法斗争中萌生了叙利亚"国家"认同

从法国委任统治初期，委任统治当局实施的掠夺、压迫政策就遭到叙利亚人民的不断反抗，叙利亚国内大大小小的反法起义不断，最著名的是1925—1927 年的反法大起义。这些反法起义从最初的自发斗争发展到逐渐由民族主义者领导，并提出了具体的斗争纲领。例如 1925—1927 年的反法大起义受到了人民党的支持，提出要求叙利亚的独立与统一的纲领；1936 年 1 月民族联盟又领导了全国大罢工，其目的也是逼迫法方协商签订新的法叙条约，给予叙利亚独立。而法国委任统治当局残暴的镇压[1]则更激发叙利亚人民萌生了某种"爱国主义"精神。

这一时期加速叙利亚国家认同的事件还有法国议会在 1939 年 1 月拒绝签署批准法叙条约以及 1939 年 7 月法国将亚历山大勒塔地区割让给土耳其。[2] 这两件事使叙利亚人精神上备受伤害，也使其看清了法国殖民主义者的真正面目，更清晰地认识到建立"独立国家"的重要性，激起了群众的反法斗争和争取独立的热情和决心。此外，第二次世界大战中及战后法国维希政府、德国及自由法国对叙利亚的殖民统治都加深了民众对独立自由的向往，以及对"叙利亚国家"这一概念的初步认同。

---

① 1925 年 10 月 18 日，法国殖民者对大马士革进行轰炸，引起全世界的愤慨和抗议，甚至国际联盟也对其行为表示谴责。

② 这对阿勒颇和通过亚历山大勒塔港口直接入海的腹地居民来说极为不便。叙利亚声称（直至今日）该地区是阿拉伯的且是叙利亚不可分割的一部分。

二　"叙利亚国家"的疆域认同仍不明晰

这一时期，民族主义者发动人民共同争取独立，并因此获得了一定成果，激发了人民对"国家"的认同感。1936 年《法叙友好援助条约》的签订受到叙利亚国内的普遍欢迎，民族联盟由于受到大众支持而在 1936 年 11 月议会选举中获得绝对优势，随后议会选举哈西姆·阿塔西为共和国总统，并采用 1928 年由卡里尔·玛尔达姆·贝伊（1895—1959）作词，穆罕默德·伊利姆·弗莱费尔（1899—?）和阿赫麦德·伊利姆·弗莱费尔（1906—?）作曲的《祖国的保卫者》（"Humat al—Diyyar"，英译"Guardians of the Homeland"）为叙利亚共和国国歌，[①] 仍使用 1932 年确定的国旗[②]、国徽。叙利亚政治的模式及国家认同的主要象征性符号已然形成。1946 年，叙利亚终于在经过了漫长的独立斗争后获得了国际社会的承认及彻底的独立，人民对"叙利亚国家"的认同基本确立。

虽然议会选举、宪法的颁布、民族政府及国家认同的象征符号的建立等一系列叙利亚国家构建的过程催化了人民对"叙利亚国家"的认同，但对"叙利亚国家"的疆域认同仍不明晰。由于历史原因，这一阶段大众对叙利亚的具体疆域还不能认同，人民心目中的"独立与统一"的"叙利亚"比叙利亚实际确定的领土要大得多，其实主要还是"（大）叙利亚"的疆域认同。

三　"民族认同"与"国家认同"不同步

总体来说，叙利亚"民族认同"与"国家认同"及二者的构建都不

---

① 该国歌于维希法国占领期间停用。此外，1958 年叙利亚与埃及合并为阿拉伯联合共和国以后，《祖国的守卫者》被停止使用，代之以《祖国的守卫者》和另一首埃及歌曲合并而成的阿拉伯联合共和国国歌。1960 年，叙利亚国会通过决议，重新恢复《祖国的守卫者》为叙利亚共和国国歌，并一直沿用至今。

② 1920 年费萨尔政府最早确立了叙利亚王国的旗帜，底色为黑、绿、白三色，左侧还有镶着代表《古兰经》的白色七角星的红色三角图案。1920—1932 年法国先后使用了两种叙利亚旗帜，左上角都嵌有法国的旗帜，表明其为法国殖民地。1932 年叙利亚决定使用叙利亚共和国国旗，其底色仍是具有阿拉伯特色的绿、白、黑三色，中间有三颗红色大五角星，该旗帜一直使用到 1958 年阿联建立。值得注意的是在如今叙利亚危机中，政府的反对派打出的旗帜正是这面 1932 年确立的"叙利亚共和国"旗帜，借"返古"表明了其反对"复兴社会主义"的意识形态。

同步。在法国委任统治时期，叙利亚社会以族群（包括教派）认同为主。除一些东正教徒和新教徒知识分子外，大多数叙利亚人都不认为自己是"叙利亚阿拉伯人"，甚至一些少数族群还支持法国的统治。[①] 农民、部落民和为数众多的城市下层民众依旧保持着对其所属家族、族群和区域的忠诚。而那些民族主义者则更具有泛阿拉伯认同或是泛伊斯兰认同。

而且，这一时期，族群之间的冲突仍很严重。例如，1925 年大起义期间，被怀疑与法国人勾结的基督徒常常在大马士革遭到袭击，霍姆斯的基督徒总督则被穆斯林暗杀；[②] 1936 年，阿勒颇和杰齐拉发生了穆斯林与基督徒之间的严重冲突。而 1930 年宪法规定，叙利亚实施以地域和教派为基础的议会选举制度，该规定名义上为了确保少数派的权利，实则为分化叙利亚人的政策，客观上为族群认同提供了继续生长的土壤。

此外，这一时期叙利亚族群问题中又出现了一个新问题就是库尔德人问题。库尔德人问题比较特殊，虽然他们也是少数族群的一部分，但是长期以来他们只是以穆斯林逊尼派自居，并没有少数族群的自我意识与认同。20 世纪 20 年代中期，土耳其镇压库尔德人的叛乱后，土耳其的一些库尔德民族主义者逃亡到叙利亚，并得到了法国委任统治当局的庇护。1927 年，他们在叙利亚建立"独立联盟"（Khoybun League），[③] 该组织以阿勒颇、贾兹拉等库尔德人聚居区为活动基地，积极发展组织并建立武装力量，主要从事库尔德民族主义宣传以及反对土耳其政府对库尔德民族运动镇压的活动。[④]

20 世纪 20 年代，"独立联盟"成为主要的库尔德民族主义组织之一，它在叙利亚发起库尔德文化运动，包括通过创办刊物以推动库尔德语的标准化和拉丁字母化，出版关于库尔德音乐、诗歌、习俗和神话书籍等，对库尔德思想启蒙产生了巨大影响。1928 年，由于土耳其施压，法国委任

---

① 例如，直到 1947 年叙利亚独立后，阿拉维派还继续向法国提交请愿书支持法国在叙利亚的统治。详见 Daniel Pipes, "The Alawi Capture of Power in Syria", *Middle East Studies*, Vol. 25, No. 4, 1989, pp. 429—450。

② [以] 摩西·马奥兹：《阿萨德传》，世界知识出版社 1992 年版，第 23 页。

③ Michael M. Gunter, *History Dictionary of the Kurds*, Lanham, Md., The Scarecrow Press, 2004, p. 99.

④ 该组织甚至派人参加了土耳其的亚拉腊山库尔德起义。详见唐志超《中东库尔德民族问题透视》，社会科学文献出版社 2013 年版，第 225 页。

统治当局才禁止该组织的活动。

由于法国在其委任统治时期一贯对叙利亚采取"分而治之"的政策以达到抑制阿拉伯民族主义和分化叙利亚民族运动的目的，因此，法国委任统治当局默许库尔德文化运动，[1] 允许库尔德人在一定程度上自治。1928年，委任统治当局允许库尔德人在加兹拉实行一定自治，但受委任统治当局直接控制。即使这样，该政策仍强化了库尔德人的族群认同，鼓舞了其对独立的追求。1928—1936年，库尔德人控制了加兹拉的地方政府和安全部队，流亡叙利亚的库尔德难民获得公民权，继续推行库尔德文化运动和要求自治的运动。从此，库尔德人问题成为叙利亚少数族群问题中比较棘手的问题之一。

第三节　殖民主义对叙利亚民族国家构建的"双重使命"

本编在第一章第四节中提到马克思根据其对印度殖民社会的研究提出了殖民主义具有"双重使命"："一个是破坏性使命，即消灭旧的亚洲式的社会；另一种是建设性使命，即在亚洲为西方式的社会奠定物质基础。"[2] 中国学者对这一理论又进行了发展，其中林承节对该理论的阐述较有建设性。他认为殖民主义的"双重使命"客观上对被统治国家具有社会改造作用，且"双重使命"主要是在国家政权支持下通过经济力和超经济力双管齐下的形式来实现的。殖民主义的"双重使命"是相互促进的，并以经济影响为基础，继而也体现在上层建筑领域上。[3] 本书试图用这一理论从经济与上层建筑两个层面来论述法国委任统治当局在叙利亚推行的"殖民主义"对叙利亚民族国家构建的"双重使命"。

---

[1]　尽管如此，法国委任统治当局规定不允许建立库尔德语学校，以从文化教育上抑制库尔德民族主义的发展。

[2]　马克思：《马克思恩格斯选集》第二卷，人民出版社1972年版，第70页。

[3]　详见林承节《关于殖民主义"双重使命"的几点认识》，《北大史学3》1996年版，第4—24页。

一　经济方面

委任统治初期，法国将叙利亚彻底变为其商品市场与原料产地，在摧毁叙利亚原有文明与财富的同时，也相应地瓦解了它自然经济的根基，使旧的社会结构开始解体。这便是法国殖民主义对叙利亚社会"破坏性使命"的开始。而随着法国自身的发展需要，其殖民主义必然在不自觉中对叙利亚的经济社会产生了某种建设性作用，为其日后建立西方式的社会奠定了物质基础。这便是法国殖民主义对叙利亚社会的"建设性使命"的含义。

这里需注意的是，殖民主义的"破坏性使命"总比"建设性使命"开始得早，二者是一种"破"与"立"的关系："破"而后才能有"立"，"破"为"立"创造了条件，"立"进一步加深了"破"。然而，法国殖民主义对叙利亚社会的"破坏性使命"与"建设性使命"并不是截然分离的两个阶段，而是互相影响、交叉进行的过程，并一旦开始两者便贯穿殖民统治始终，且具有日益加强的趋势。

在法国委任统治之前，叙利亚总体上自给自足的经济占主要部分，农村地区主要形成以血缘、族群为纽带结合在一起的村社；地区之间交往较少，尤其是少数族群聚居区较为封闭，族群认同极强，根本没有所谓"国家认同"。而法国在殖民统治初期，对叙利亚进行赤裸裸的掠夺和搜刮，对叙利亚生产力造成了巨大破坏。由于委任统治当局在农业上任由地主占领土地，且不对农业进行国家统一管理，不修建水利工程，因此导致大片田地荒芜，并使原来稳定的村社生活困苦。在城市，由于法国资本与商品的大量流入，叙利亚传统的民族工商业与小手工业受到巨大打击，城市一片衰败。法国殖民主义的"破坏性使命"开始进行。

20 世纪 20 年代末 30 年代初，正值西方经济危机。为了转嫁危机，委任统治后期，法国开始在叙利亚大量投资，其殖民主义的"建设性使命"逐渐凸显。首先，在交通通信上，法国通过在叙利亚投资建设公路交通网、邮政通信设施打破了当地封闭的社会状态，加大了各地区之间交往的密度，加快了信息传播的速度；其次，在基础设施上，法国通过修建发电站及允许英属伊拉克石油公司在叙利亚铺设石油管线，叙利亚基础设施逐渐步入现代化；再次，在工业上，通过保护纺织工业，以及随着法国石油公司在叙利亚获得石油勘探租让权后叙利亚石油工业的兴起，叙利亚工业开始迅速发展起来。30年代初期以后，叙利亚现代工业萌芽，国内迅速建立起大量小型现代轻工业企业，多数由当地工商业者开办经营，外国人担任技术人员；最后，在农业上，委任当局通过兴修水利工程（主要是古霍姆斯水库大坝加高工程）、在叙利亚展开土地普查、测量和进行土地所有权登记，将国有土地分配给小土地所有者；允许将国有土地及宗教寺院土地（"瓦克夫"）的买卖或租让；批准民族政府组建国家农业银行，贷款给大土地所有者，促进了叙利亚私有大庄园主经济的成长和农业资本主义的发展。到30年代末，在叙利亚形成了一批大土地所有者和拥有可观数量土地的外在地主。叙利亚经济的现代化及发展，为建立西方式的社会奠定了物质基础。

二　上层建筑方面

法国殖民主义在叙利亚的"双重使命"还体现在上层建筑方面。法国委任统治当局为了满足其殖民统治的需要，在其统治时期还对叙利亚政治、思想和社会领域进行了改造。从社会变化的角度看，这也是殖民主义在上层建筑上实施"双重使命"。但上层建筑是最敏感的区域，对其进行任何带有西方资产阶级民主体制因素的改变，都会不可避免地为当地民族主义力量所利用。在对上层建筑的改造上，除了建立军队、警察情报机构以及后来被迫成立了一些民族政府，法国委任统治当局主要是通过推行"殖民主义"的教育政策来实现的。关于委任统治当局在叙利亚的教育政策，本编第一章第三节已做阐述，这里主要论述该政策的影响。

19世纪中叶以前，叙利亚教育机构主要是传统的古兰学校及少数由牧师或修女开办的课堂，常常不过是一小群男孩围着一个没受过正规教育的教师学习宗教课程。到了19世纪中叶，由于奥斯曼开始在帝国内兴办国立学校，而当地基督教社团及外国传教士也增加了在叙利亚的教育活动，因此叙利亚教育逐渐得到扩展。虽然奥斯曼帝国在教育上的支出非常少，叙利亚仍得到了比其他阿拉伯行省更多的国立学校。但是，叙利亚大多数人仍是文盲。

当时的"叙利亚"地区仅有的两所大学（1903年在大马士革建成了一所医药学校，约10年后又开办了一所法律学校）都在贝鲁特，但这两所学校都在"一战"期间被关闭了。1918—1920年，费萨尔阿拉伯政府采取了一些措施试图改善叙利亚教育系统。国家开始制订教育发展计划，

开展教师培训，并对叙利亚学校进行阿拉伯化，大马士革和阿勒颇建立了
36 所新学校以及一所农业学校。叙利亚原医药学校和法律学校作为大马
士革大学的核心重新开办。

　　1920 年以后，法国委任统治当局推行"殖民主义"教育政策，鼓励
法国人开办西式学校，撤销了费萨尔政府开始的民族教育扩展计划，关闭
了当地学校，除非它们采用法国批准的课程①才允许重新开办。委任统治
期间，现代教育特别是小学教育有很大发展，平均每年建立 17 所新小学，
学生数量大约是委任统治前的 3 倍。除附属于清真寺的宗教学校外，叙利
亚还增加了私立学校、宗教社团学校和村社主办的世俗学校。

　　此外，委任统治当局还派遣了大量留学生去法国留学，以期日后他们
回国后可以成为其殖民统治的工具。但事情的发展却与法国殖民者的初衷
背道而驰。这些年轻学生在法国接触到了当时广为传播的社会主义、民族
主义、共产主义等现代思想体系，满怀改变"祖国"的宏伟抱负回国以
后，却既受到当地同胞排斥又无法进入法国核心社会圈②，最终他们逐渐
演变为反法的民族主义者。而我们必须看到，这些受过西方教育的民族主
义者所持有的"民族主义"是非常复杂的。他们（后来成为"城市贵
族"）既相信法国具有解放叙利亚、促进其建立共和制度的作用，又坚信
现代反抗法国帝国主义运动具有历史必要性，因此他们具有妥协性与两
面性。

　　实际上，委任统治时期叙利亚教育的发展并不理想。到 1944 年，整
个叙利亚只有拥有不到 5000 名学生的 13 所公办中学，只有不到 1/4 的学
龄儿童（6—12 岁）在上学，国家 80% 的人口仍是文盲。尽管如此，委
任统治当局实行的西化教育政策仍在上层建筑上起到了殖民主义的"双
重使命"作用，既从思想上打破了叙利亚原有的根深蒂固的"族群认同"
观念，又为他们注入了新的"民族""国家"等观念，为叙利亚日后民族
国家的构建起到了不容小觑的作用。

---

　　① 取消或减少学校的伊斯兰教课程，并将法语设为必修课。

　　② 国外有学者称这群人为"边缘精英"（marginal elites），详见 Elie Kedourie，"Introduc-
tion，*Nationalism in Asia and Africa*"，E. Kedourie ed.，London，Weidenfeld and Nicolson，1971。

本 编 小 结

　　叙利亚委任统治时期历时 25 年，是叙利亚现代民族国家构建的重要历史时期。这一时期的叙利亚创立了议会，进行了选举，颁布了宪法，成立了政党，开始具备现代国家的基本政治机构，因此独立后的叙利亚看似已经是一个"民族国家"了。但是，由于叙利亚的政治制度与机构基本都是法国将本国的原型移植过来的，因此先不说叙利亚人民对其是否认同，首先作为统治阶层及精英的叙利亚民族主义者也未必完全领悟了西方的现代政治理念和现代国家、政府的功能等。再加上叙利亚原有社会结构的惯性，以及法国委任统治时期的"分而治之"政策，使当地的族群尤其是教派问题不仅没有解决或弱化，反而更加突出和复杂化了。

　　这些问题影响了包括民族主义者在内的叙利亚人对现代民主制度的认知与态度。他们往往不把该制度作为实现自身政治理想和国家安定的方法，而常常将其用作争夺各自利益的工具。这直接导致了独立后叙利亚在承袭法国委任统治时期的"议会民主制"的同时又使这一制度发生了异化，最终该制度因无法确立合法性而逐渐衰弱并灭亡。

　　法国委任统治时期还有一个重要的变化就是军队力量大大增强。叙利亚军队的现代化其实早在易卜拉欣帕夏及奥斯曼帝国推行自上而下的"现代化改革"时期就已经开始了。不同于西方一贯保持军队与国内政治分离的传统，奥斯曼帝国的强盛主要是靠其军事实力来维持的，因此历任统治者推行的现代化改革中都包含的共同内容就是加强军队的建设。而委任统治时期，由于殖民当局主要依靠军队来镇压民众反抗、维持其在叙利亚的统治，因此法国进一步加强了对军队的建设，并出于分化叙利亚人的目的在军队中大量起用少数派。

　　委任统治当局的上述政策最终产生了三方面结果：第一，军队的实力与地位大大增强。法国对军队的建设与扶持不仅使叙利亚军队成为装备精良、拥有职业化军人和多兵种的现代化军队，还使军人这一群体由委任统治时期之前不受重视甚至备受歧视的状态转变为拥有较高社会地位与影响力的团体。第二，军人的政治觉悟与现代性大大提高。委任统治当局对叙利亚军人进行正规的现代军事教育与训练，使军人进一步学习到了西方科学文化知识，掌握了现代军事科技与训练方法，并更深层次地接触到了西方先进的政治思想。这些在加速军人集团现代化进程的同时也提高了其政治觉悟，使他们开始对叙利亚政治的未来发展方向进行深刻的思考。此外，他们与法国军队建立了多种形式的联系，为其日后寻求国外支持奠定了基础。第三，少数教派尤其是阿拉维派与德鲁兹派在军队中实力激增。委任统治当局拉拢少数族群（主要是阿拉维派、德鲁兹派与库尔德人）进入军队，客观上造成了少数族群尤其是阿拉维派开始在军队中占主导地位，其成员充斥军队的中下层。且由于他们的族群（教派）观念浓厚，继而军官们又帮助本族群、区域的成员进入军队并升职，使得他们在军队中的势力日益雄厚。此外，由于这些少数族群成员多来自农村地区，深知百姓疾苦，长期遭受不公平待遇，因此具有强烈的革命性。于是，当国家处于危机的时候，军队便成了接管国家权力最合适的社会集团。

第三编

独立的探索阶段：
从议会民主制到军政体制

第一章

探索阶段的初期(1946—1958 年)

在叙利亚人民的抗争、世界舆论的压力以及英国与联合国的共同干预下,法国军队被迫于 1946 年 4 月 17 日完全撤出叙利亚。自此,叙利亚终于获得了彻底的独立,其作为"独立国家"的地位受到人民广泛认同,后来 4 月 17 日被定为叙利亚的独立日。① 独立后,叙利亚立即着手建设包括中央行政、地方行政、国防安全部门在内的国家管理体系,对铁路、城市交通、大型发电站等收归国有,并加强对民族经济、民族教育的建设,实现了政府对国家的总体控制。此外,叙利亚保留了 1932 年确立的国名"叙利亚共和国""国家民族主义"成为指导国家建设的主要意识形态。但在对外问题上,叙利亚又受到"阿拉伯民族主义"甚至"(大)叙利亚主义"的影响,坚决反对犹太复国主义,积极参加了巴勒斯坦战争。

总的来说,本阶段叙利亚处于社会结构变化、新旧党派交替、国内矛盾复杂的时期,而由于传统贵族把持朝政、民族政府的软弱无力、巴勒斯坦战争的失败、军人干政的出现,叙利亚国内矛盾开始升级,"阿拉伯民族主义"急剧升温,于是政府开始探索解决国内危机的新途径——与埃及实现联合,建立统一的阿拉伯国家。

---

① "二战"后期,为了争取叙利亚人民的支持,法国于 1943 年名义上宣布结束委任统治、叙利亚独立。1945 年 2 月,叙利亚以独立国家身份向轴心国宣战并随后加入联合国。但法国却继续驻军叙利亚,以维持其特权地位,因此激起叙利亚人民的强烈反对并于 1945 年 1 月 25 日爆发反法起义。后来由于英国和联合国的干涉以及舆论的压力,法国被迫于 1946 年 4 月撤军,叙利亚终获独立。

第一节　国家对经济的控制

叙利亚独立后经济上还保留着大量殖民地经济的痕迹。法国的委任统治加速了叙利亚农业地区的专门化，使其成为向法国供给棉花、烟草、橄榄油、皮革等原料的农业基地。同时，大土地占有制在全国占统治地位，且盛行小土地的租赁制。独立初期，叙利亚全部耕地的80%属于地主（其中少数属于国家和清真寺），约2/3的农户完全没有土地。[①] 工业上，民族资产阶级创办的轻工业企业及加工工厂虽然促进了经济的发展，但工业总体落后，叙利亚市场基本上是西方大国工业品的倾销地。因此，独立后叙利亚民族政府的首要任务便是建立由国家控制、管理的民族经济，从而领导本国经济走上独立发展的道路。这一过程主要包含以下几个方面：

一　金融

1953年3月，叙利亚成立了中央银行，1956年8月1日正式投入运营。新成立的中央银行主要负责发行本国货币，[②] 发行公债，监管金融系统以确保国家基本金融法律的实施，监管外汇管理局和国际储备以确保汇率稳定，参加国际金融谈判等。通过建立中央银行，政府终于控制了国家的金融与财政。但由于国家没有对所有外国银行实行国有化，且叙利亚不存在实际意义上的商业银行，甚至20世纪50、60年代成立的几个国家银行[③]也不受其直接监管，因此叙利亚中央银行对金融政策的控制力很弱。

二　农业

独立后，政府及一些企业家加大对农业的投资及对农业机械与肥料的

---

① ［苏］阿·耶·别里亚也夫等：《现代叙利亚》，高等教育出版社编辑部译，高等教育出版社1958年版，第38页。

② 叙利亚自1919年起，发行货币的权力就一直掌握在法国建立的"叙利亚与黎巴嫩银行"手中。

③ 共有6个国有银行，分别为1958年成立的工业银行、1963年成立的储蓄银行、1966年成立的农业合作银行、1966年成立的房地产银行、1966年成立的人民信贷银行及1967年成立的叙利亚商业银行。

进口，组织农民开垦肥沃的荒地，扩大对高产农作物的播种面积，并建设灌溉系统，逐渐用水泵装置来灌溉农田。政府的这些政策明显改变了独立初期大量农田荒芜的状态，扩大了耕种面积。叙利亚耕种与灌溉总面积到1956 年达到独立时的两倍，主要农作物的产量大幅度提高，小麦从1945年的年产 41.5 万吨增加到 1956 年的 105.1 万吨；大麦相应从年产 24.8万吨增加到 46.2 万吨。[①] 但由于国家控制在以大地主[②]为主的传统贵族手中，因此他们趁机在新开垦的地区（如德尔祖尔和哈塞克）霸占或低价购买大量农田，其中具有资产阶级性质的地主逐渐经营起具有资本主义性质的农场，而无地少地的农民与佃户的生活没有根本改善。

三 工业

在第二次世界大战期间及战后，叙利亚民族工业已开始了迅猛发展，但由于叙利亚国内市场狭小，且存在大量封建残余，因此仍然阻碍了民族工业的发展。独立后，政府实行了一系列扶植民族工业的政策，主要体现在以下几方面：

（1）鼓励民族资本主义的发展

独立后，叙利亚政府通过限制外国资本、实行保护性关税、给民族企业优惠政策等多种办法鼓励民族资本主义的发展。政府宣布新建立的企业一律免税 6 年，但规定新成立的公司中外国资本不得超过一半，且外国公司在叙利亚境内的分公司、合资公司及有外国人参与的公司中必须由叙利亚人担任经理。对民族工业可以生产的产品实施高额的进口税或干脆禁止进口，如棉布、肥皂、针织品等，而对建筑材料、机器、设备等则降低或取消进口税。

（2）国家对工业的掌控

独立后，政府对发电站进行国有化，并投资更新工业设备。国家通过赎买等对大型发电站进行国有化，并在国有化发电站中更新了旧的设备，安装了新的发电机等。从而使 1947—1956 年，电力生产增加了两倍多。为了保证叙利亚享有必需的原材料，国家还进行了大规模的地质勘探。通

①　［苏］阿·耶·别里亚也夫等：《现代叙利亚》，高等教育出版社编辑部译，高等教育出版社 1958 年版，第 39 页。

②　其中包括传统地主、地主阶层出身的资产阶级以及大部落酋长等。

过这些政策，国家实现了对工业的总体控制，并使叙利亚的纺织业、建筑业等蓬勃发展起来。

四　交通运输

在交通运输上，政府对运输业进行国有化，建设海港、飞机场等。叙利亚的交通运输与邮政业一直很不发达，这严重影响了不同区域间人民的交往。19世纪中叶到20世纪初，法、英、德等外国资本取得了对奥斯曼修建铁路的垄断权，客观上为叙利亚建立了一些铁路线。但委任统治时期，法国几乎没有为叙利亚修建新的铁路，只出于战略需要铺设了原铁路线的几段，但建设了许多有战略意义的公路。独立后政府通过赎买方式对交通运输实行了国有化，且大量进口汽车。1937年至1953年的16年间，叙利亚汽车总数增加了两倍多，而载重汽车增加了近五倍。[①] 此外，叙利亚还开始建设海运与空运，1950年开始兴建拉塔基亚海港，1958年完工，[②] 还在20世纪50年代建立了几个飞机场。但在叙利亚的山区与沙漠地区交通运输仍依靠驮运。

五　通信与广播业

独立后，叙利亚政府对法国委任统治时期的邮电事业处及无线电广播部门[③]进行国有化，并加大对通信、广播部门的建设。1955年，叙利亚国内已拥有64个邮政局和150个邮政代办处、65个电报局和137个代办处、5个广播电台、5个自动电话局和74个交换台电话局，用户达25814个。1949—1953年，国家电话线从9500公里增加到15200公里。[④] 叙利亚在大马士革、哈列布、霍姆斯、苏韦达、拉塔基亚、德尔祖尔、卡米希利之间实现了电话通信，并与贝鲁特、开罗、安曼之间也实现了电话通信。1952年叙利亚还建立了专门的无线电服务机构，开始用无线电广播阿拉

---

① ［苏］阿·耶·别里亚也夫等：《现代叙利亚》，高等教育出版社编辑部译，高等教育出版社1958年版，第70页。

② 在1950年以前，叙利亚的对外贸易几乎全部是通过黎巴嫩的港口贝鲁特和的黎波里进行的。1950年叙黎两国中断了关税同盟，叙利亚才开始改建拉塔基亚海港。

③ 法国在1941年建立了无线电广播，但到了独立后才得到迅速发展。

④ ［苏］阿·耶·别里亚也夫等：《现代叙利亚》，高等教育出版社编辑部译，高等教育出版社1958年版，第73页。

伯语的民族节目，并用六种语言——阿拉伯语、法语、英语、希伯来语、西班牙语和葡萄牙语进行对外广播。通信与广播的发展大力促进了民族主义的发展及偏远地区对国家的认同。

第二节　社会结构的变化

社会结构是指一个国家或地区占有一定资源与机会的社会成员之间的组成方式及关系格局，其中包含人口结构、家庭结构、社会组织结构、城乡结构、区域结构、就业结构、收入分配结构、消费结构、社会阶层结构等若干子结构，其中核心是社会阶层结构。社会结构的特点主要有整体性、层次性、复杂性与相对稳定性等，理想的现代社会结构应具有合理性、公正性和开放性等特征。

虽然叙利亚现代化的开端可以追溯到穆罕默德·阿里之子易卜拉欣帕夏于19世纪中叶埃及占领叙利亚时期在当地推行的现代化改革，但20世纪中叶以前，现代化并未使叙利亚社会结构发生明显变迁。直到第二次世界大战及叙利亚在战后获得独立后其经济与现代化进程迅速发展起来，叙利亚的社会结构才发生了显著的变化。具体体现在如下方面。

一　人口的增长与城市化的发展

由于"二战"期间对物资的需求剧增，叙利亚经济出现了战时繁荣，资本积累和投资都有大幅度增加，一些资产阶级的"企业精神"也空前高涨。独立初期，经济态势依然不错，这客观上促进了人口的增长及城市化的发展。1850年，叙利亚人口只有280万，但到1953年人口已达365万，且人口增长率在20世纪50年代超过3%。[①]

经济的发展与人口的增长又加速了叙利亚城市化的进程，一方面叙利亚出现了一些聚居着农村知识分子以及农业工人的小城镇，成为在地理、经济、政治、文化上连接城市与乡村的纽带；另一方面叙利亚出现了向大城市移民的浪潮，大量出身农村中上层的子弟涌入大城市求学或谋职，这

①　Raymond A. Hinnebusch, *Authoritarian Power and State Formation in Ba'thist Syria*, Boulder, Colo, Westview Press, 1990, p. 29.

些人虽然生活在大城市，却与农村紧密相连，往往日后成为农村利益的代言人，起到了组织农村社会动员的作用，同时，工业化使小农经济受到打击，农村自给自足的封闭状态被打破，失去土地的农民不得不背井离乡以谋生计，因此社会人口的流动性明显增强。

二　以家族、族群、地域等为基础的传统社会关系遭到削弱

叙利亚社会经济、教育的发展及城市化与现代化的进程都客观上削弱了从前诸如以家族、族群、地域为社会单位的社会联系。农业、工业的现代化打破了原来封闭的小农经济，大量无地农民与破产小手工业者成为劳动工人，导致乡村中的公有制因素逐渐消失，家长对家庭、酋长对部落民的控制力削弱，家长制的权威已今非昔比。再加上大量青年外出学习，带回了西方的现代民族国家的观念，人们对民族、国家等更大范围的群体认同感和归属感加强，在一定程度上削弱了人们的家族、族群、地域忠诚感。

三　社会阶层结构的变化

在叙利亚独立初期，作为社会结构核心的社会阶层结构已发生了显著变化，主要体现在以下几方面：

（一）传统贵族仍占统治地位

传统贵族包括大地主和大商人阶层，奥斯曼统治时期及法国委任统治时期政府对叙利亚都实行"间接统治"，委派这些传统贵族与农民打交道，负责收税等事务，而他们则趁机攫取大量土地，并租赁给农民，成为城市地主。甚至法国委任当局还允许他们公开霸占土地。这些传统贵族在"二战"前后叙利亚的资本主义发展中受益最大，其中一部分资产阶级化，从国家建设中大发横财，成为工农业企业家、出口商、建筑承包商、大买办等"新传统贵族"。独立后到1963年之前，他们同旧式的大地主、大商人们一道，控制着国家政权和经济命脉。[1]

（二）出现农业工人阶层，农民阶层斗争觉悟迅速提高

在农村，农业的机械化与管理方式的现代化使农业生产力大大提高，

---

① Philip S. Khoury, *Syria and the French Mandate*, *The Politics of Arab Nationalism*, 1920—1945, Princeton, N. J., Princeton University Press, 1987, pp. 85—93.

一部分农民因经营得当而迅速致富，但大批佃农、小农却由于地主租佃条件的日益苛刻而沦为无产阶级化的农业工人。农村的小手工业者也因资本主义工商业的发展而纷纷破产，只能去城市务工。由于与地主阶层矛盾的激化、对城乡差距的认识以及交通通信的便利、激进政党的动员，农民阶级的斗争觉悟迅速提高。20 世纪 50 年代初期，农民运动高涨，许多地方农民或自发起来夺取地主的土地，或在激进政党（如阿拉伯社会党）的领导下开始争取自己权益的斗争。农民阶层的觉醒与发展为日后复兴党夺权打下了坚实的社会基础。

（三）新中产阶层发展壮大

由于叙利亚经济的发展、国家建设的需要，特别是独立后教育事业的发展，[1] 以出身中下层、受过现代教育培训的青年为主的新兴的现代职业阶层（也称“新中产阶层”）开始壮大。他们与以前的中产阶层不同的是，后者主要出身中上层。而他们虽然主要从事一些社会中下等职业，如中下级军官、雇员、低级官员、教师、职员等，但他们数量庞大，且具有共同的现代思想观念与较强的阿拉伯民族主义意识，对职业、阶层、国家、民族的认同较传统的族群、地域等认同要强。然而，由于上层阶级及其子弟享有高官厚禄及各种特权，新兴中间阶层只能游离于权力核心之外。此外，由于独立后叙利亚教育发展迅猛且教育结构失衡，[2] 因此导致“新中产阶层”人数激增，造成就业困难、工资待遇低下等状况，新中产阶层思想逐渐激进化，并通过示威游行、组建激进政党甚至军事政变等形式反映出来。

（四）无产阶层的成长

叙利亚由于工业发展有限，因此无产阶层人数一直较少，到 20 世纪 50 年代初只有 3.5 万—4.5 万人（包括手工业工人 10 万左右）。[3] 无产阶

---

① 叙利亚建国后大力发展世俗教育，1945—1960 年的教育预算增长了近 9 倍。相应地，官僚机构的人数也膨胀了一倍，各类公职人员的数量占总劳动人口的 5%。详见 Raymond A. Hinnebusch, *Authoritarian Power and State Formation in Ba，thist Syria*, Boulder, Colo, Westview Press, 1990, p. 50。

② 一直以来，叙利亚人不愿意接受职业技术教育甚至工科，而偏向学习文学、宗教等传统上认为“体面”的学科，而使这些学科人满为患，同时技术教育相对落后。

③ Raymond A. Hinnebusch, *Authoritarian Power and State Formation in Ba'thist Syria*, Boulder, Colo, Westview Press, 1990, p. 56.

层主要来源于无地少地的佃农（成为农业工人）以及破产的小手工业者，他们处于社会的底层，但这一时期，由于工会组织、复兴党及共产党的活动，无产阶层的阶级意识与组织性有了明显提高，因而极具斗争力，并成为中产阶层反寡头政治运动的辅助力量。

第三节　议会民主制的衰落

叙利亚独立后在政治体制上基本承袭了 1930 年宪法基础上的一院制民主共和制政体，但总统享有较大权力。

叙利亚宪法规定：叙利亚为议会制共和国，议会为最高立法机关，实行一院制，有 60 个议席（1943 年增至 124 席），代表不同地区与族群的利益。议会分两阶段选举产生（1947 年改为一次性选举），任期 4 年，每年召开两次会议，总统在多数议员要求下可召开特别会议。总统由议会选举产生，但不对其负责，且只有穆斯林成年男子才有资格当选总统。总统具有任命内阁、签署条约、进行大赦、召集会议、制定法令、颁布议会通过的法律、对议会决议行使暂时性否决权，甚至暂时解散议会等广泛权力。政府内阁由总统任命产生，但对议会负责，且具有广泛的行政权力，其中内政部权限最大，拥有监管选举程序，监督市政事务、新闻传媒，管理游牧人事务及控制警察与宪兵等实权。此外，宪法还肯定了司法独立原则，[1] 多党制合法存在原则，[2] 人民的言论、出版、结社、集会等自由原则，禁止军人直接参政原则，[3] 并对选举制度作出了明确规定。[4]

叙利亚议会民主制的建立是叙利亚政治的一大进步，它将民主、自由、反独裁等政治理念融入宪法，从而增强了叙利亚人民对民主、自由等现代政治的追求。然而，叙利亚议会民主体制由于其"先天不足"与

---

[1]　上诉法院可以受理民事和刑事诉讼，法官由司法部任命。在世俗法院体系之外，还有宗教法院体系，主要受理各宗教内部以及与个人身份相关的事务。

[2]　宪法对政党的组织、活动作出了法律上的相关规定。

[3]　宪法明确禁止军人进入立法会议，宣称军队的职责在于捍卫国家的独立和主权，而非介入政治，从而在体制形式上保证了军人不直接参政的原则。

[4]　1930 年宪法给予 20 岁以上的男性公民以选举权，议员候选人则需年满 30 岁且具有文化（部落民除外）。到 1944 年，18 岁以上的所有公民具有了选举权。

"水土不服"，产生体制异化而问题重重，因此它很快走向衰落，并最终于 1963 年"三·八革命"后寿终正寝。总的来说，叙利亚议会民主制的衰落原因有以下几点：

一　缺乏认同

叙利亚议会民主制是西方理念与法国体制移植的共同结果，缺乏民众认同。叙利亚议会民主制的形成与阿拉伯民族主义运动及法国委任统治紧密相关。众所周知，叙利亚是"阿拉伯民族主义"的摇篮，19 世纪下半叶，在奥斯曼帝国推行现代化改革的潮流时，叙利亚以雅兹吉父子、布斯坦尼等为代表的大批知识分子就已经开始在叙利亚倡导阿拉伯文化复兴运动与阿拉伯民族觉醒运动了。他们宣扬宗教宽容，主张效仿西方国家的模式，建立一个现代化的阿拉伯民族国家。

1876 年，奥斯曼帝国颁布宪法，名义上宣布实行君主立宪制。1918年，费萨尔在叙利亚建立了第一个现代意义上的阿拉伯国家，并宣布实行"民主的君主立宪制"[1]。法国委任统治后期，委任当局在国际压力下同意叙利亚在委任统治的基础上建立民族政府，实行议会民主制。叙利亚独立后继续采用议会民主制政体，基本上是委任统治时期建立的体制的延续。所以，叙利亚的议会民主体制可谓是叙利亚阿拉伯民族主义者追求政治现代化与法国对叙利亚进行殖民统治、体制移植的共同结果。因此，它完全是上层社会的设想与实践，缺乏民众认同。

二　体制异化

叙利亚独立后，其沿袭自法国委任统治时期的议会民主体制发生异化，腐败丛生，逐渐丧失了"民主"。

当法国委任统治当局在叙利亚颁布 1930 年宪法时，叙利亚并没有议会民主制赖以生存的资本主义商品经济社会，而仍是一个半殖民地半封建社会。在这种情况下，控制叙利亚民族政府的不是资产阶级，而是以大地主、大商人为主的传统贵族。1947 年 7 月，委任统治时期的政治家们在新获独立的叙利亚举行了选举，以在法国离开后政治权力真空、议会民主

---

[1]　Tabitha Petran, *Syria*, *Nation of the Mordern World*, London, Ernest Benn Limited, 1972, p. 58.

还较脆弱的叙利亚国家中建立其政治统治的合法性。国民党在选举中获24个席位，其反对派①赢得了33个席位，其他独立人士②获得50多个席位。选举后，民族主义者组建政府，库阿特里为总统，贾米尔·马德姆为总理，法里斯·库里为下议院主席。

　　由于这些人（包括库阿特里总统在内）重掌政权后竭尽全力巩固其力量、维持其地位，在制定政策、任命官员的时候主要考虑的不是国家的利益，而是个人或集团的利益，因此很快叙利亚政坛中任人唯亲、贪污腐败、买卖选票及滥用权力等不良行为盛行，导致议会民主体制异化，沦为权贵阶层争权夺利的保护伞。这些政治家也因此被一些学者称为"疲惫的政治家""家族任命权和行政腐败网的一部分"③。由于上述原因，叙利亚议会民主体制并没有给社会带来"民主"。政府对新闻媒体进行严格检查与限制，并逮捕反政府人士，甚至一些法定的民主程序也遭到践踏，政府经常动用宪兵胁迫选举，未获法定票数的法令也常常被政府通过。库阿特里甚至颁布法令要求取消统计局对政府部门公布数据的法律监督，以减轻反腐败的力度，而此举直接违背了宪法。

三　党派斗争激烈

　　叙利亚独立后，新旧党派共存，争权夺利的政治斗争激烈，政府政令难行，效率低下。

　　在议会民主体制下，法律保护合法的政党政治与议会斗争。1947年举行独立后首次选举时，叙利亚出现了政党的初步繁荣。总体来说，这一时期的党派活动表现为传统政治力量的分化与新兴政治力量的上升，民族主义者聚集的原民族爱国联盟（前身为"民族联盟"）因族群（主要是部族）、家族利益分歧在选举前分裂为两个党：一个是包括库阿特里、贾米尔·马德姆（Jamil Mardam）和法里斯·胡里（Faris al‑Khuri）在内的国民党，其支持者主要来自大马士革；另一个是以纳兹姆·库达西、拉西

---

　　①　主要是人民党，但复兴党由于不够强大，只能与人民党党内合作采取行动。在当时的复兴党看来，国民党已然破产，其政策根本没有触及青年叙利亚人对民族生活各领域上的改革要求。人民党虽然与复兴党思想不同，但至少也是反对国民党的。

　　②　这些独立人士实际上都是从前的贵族，他们代表了以地主、商人、部落和少数派首领、大家族的头领为基础的传统权力的利益。

　　③　P. Seale, *The Struggle for Syria*, London, I. B. Tauris, 1986, p. 32.

迪·基克亚及阿塔西家族人为首的反库阿特里派组建的人民党，其支持者主要来自阿勒颇、霍姆斯及阿塔西家族。两党均为代表工商界、大地主等"传统贵族"利益的具有资产阶级性质的党派，除代表的地域不同外并无本质区别。

与此同时，一些较为激进的党派兴起，包括米切尔·阿弗拉克和萨拉赫丁·比塔尔于1947 年创建的复兴党，阿克拉姆·豪兰尼于1945 年创立的阿拉伯社会党，萨阿德领导的叙利亚社会民族党，巴格达什领导的叙利亚共产党以及穆斯林兄弟会等。这些激进政党对叙利亚中下阶层具有强烈的吸引力，且有相当大的政治能量，并开始参与体制内的政治生活，[①] 但在体制内影响甚微，掌握政府领导权的仍是代表传统贵族的国民党与人民党。

然而，这一时期新旧政党都带有浓厚的家族、地域及族群色彩，多数地区的候选人都是原部落酋长、农村土地贵族及城镇富裕阶层的头面人物，他们多以独立候选人身份参加选举，即便是有些人以人民党和国民党身份参加选举，实际上仍是追逐家族、族群的利益。而且，此时的党派党纪涣散、派系繁多，各党派间的斗争中又夹杂着个人、家族、族群及地方势力之间的权利之争。它们彼此之间分化组合，时敌时友，斗争激烈。

在这种政治氛围中，叙利亚政治精英在制定政策时最先考虑的都是个人与集团的利益。以大地主和工商业阶层为主的传统贵族希望制定有利于其经济扩张的政策；中产阶层希望国家加大对基础行业的投资，以促进与其相关的工业资本主义的发展；而社会下层则为了争取土地占有、受教育及提高生活水平的需要开始与新中产阶层联合。[②] 由于派系之间常常展开激烈的争权夺利斗争，这一时期政府政治效率低下，许多重大的方针政策往往尚未最终形成便在混乱的争论中流产，即便获得通过也难以付诸实施。

---

① 尽管1947 年大选前，传统的民族主义政治力量民族爱国联盟发生了分裂，但分裂后的人民党和国民党仍在选举中取得了不俗的成绩，分别获得20 个和24 个席位（共124 个席位），但大部分席位由独立人士获得，复兴党和共产党的候选人都以微弱劣势落选。该大选反映出叙利亚政治力量结构中传统的民族主义力量仍占优势，部族及家族政治势力依然在延续，新兴政治力量仍很脆弱。

② 哈立德·阿兹姆是最著名的叙利亚改良主义中产阶层的领袖，推行了一系列有利于中下层的社会改革。详见 Tabitha Petran, *Syria*, *Nation of the Modern World*, London, Ernest Benn, 1972, p. 113。

四　政府软弱

"二战"后，初获独立的叙利亚不仅面临着普通国家战后重建的暂时性问题，还要面对刚刚获得独立、缺乏成熟可行制度的新国家要面对的诸多新问题。因此，在战后的国家建设中，叙利亚急需一个强有力的民族政府在国内对社会各方面进行改造，在对外事务上保卫本国的利益与安全。然而，叙利亚的议会民主制却造就了一个内部力量极不团结，政策难以制定并落实的软弱、无所作为且更迭频繁的政府。

从"二战"后到 20 世纪 50 年代末，叙利亚内阁更迭达 20 多次，这导致政府威信严重下降。政府不仅无力领导国内的经济建设，也无从应对错综复杂的地区与冷战时期国际局势的变化。由于叙利亚特殊的地缘政治地位，叙利亚在中东无法避免卷入地区冲突，又成为美苏争霸的冷战格局中双方竞相拉拢的对象。而政府在与伊拉克、埃及合并的问题，与土耳其的争端问题，同以色列斗争的问题，以及到底加入美国的巴格达条约组织或倒向苏联等问题上的犹豫不决引发了国内对政府的不满，政府内政外交上的软弱地位严重削弱了政府和议会民主体制的合法性。

五　战争、政变对议会民主制的瓦解

这一时期，巴勒斯坦战争的失败与 1949 年起军事政变的频发，进一步瓦解了叙利亚的议会民主制度。

1947 年 11 月 29 日，联合国大会在美国操纵下通过了"巴勒斯坦分治计划决议"。12 月，阿拉伯联盟①在开罗开会，决定联合抵制旨在破坏阿拉伯统一的巴勒斯坦国家的成立。1948 年 5 月 14 日，犹太复国主义领袖大卫·本·古里安正式宣布"以色列国"成立。次日，阿拉伯军队②进入巴勒斯坦，并扬言要迅速摧毁以色列。然而，由于阿拉伯军队内部不统一③、组织不善、武器落后且过分自负，因而不敌受到美国大力援助、进

---

① 阿拉伯联盟是由叙利亚和其他国家于 1945 年建立用于协调阿拉伯之间政策。

② 主要包括埃及、外约旦、伊拉克、叙利亚和黎巴嫩等国的军队，最初总计出兵 4.2 万人，以色列战斗人员只有 3.4 万人。

③ 例如，外约旦国王提出欲将巴勒斯坦与外约旦合并引起了极大的内部争执。此外，甚至战后还有对埃及、叙利亚军队腐败的控告。详见 Derek Hopwood, *Syria 1945—1986, Politics and Society*, Oxford, Unwin Hyman Ltd, 1988, p. 33。

行生死之战的以色列人，最终败下阵来。

巴勒斯坦战争的失败从某种程度上导致了叙利亚、埃及两国的旧政府走向终结。埃及与叙利亚的青年阿拉伯军官将战争的失败看作是极大的耻辱，认为责任在于本国政府的领导及"腐朽的"政治系统，于是分别开始蓄谋发动政变。在埃及，自由军官用了四年来计划和实施政变，最终于1952 年推翻了旧政府。而在叙利亚，战争的失败加剧了民众对政府的不满，反政府的暴动和袭击遍布整个叙利亚，青年军官以"国家守护者"的形象受到了普遍拥护，人民认为只有这些年轻军官体现了国家的荣誉与合法性。很快，激进的军官与政党开始了其对政治的干预与对民主体制的挑战。

1948 年12 月，叙利亚内阁总理贾米尔·马德姆辞职。1949 年3 月30 日，由美国支持的叙利亚军事总参谋长胡斯尼·扎伊姆上校发动了叙利亚独立后首次军事政变，破坏了叙利亚民主的政治土壤，使军队从此开始干政。1949 年7 月，由英国策动的叙利亚陆军中将萨米·兴纳维发动了军事政变，推翻了他谴责的"暴君扎伊姆及其小集团"[1]。政变成功后，兴纳维将军敦促军队退出政坛，鼓励还政于民。他撤销党禁，组建以哈西姆·阿塔西为首的人民党新政府，并于1949 年11 月15 日开始举行立宪会议选举，启动起草独立后第一部宪法的工作。[2] 但没等新宪法出台，兴纳维就被由美国支持的叙利亚陆军上校阿布迪·希沙克里于1949 年12 月19 日发动的军事政变推翻了。1949 年发生的三次军事政变，使叙利亚原本就十分脆弱的宪政体制发生了动摇，叙利亚政治进入急剧动荡的时期。

希沙克里政变后宣布继续保留"议会政治"，但实则在幕后控制议会和阿塔西总统。[3] 1950 年5 月，叙利亚正式颁布独立后第一部宪法。宪法宣称叙利亚为阿拉伯议会民主制共和国，进一步确认了公民具有言论、出版、结社、集会的自由权利以及就业权、免费义务教育权及社会福利等经

---

① P. Seale, *The Struggle for Syria*, London, I. B. Tauris, 1986, p. 76.

② 选举中，妇女首次获得了选举权，且人民党获得多数，叙利亚社会民族党、复兴党及穆斯林兄弟会各赢得一个席位。

③ Tabitha Petran, *Syria*, *Nation of the Modern World*, London, Ernest Benn, 1972, pp. 96—105.

济社会权利。虽然这部宪法具有深远意义，① 但并没能挽救叙利亚衰落的政体。1951 年秋，美国向叙利亚施压，胁迫其参加"中东司令部"，亲美的希沙克里与人民党政府及人民党控制的议会之间的分歧加剧。1951 年 11 月 19 日，希沙克里二度发动政变，将所有政权交给军队，并从幕后走向台前，驱逐阿塔西总统，自任国家最高领导人，成了叙利亚第一个真正的军事独裁者，开始了近三年的军人独裁统治。他解散议会，实施党禁，废除最高法院，并于 1953 年颁布新宪法②以给予其政权合法性。然而，希沙克里的专制统治引起了民众的不满与起义，③ 他最终于 1954 年 2 月被迫辞职。虽然希沙克里建立了军人独裁政治，但却没能建立起一个稳定的或被大众承认的行政管理系统，但他的统治使叙利亚宪政体制遭到进一步破坏。

第四节　"阿拉伯民族主义"与"国家民族主义"的较量

作为"阿拉伯民族主义"的发源地，叙利亚的现代民族国家构建进程一直深受该思想影响。1919 年 7 月，费萨尔统治时期召开的全国代表大会通过的大会纲领便明确提出要在"天然的叙利亚"疆界内建立独立的叙利亚国家，同时倡导阿拉伯统一原则，要求叙利亚与独立的伊拉克在

---

①　这部宪法确立了独立后 10 多年叙利亚政治制度及政体的基本模式——议会民主共和制政体，并成为以后叙利亚制定宪法的蓝本。此外，立宪会议拒绝了在宪法中确认伊斯兰教为国教和宣布伊斯兰法为司法及法律主要依据，仅接受以共和国总统应是穆斯林的条款，从而奠定了延续至今的世俗化共和制政体的基础。

②　这部宪法与 1950 年宪法最大的区别是实行总统直接选举制，它改变了以往总统由议会选举的制度，是叙利亚由议会民主制向总统共和制转变的一次预演。

③　希沙克里试图掌控叙利亚全部事务，加快国家现代化进程，达到真正的内部统一。为此他对宗教少数派及少数民族强制实行同化政策，废除部落酋长及贵族的政治、宗教和经济等特权，这使从前在叙利亚安全生活的一些少数派成员感到他们的地位受到了威胁。希沙克里除了加紧控制社会活动如取缔穆斯林兄弟会，还对外国人、教育和宗教活动进行严格的监管，如强行将外国人及私人开办的学校及教育机构纳入政府的管制之下。1953 年 7 月，曾是希沙克里支持者的来自阿勒颇、哈马和德鲁兹山区的人联合起来反对他，在 1954 年 1 月德鲁兹山区首先爆发反独裁起义后，2 月 25 日，穆斯塔法·哈姆敦领导阿勒颇驻军发动兵变。详见 P. Seale, *The Struggle for Syria*, London, I. B. Tauris, 1986, p. 141。

经济上实现统一。① 法国委任统治后期成立的叙利亚历届民族政府也都表示要在原"天然的叙利亚"领土上实现独立与统一，并表达了阿拉伯统一的愿望。我们可以发现，上述行为实际隐含了三种"民族主义"思想，即"阿拉伯民族主义""（大）叙利亚主义"以及叙利亚的"国家民族主义"。

实际上，这三种"民族主义"思想不是割裂的，而是有千丝万缕联系的。首先，在叙利亚人当时的观念中，"（大）叙利亚"地域本来就是历史上紧密相连的统一的地区，因此他们坚持叙利亚应在"天然叙利亚"疆界上实现统一；其次，由于叙利亚是阿拉伯民族主义的发源地，费萨尔这个"阿拉伯民族大起义"的领袖也在叙利亚建立了首个现代阿拉伯国家，因此阿拉伯民族统一的思想已经在上层知识分子中获得了很大认可；再次，由于叙利亚长期受殖民、压迫的历史现实，叙利亚阿拉伯民族主义者及知识分子只能从具体情况出发，首先争取在现"叙利亚"领土上的独立，这便形成了实际操作上的叙利亚"国家民族主义"；最后，这些争取叙利亚"国家独立"的"阿拉伯民族主义者"往往打着"阿拉伯民族起义"的旗号进行反抗殖民主义和争取独立的斗争，并时刻表明他们的目标是实现在"天然的叙利亚"疆界上的独立，并号召实现阿拉伯民族的统一。因此，这三种"民族主义"是相伴而生，互相影响的。但同时，它们之间也有矛盾和竞争，而本书出于审视"阿联"建立过程的需要，主要论述以复兴党为代表的泛阿拉伯民族主义与叙利亚国家民族主义之间的较量。

一　复兴党与"阿拉伯复兴社会主义"的诞生

复兴党与阿拉伯复兴社会主义的诞生是叙利亚乃至阿拉伯世界政治社会发展的产物。第一次世界大战后，阿拉伯世界原主张阿拉伯统一的政党和团体相继解体，各受委任统治的地区的民族主义运动开始主要以争取本地本国的独立为斗争目标。然而，叙利亚由于历史上是"阿拉伯民族主义"的发源地与阿拉伯民族主义运动开展得较为先进的地区，再加上叙利亚在阿拉伯东方重要的地缘地位以及叙利亚人民心系亚历山大勒塔地区的归属问题等原因，叙利亚的阿拉伯民族主义政党及各种政治力量一直十

---

① Tabitha Petran, *Syria*, *Nation of the Mordern World*, London, Ernest Benn, 1972, p. 54.

分活跃。20 世纪 20 年代以来各种政党与社会力量纷纷登上政治舞台，比较有代表性的有 1927 年成立的以大地主、大资产阶级为主的有较大影响的"民族联盟"、1925 年成立的阿拉伯独立党（前身为"青年阿拉伯协会"，简称"法塔特"）、1919 年成立的人民党、1932 年成立的叙利亚民族社会党和 1933 年成立的民族行动联盟，等等。

与此同时，以米切尔·阿弗拉克和萨拉赫丁·比塔尔领导的主要以教师和学生为主的激进的小资产阶级知识分子运动"阿拉伯复兴运动"开始出现。1935 年前后，阿弗拉克结合传统的阿拉伯民族主义、泛伊斯兰主义、马克思主义以及罗曼·罗兰等人的资产阶级自由主义等思想，并通过参加实际政治斗争提出一些自己的政治主张。1936 年，法国同叙利亚民族联盟达成协议，允许叙利亚以独立国家形式建立自治政权。但 1939 年法国委任统治当局又恢复了对叙利亚的直接统治，并将亚历山大勒塔非法并入土耳其领土。而阿弗拉克与比塔尔自 1936 年起，开始撰文抨击民族联盟政府以及叙利亚共产党支持法国委任统治当局及民族联盟政府的立场。[①] 此外，阿弗拉克由于家庭影响，强烈反对法国将亚历山大勒塔分离出叙利亚的做法。[②]

1941 年年初，阿弗拉克和比塔尔开始以"阿拉伯复兴运动"的名义从事具有政党性质的政治活动。1943 年，法国宣布叙利亚独立，同年，阿弗拉克将他领导的"阿拉伯复兴运动"首次称为"党"，并提出党的口号为"统一的阿拉伯民族，具有不朽的使命"。[③] 20 世纪 40 年代，阿弗拉克和比塔尔在第二次世界大战期间广泛盛行的社会主义思潮[④]、阿拉伯民族解放运动的影响下，逐渐完善了他们关于"阿拉伯复兴社会主义"的思想。1947 年 4 月，阿拉伯复兴党在大马士革召开第一次代表大会，

---

① 阿弗拉克早年比较支持叙利亚共产党。他 1933 年从法国留学回国后，曾同叙利亚共产党一些负责人共同创办了《先锋》杂志，并参加具有叙共倾向的《天天》报刊的撰稿工作。

② 亚历山大勒塔与叙利亚有着紧密的商业联系，自古就是叙利亚的一部分。阿弗拉克的父亲是一名商人，因此阿弗拉克对亚历山大勒塔问题上的立场非常鲜明。

③ 王新刚：《20 世纪叙利亚政治经济对外关系嬗变》，西北大学出版社 2003 年版，第149 页。

④ 西方的殖民主义使叙利亚人民长期对西方具有排斥心理，而社会主义苏联不仅在"二战"中获得胜利，还在经济社会等方面都呈现出生机勃勃的景象，因此一些阿拉伯民族主义思想家也开始思考走社会主义道路的可能性。

正式宣告阿拉伯复兴党的成立,① 且以"阿拉伯统一、自由和社会主义"三大目标为中心的阿拉伯复兴社会主义理论体系正式建立。复兴党开始以政党的形式登上叙利亚历史舞台。它的重要性在于其建立者来自新一代的支持广泛的阿拉伯民族事业的民族主义者，而不是由家族或地域联系在一起的旧精英。

二 "国家民族主义"的实践

如果说费萨尔建立的民族政府还是阿拉伯民族主义的实践，那么从1936 年叙利亚被允许在法国委任统治下建立民族政府起，叙利亚就已经开始"国家民族主义"的实践了。1943 年，法国当局宣布叙利亚独立，恢复其宪法和议会，民族联盟领袖库阿特里当选为总统。此后，叙利亚陆续获得美、英、苏等大国及其同盟国的相继承认。1945 年，叙利亚以独立主权国家的身份对轴心国宣战，并于1946 年终于获得了彻底的独立。

叙利亚独立后，国家在政治上先后进行了议会选举，颁布了宪法，建立了议会民主制度；在经济上加大建设力度，农业上大规模兴修水利，使水浇地比"二战"前增加了近 3 倍。农业投资迅速增长，生产的集约化与机械化程度不断提高，农业的商品化进一步发展；工业、商业和交通运输业发展迅速，50 年代前期，工业增长率高达 12%，国民收入增长率为5%—6% ;② 此外，国家大力投资教育、军事建设，同时官僚人数也开始膨胀。在对外关系上，也参与了包括巴勒斯坦战争在内的地区事务，并逐渐发展"中立主义"外交，寻求与所有国家建立良好关系，保证叙利亚的独立，拉近与苏联的关系并从东方阵营获得武器，从而使叙利亚可以在外交上更灵活机动。

虽然独立后，叙利亚的政治混乱、政府软弱且政变频发，但总体上历届政府包括军事独裁政府仍在努力进行叙利亚国家的建设。而且 1950 年宪法、1953 年宪法都对日后叙利亚的政治发展产生了很大影响。因此可以说，叙利亚从委任统治时期的民族政府一直到 20 世纪 50 年代的政府都在不断地进行国家民族主义的实践。

---

① 此后确定大会闭幕后的第二天即 4 月 7 日为复兴党建党日。

② Raymond A. Hinnebusch, *Authoritarian Power and State Formation in Ba'thist Syria*, Boulder, Colo, Westview Press, 1990, p. 50.

三　"阿联"的建立——"阿拉伯民族主义"对"国家民族主义"的胜利

虽然传统精英想方设法进行国家构建，但由于政府内部斗争激烈，尤其是传统精英与新中产阶层官僚之间的斗争①，削弱了前者对国家的有效控制。此外，由于政府长期不吸纳百姓进行政治参与，因此无力单独应对叙利亚将爆发的国内危机，② 只能由以军人及复兴党为代表的新兴精英阶层来为国家谋求出路。

复兴党自独立以来一直在积极地进行政治参与及政治斗争，并加强自己的力量与组织，以期将来自己能统治叙利亚并将"复兴社会主义"思想体系付诸实践。复兴党的成员基本是来自城市中的逊尼派穆斯林、阿拉伯基督徒以及农村的中产阶层，特别是德鲁兹地区（如阿特拉什家族）和拉塔基亚地区的阿拉维派中农阶层和城镇小工商业者，同时他们还赢得了学生、军事院校士官生以及新中产阶层官僚的拥戴，③ 因此该党主要代表社会中下层的政治利益。对于独立初期的国家政治，复兴党坚持宪政体制下的议会民主制、民族的现代化和国家的世俗化等，他们在这一时期尚未明确将复兴社会主义作为立国原则。

与此同时，来自哈马的阿克拉姆·豪兰尼于 1945 年创立的阿拉伯社会党也较有影响力。该党坚决主张国家的外交主权独立，拥护宪政体制下的议会共和制。虽然它不是泛阿拉伯政党，但其有些观点与阿拉伯复兴党相近，接受社会主义与阿拉伯统一的理念。阿拉伯社会党的主要支持者是军队的年轻成员以及哈马周围的农民和村民。

1953 年，阿拉伯社会党和阿拉伯复兴党两党实现合并，称阿拉伯复兴社会党，仍简称复兴党。两党合并使复兴党获得了新的政治资源，提升了它在农村及军队中的影响力，特别是军事院校中贫苦出身的士官生们逐

---

① 传统精英与国家行政官员较易在诸如国家是否增大经济干预的问题上产生冲突。新中产阶层官员为了获得更大权力还要求政府制定公共事务法。

② Raymond A. Hinnebusch, *Peasant and Bureaucracy in Ba'thist Syria*, *The Political Economy of Rural Development*, Boulder, Colo, Westview Press, 1989, p. 17.

③ C. Ernest Dawn, "Ottoman Affinities of 20th Century Regimes in Syria", *Palestine in the Late Ottoman Period*, *Political*, *Social*, *and Economic Transformation*, David Kushner ed., Leiden, E. J. Brill, 1986, pp. 183—185.

渐成为复兴党积极的追随者和骨干力量，而他们在此后叙利亚的政治生活中逐渐发挥出显著作用。

1954 年，希沙克里下台后流亡国外后，阿塔西复任总统，党派政治重返政治舞台，军事独裁表面上淡出了历史。1954 年 3 月，阿塔西废除独裁时期宪法（1953 年宪法）①，恢复了 1950 年宪法①，并组建人民党控制的，由人民党、国民党及独立人士共同参与的联合政府，继而积极准备在叙利亚举行新议会的选举。

在 1954 年 9 月选举之前，政治党派活动日益活跃，包括老牌的国民党和人民党、新兴的复兴党和共产党在内的各党派都安排了候选人参加选举，例如国民党推选的库阿特里、复兴党推选的比塔尔和豪兰尼等。结果，传统政治力量在选举中受挫，新兴左翼党派及中间派独立人士在选举中所获席位上升。独立候选人赢得多数（64 个席位），接着是人民党（30 个席位）、复兴党（22 个席位）和国民党（19 个席位）。② 这次选举被认为是阿拉伯世界最为公正和自由的选举，它标志着叙利亚政治再次回到了民主政治的轨道，该选举的重要意义还在于复兴党开始作为一股独立的政治力量出现在叙利亚政治舞台上。虽然新总理法里斯·库里未能说服复兴党成员加入其政府，但他们的思想体系或至少其形式将对日后的叙利亚政治生活产生重要影响。

20 世纪 50 年代的叙利亚在政治上正处于艰难时期，有许多不同道路摆在它的面前，但国家精英对到底选择哪条道路无法达成一致意见。而纳赛尔在 1952 年革命后统治埃及后，他作为一个推翻了旧的腐朽政府、结束了英国对埃及的占领，又依靠苏联支持追寻相对独立的国家政策的年轻军官的形象一下子成为新阿拉伯世界的标志，同时他本人也因其民族精神在中东阿拉伯国家的影响力与日俱增。纳赛尔拒绝与西方联盟，并开始被认为是阿拉伯以及不结盟运动的领袖，阿拉伯任何国家都无人有此等地位。

由于当时埃及和沙特出于反共产主义及反巴格达条约等目的，急于将叙利亚拉入埃及领导的阿拉伯集体安全体系中，而叙利亚人也正在寻求能

---

① 1950 年宪法宣称叙利亚为阿拉伯民族的一部分，实行议会民主政体，为阿拉伯议会民主共和国，这客观上反映了泛阿拉伯民族主义在叙利亚的影响。

② Derek Hopwood, *Syria 1945—1986: Politics and Society*, Oxford, Unwin Hyman Ltd, 1988, p. 37.

将其国家拖出国内危机的泥沼的政治强人。而且，鉴于叙埃此时都反对西方条约，都从苏联获得武器，并都将打败以色列作为主要政治目标，叙利亚和埃及很快拉近了距离。于是越来越多的叙利亚人认为让纳赛尔来做叙利亚领袖是解决本国所有问题的好办法，复兴党更是将与其联合看作是实现他们的宏伟的阿拉伯统一梦想的基础。

1955 年 8 月，埃及和沙特支持的老牌政治家库阿特里当选总统。由于库阿特里长期流亡埃及，与纳赛尔建立了深厚的友谊，因此具有浓厚的亲埃情结。1955 年 10 月，埃叙签订了一个军事条约。虽然纳赛尔"刚开始很勉强，他担心叙利亚政党间的矛盾会阻挠缔结这一协定"①。

尽管如此，叙埃联合之路并不平坦，虽然纳赛尔和叙利亚的复兴党都号召阿拉伯世界的统一，但两个国家的传统资源和规模都非常不同，且纳赛尔思想中的"阿拉伯统一"是在他的领导下的阿拉伯民族的统一。于是，如果要统一，叙利亚也不可能成为埃及的平等伙伴。但复兴党受自己的"泛阿拉伯主义"信仰驱使，强烈要求两国实现完全统一。由于复兴党力量的壮大以使其在叙利亚政治统治中不可或缺，因此当 1956 年 7 月摇摇欲坠的政府垮台后，新的民族联合政府只能在复兴党支持下建立。而复兴党领导人阿弗拉克表明他们愿意进入民族联盟政府，但条件是政府答应埃及与叙利亚之间达成联邦。叙利亚下议院马上表示赞成，并通过了希望政府"成功追随这条神圣道路，带领我们在不远的将来实现所有阿拉伯国家的阿拉伯人民等待已久的目标"②的决议。

1956 年 7 月纳赛尔将苏伊士运河国有化，这被叙利亚看作是对阿拉伯统一事业的支持，复兴党遂开始寻求与埃及合并，军队也出于增强自身实力的考虑予以支持，这在当时大部分社会资源与政治权力都掌握在传统势力手中的叙利亚至关重要。同时，苏伊士危机使英法势力离开中东，从而给这一地区带来了有待填补的权力真空，美国人担心苏联在该地区的影响力会无限扩大。因此，1957 年 1 月，艾森豪威尔总统宣布美国将对其认为被国际共产主义"威胁"的中东国家提供援助，这些国家包含接受援助的沙特阿拉伯以及拒不接受援助的埃及和叙利亚。叙利亚一方面抵抗

---

① M. Riad, *The Struggle for Peace in the Middle East*, London, Quartet, 1981, p. 9.

② Derek Hopwood, *Syria 1945—1986*, *Politics and Society*, Oxford, Unwin Hyman Ltd, 1988, p. 38.

美国压力不接受艾森豪威尔援助，另一方面于 1958 年派代表去开罗再次洽谈联合事宜。

由于叙利亚弱小、分裂且无领袖，处于强势位置的纳赛尔就成了联合后领导人的唯一人选。因此他提出自己对埃叙联合的条件：完全统一，废除除他领导的民族联盟外的所有政党，叙利亚军队退出政治参与。颇具讽刺意味的是复兴党接受了第二个条件，军队接受了第三个条件。于是，1958 年 2 月 1 日，纳赛尔总统和库阿特里在开罗宣布阿拉伯联合共和国（简称"阿联"）正式成立。纳赛尔说："今天，阿拉伯民族主义不再是口号和呐喊，它成了事实；今天，叙利亚的阿拉伯人民和埃及的阿拉伯人民成立了阿拉伯联合共和国。"联合公报上更宣布："参与者对他们协助在通向阿拉伯联合的道路上走出了积极的一步感到无比自豪和万分高兴。"①"阿联"的建立可谓是复兴党理论的成功实践，"阿拉伯民族主义"达到顶峰。

---

① Derek Hopwood, *Syria 1945—1986: Politics and Society*, Oxford, Unwin Hyman Ltd, 1988, p. 40.

第二章

探索阶段的后期(1958—1963 年)

1958 年 2 月,"阿联"宣布建立,叙埃两国实现合并。"阿联"的建立再次改变了叙利亚政治发展进程,资产阶级议会民主制又一次发生逆转,开始了复兴党"阿拉伯民族主义"的实践。叙利亚民族国家的政治构建进入一个特殊历史时期。但由于纳赛尔大权独揽,叙利亚国家的权利和自由受到极大损害。原先受"阿拉伯民族主义"思想驱动,支持叙埃统一的叙利亚复兴党人与军官,又因为"国家"与其自身利益受损,而开始进行脱离"阿联"的活动,1961 年 9 月,叙利亚军人集团发动政变,宣布中止与埃及的合并。随着这一进程,复兴党内部发生严重分裂,复兴党内激进的一派最终于 1963 年发动政变,掌握了国家领导权。

第一节　国家民族主义的上升与脱离"阿联"

1958 年 2 月叙埃两国全民投票通过了联合,且纳赛尔以 99.9% 的多数当选"阿联"总统。但很快,纳赛尔的"阿拉伯民族主义"就与叙利亚人的"阿拉伯民族主义"的构想发生了冲突。

一　纳赛尔对叙利亚的专制统治

"阿联"临时宪法赋予纳赛尔极大权力,宪法规定:"总统是国家首脑、(联合)军队力量的最高长官,他可以任命一个或多个副总统及解除其职务,他可以任命和解雇部长并有权解散民族代表大会。"[1] 由于纳赛

①　Derek Hopwood, *Syria 1945—1986: Politics and Society*, Oxford, Unwin Hyman Ltd, 1988, p. 41.

尔奉行的"阿拉伯民族主义"是建立在埃及领导下的"阿拉伯民族"的统一，因此，在这种思想的指导下，纳赛尔将"阿联"分为南北两个地区，开罗为首都，并不允许复兴党独自行使领导权。在 1958 年 10 月的新内阁中，21 个部长有 14 名为埃及人，且均处于重要位置。这种不平等关系成了日后埃叙所有问题的根源。

纳赛尔对叙利亚的管理完全照搬对埃及的管理方式。面对叙利亚纷杂的国内问题，纳赛尔的解决计划就是使用警察监管和军政府管制。纳赛尔完全不顾叙利亚人民的感情，解散叙利亚政党、罢免叙利亚军官，派遣埃及安全及情报官员到叙利亚，建立强大的安全网络，对叙利亚进行管制，叙利亚民众完全没有政治自由可言。

二　国家民族主义的上升

纳赛尔的专制统治引起了叙利亚人民及政党、军人的不满。复兴党、叙利亚军官等这些曾经主张与埃及实现统一的人因为"国家"权力的丧失而逐渐萌发了"国家民族主义"的思想。叙利亚前总统库阿特里表示："我曾希望在新政府中分担职责，并促使其他阿拉伯人民进入'阿联'，但我极其失望……纳赛尔主义者将大批人列入卖国者行列，使用恐怖主义管理并粗暴地对待公民的荣誉和尊严……民族代表大会唯一的作用就是批准上级下达的决议……他们不明白适用于埃及的并不适用于叙利亚。"[1]

事实证明，叙利亚的脆弱的议会民主制与埃及的唯一领袖和一党制这两种截然不同的政治制度确实无法融合。在这种感受的驱使下，叙利亚不满于农业改革的地主、失去了权力的政治家、商人和军队开始疏远纳赛尔，准备重新脱离阿联而恢复叙利亚"独立的国家"的地位。1958 年 12 月，复兴党员从政府辞职，军队成员则开始密谋让叙利亚脱离"阿联"。

1961 年 9 月 28 日，阿卜杜勒·凯里米·纳赫拉维中校和空军旅长穆瓦法克·阿萨萨等人领导了要求叙利亚自治的军事政变。在纳赛尔拒绝其要求后，纳赫拉维正式宣布脱离"阿联"。为了显示叙利亚仍忠于阿拉伯民族主义，将国家更名为"阿拉伯叙利亚共和国"（合并前称叙利亚共和国）。[2]

---

[1]　M. Kerr, *The Arab Cold War*, London, Oxford University Press, 1971, p. 45.

[2]　Tabitha Petran, *Syria*, *Nation of the Mordern World*, London, Ernest Benn, 1972, pp. 151—152.

这是叙利亚"国家民族主义"的一次成功。

三　复兴党的分裂

由于在是否脱离"阿联"问题上的分歧，复兴党出现严重分裂。以豪兰尼为首的复兴党左翼坚决支持脱离"阿联"，最终于1962年5月与阿弗拉克和比塔尔领导的右翼正式分裂。支持统一的复兴党另一领导人萨米·苏凡则宣布脱党，另组亲纳赛尔的社会主义联盟运动。此外，"阿联"时期在埃及成立的复兴党军事委员会从支持脱离"阿联"转变为后来要密谋推翻"分裂者政府"。这一系列的分裂其实都是"泛阿拉伯民族主义"与叙利亚"国家民族主义"斗争的结果。

此后，叙利亚还不断有纳赛尔主义者及其他人倡导与埃及甚至伊拉克实现联合，但最终，"国家民族主义"已经深入人心，叙利亚人不愿再放弃自己国家的主权，因此，此后叙利亚没有再出现任何关于"阿拉伯统一"的有意义的尝试。

第二节　议会民主制度的衰亡与国家的建设

"阿联"的建立与接下来军事政变的频发一步步地使叙利亚议会民主制最终走向衰亡。但是在这一过程中，各届政府也独立进行一些改革，客观上推动了叙利亚的国家建设。

一　纳赛尔时期的激进改革

1958年3月13日，"阿联"建立后不久便颁布法令，解散所有政党，确立纳赛尔对叙利亚的独裁统治。此外，纳赛尔认为，要想解决叙利亚政治动荡仅仅实现政治联合是不够的，还需要实施可以在根源上消除动荡的新的政治经济方案。为此，1958年9月，"阿联"政府制定了《土地改革和农业关系法》，[①] 在叙利亚强行推行土改；1961年7月，纳赛尔颁布

---

① 其中的改革方案几乎无法执行，例如改革方案中规定叙利亚不到5%的土地要分配给大约5000个家庭。详见 Tabitha Petran, *Syria, Nation of the Mordern World*, London, Ernest Benn, 1972, pp. 136—137。

"社会主义者法令"，对叙利亚银行、保险公司和少数工业公司进行国有优化，广泛的商人、农民和劳工的团体组织系统设立了基金。纳赛尔的国有化改革总体上严重损害了中产阶层的利益。[①]

纳赛尔在叙利亚实行的一系列较为激进的改革，客观上加强了叙利亚政府对政治、经济的控制，有利于其民族国家的构建。1961 年叙利亚脱离"阿联"后，这些改革多半都被废除了，但其中有些改革理念如国有化政策已经深入人心，而抑制政党活动又成了接下来很多政府奉行的宗旨，所有这些改革都对日后叙利亚国家的建设产生了深远影响。但这些改革最重要的是进一步削弱了叙利亚的议会民主制。

二　军事政变频发

希沙克里时期对军队的现代化加大了军人参与政治的意识，导致军事政变常有发生。1961 年 9 月 28 日，纳赫拉维和阿萨萨等人政变脱离"阿联"后，纳赫拉维军人集团在叙利亚工业资产阶级、金融资产阶级及地主阶级上层的拥护下，组建了以国民党、人民党为主体的新政府，新建立的国家安全委员会为国家实际最高权力机构。11 月，新政府宣布举行议会选举，但禁止政党活动。在议会选举中，人民党（33 席位）与国民党（21 席位）获得席位最多，穆斯林兄弟会也获得 10 个席位，组建以人民党为主的政府。正当政府宣布取消紧急状态法，恢复民主自由，准备协商组建新政府时，1962 年 3 月 28 日—4 月 3 日，叙利亚一周内发生了三次军事政变，主要诉求是恢复土地改革和国有化运动，但其客观上加速了议会民主制的衰亡。

三　阿兹姆的改革

1962 年 9 月 14 日，叙利亚宪政体制下最后一届国民议会复会，经过议会信任表决，哈利德·阿兹姆组建各党派联合政府，[②] 并开始实施一系列改革，试图恢复和推动民主制度。具体改革有：第一，承诺取消紧急状态法，恢复民主机制，筹备新议会选举；第二，加快土改进程，免除土改

---

① Itamar Rabinovich, *Syria under the Ba'th* 1963— 66, *the Army – Party Symbiosis*, Jerusalem, Israel University Press, 1972, p. 19.

② 复兴党与共产党被排除在外，政府上台伊始，穆斯林兄弟会及大资本家联手反对政府改革，复兴党、纳赛尔主义者则联合谴责政府。

中受益农民 10% 的土地转让金；第三，重树工商业者的投资信心，鼓励私营资本参与经济建设，在确保工人基本权利的前提下向私人资本家承诺不再实行进一步国有化；第四，加大基础建设，修建幼发拉底河大坝工程，设立专门机构研究组建国家石油公司，开发杰齐拉油田，筹备塔尔图斯海港扩建工程；第五，采取灵活的外交，争取外国贷款支持。政府与西德谈判贷款建设基础设施，与英国公司签订建设粮仓的贷款协议，与中国、捷克斯洛伐克等社会主义国家签署贷款协议，等等。

　　然而，由于政府内部的分歧，穆斯林兄弟会与社会主义党派人士纷纷退出内阁。1962 年 2 月 8 日，伊拉克复兴党及纳赛尔主义者成功发动政变，使叙利亚阿兹姆政府危机加深。① 最终，1963 年 3 月 8 日，赛义德·哈里里少校联合复兴党策划并发动了政变，复兴党政府后来称之为"三·八革命"。它结束了叙利亚议会民主政治，叙利亚国家政治进程开始发生转变，其政治体制逐渐向军政体制发展。

---

① 此时，阿兹姆重病缠身，阿兹姆政府群龙无首，已无力控制局势。

本 编 小 结

总的来说，叙利亚独立的探索阶段是一个过渡阶段，这一时期叙利亚在政治上建立了中央政府与地方行政体系，基本实现了对一个初获独立的民族国家的初步构建。

在政治体制上，叙利亚进行了议会民主制、军人独裁统治等尝试，其结果证明在当时的叙利亚社会，既无社会根基又发生了严重异化的议会民主制无法塑造强有力的政府，而完全的军人独裁也无法获得合法性。在意识形态上，国家不断在"阿拉伯民族主义"与"国家民族主义"的斗争中徘徊，最终在复兴党"阿拉伯民族主义"思想的指导下实现了与埃及的联合。虽然埃叙两国建立的"阿联"是短命的，但它是复兴社会主义的一次重大实践，后者所倡导的"阿拉伯统一"理念在当时具有一定社会凝聚力，缓和了叙利亚国内的矛盾。甚至"阿联"时期使用的国旗后来又被阿萨德用来作为国旗，表明这段特殊历史在当时叙利亚人心中的重要性。在经济上，政府对一些重要的国民经济部门实行了国有化，并使农业、工业、运输业有所发展，虽然大多数政策均有利于决策者即"传统贵族"的，但仍旧促进了民族经济的发展。此外，这一时期叙利亚大力投资教育，培养了大批接受现代教育与爱国教育的新中产阶层，这些人将在日后叙利亚的政治中发挥重要作用。

这一时期除了"阿联"的建立，政治上还有一个最引人瞩目的变化就是复兴党实力的壮大和军人开始正式登上政治舞台。在独立初期，复兴党虽然开始崛起，但还不具备独立领导国家的能力，军人亦是如此。于是，都是新兴精英的两个团体联合起来，领导国家与埃及实现了统一，但当二者想要统治叙利亚的政治诉求没有得到满足时，其中一些激进分子又发动政变使国家脱离了"阿联"。所以，可以说，叙利亚政治精英在做出政治选择之时虽然也有意识形态的影响，但真正让他们做出抉择的仍是各自集团的利益。

　　这一时期族群发生的主要变化是阿拉维派实力的进一步上升与库尔德人运动的再次升温。由于在法国委任统治时期，阿拉维派构成了军队的主力，于是独立后军人实力的上升其实也意味着阿拉维派实力的增强。而由于这一时期复兴党提倡的"统一、自由、社会主义"的"复兴社会主义"影响的扩大，其强调阿拉伯民族的统一，倡导所有民族、部落、教派、地域、阶层都融入"阿拉伯民族"中的观念及在这种观念下推行的阿拉伯化政策使库尔德民族主义斗争在20世纪50年代开始出现，并成立了库尔德民族主义组织。其中最有影响力的是1957年6月成立的库尔德民族党，自此，"库尔德民族主义"成为影响叙利亚民族国家认同的又一问题。

第四编

复兴党统治阶段：从军政体制到威权政体、弱威权政体

第一章

复兴党统治初期(1963—1970年)

从 1963 年"三·八革命"复兴党掌权之后到哈菲兹·阿萨德 1970 年
通过"纠错运动"上台之前，叙利亚现代民族国家构建主要取得两方面
成绩：一方面是使复兴党叙利亚地区领导机构成为实际上的叙利亚国家最
高决策机构，全国革命委员会（原名全国革命指挥委员会）为国家最高
权力机关，初步构筑起复兴党领导下党政合一的国家政治及体制结构的基
本框架；另一方面是通过土地改革、国有化运动等手段对叙利亚社会阶层
进行了再整合。虽然过于激进的改革引起了人民的不满，但它为此后通过
政变上台的哈菲兹·阿萨德继续缔结跨阶层的政治联盟奠定了基础。

第一节　复兴党军政体制的确立

这一时期军政体制的确立为日后叙利亚民族国家的构建、叙利亚的发
展产生了深远的影响。而复兴党一党专政的军政体制的建立又是在党派斗
争及复兴党内部斗争的过程中实现的。除了权力之争外，党派间及复兴党
内部对叙利亚国家道路选择上的分歧也是他们斗争的主要原因。

一　复兴党与纳赛尔主义者的分裂

"三·八"政变成功后，新的政权机构"全国革命指挥委员会"在新
临时宪法的框架下行使权力，其中融入了有复兴党高层、纳赛尔主义者[①]
等成员。一位当时并不知名的人士鲁亚·阿塔西任全国革命指挥委员会主

---

① 纳赛尔主义者政治团体主要包括阿拉伯民族运动、统一阿拉伯阵线和前复兴党领导人之
一萨米·苏凡领导的社会主义联盟运动等组织。

席兼军队总司令，比塔尔为内阁总理，哈里里任军队总参谋长，复兴党人阿明·哈菲兹出任"军事管制委员会"主席和内政部长。复兴党人实际占据了政府、全国革命指挥委员会、军事管制委员会的关键职位，成为真正的执政党。

然而，由于1963年发生的推翻叙利亚议会民主制的"三·八"政变，实际上是由复兴党秘密组织"军事委员会"成员及其追随者在没有党内老文官领袖及大众阶层的参与下与纳赛尔主义者及一些中立派军官一起发动的。而政变的主谋哈里里少校及纳赛尔主义者与复兴党军事委员会原本并没有共同的纲领和组织联系。因此，他们很快因为政见不和而发生了分裂。

推翻阿兹姆政权后，纳赛尔主义者迫不及待地要与埃及立即实现再统一，而复兴党对这一问题明显没有原来积极。叙埃双方起草了新的联盟宪章《开罗宪章》，但由于埃及表示不与复兴党政府统一，复兴党居主导地位的叙利亚政府遂将宪章执行时间向后延长。此举引起纳赛尔主义者的不满，紧接着他们在阿勒颇、大马士革发动暴乱，复兴党借机清除了军队中以逊尼派城市中产阶层为主的纳赛尔主义者及中立派军官，以农村少数派出身为主的复兴党军官从此在军队中占统治地位，复兴党"军事委员会"掌握了军队中的要害部门，军队逐渐开始彻底复兴党化。

此前，哈里里在出访阿尔及利亚期间被剥夺刚刚担任的国防部长和军事总参谋长之职，由阿明·哈菲兹接任其职。1963年7月18日，以复兴党军事委员会为主的政治力量推选阿明·哈菲兹任全国革命指挥委员会主席，标志着复兴党彻底取得了一党专政的执政地位，初步确立了复兴党党政合一的军政体制。

二　新旧复兴党人的分裂

复兴党取得政权后，党内出现了新旧两派：老的一派是以党的创建者阿弗拉克和比塔尔为代表的文官领袖，他们保守、温和，心怀阿拉伯复兴社会主义的理想，尊重私人财产，对城市和农村中产阶层采取妥协的态度；新的一派是以"军事委员会"为代表的青年军官，主要有萨拉赫·贾迪德、穆罕默德·乌马兰等，他们激进、崇尚改革，希望尽快在叙利亚实现向"社会主义"的转变。他们作为复兴党第二代新生力量被称为复兴党的"新左派"。

两派在诸如是否立即再次与埃及联合的问题，以及关于建立国内联盟和促进经济发展的相关问题上均持不同观点。1963 年 10 月，复兴党第六次代表大会召开，复兴党党纲与政策有大幅度修正。主要修正有：第一，以阿拉伯革命推动阿拉伯统一。鉴于叙利亚与埃及、伊拉克统一尝试的失败，新复兴党人认为统一不是简单的联合，而需要通过叙利亚领导深入的社会革命来奠定统一的基础，并向其他阿拉伯地区输出革命。[1] 第二，建立"社会主义"人民民主专政基础上的一党制。针对有些人对旧的议会民主制的感情，提出只有一党制才能为新的社会变革提供强有力的中央领导和大众参与。第三，在社会变革中引进"阶级斗争"。激进分子认为为了促进生产力的发展，必须对重要经济部门进行大规模国有化，并在社会中进行"阶级斗争"，打击资产阶级，从而实现"科学社会主义"。

复兴党六大的召开昭示着复兴党"新左派"已成为党内主流，且"新左派"军人直接接管了政府，阿明·哈菲兹取代比塔尔出任总理[2]，乌马兰任副总理和副总参谋长，贾迪德出任总参谋长。1964 年 2 月，复兴党叙利亚地区领导机构召开紧急代表大会，军事委员会 7 位成员通过选举进入 15 人组成的地区领导机构，从而复兴党叙利亚地区领导机构成为实际上的叙利亚国家最高决策机构，并初步构筑起复兴党领导下的党政合一的国家体制。

即便这样，阿弗拉克等复兴党元老仍控制着党的"民族领导机构"，具有相当大的政治影响力。1964 年春，哈马地区的保守势力首先发动反对复兴党的暴动，其他政治势力也逐渐卷入。比塔尔为了缓和矛盾允诺不再进行国有化改革，而该举动引起"新左派"强烈不满，党内矛盾加深。1964 年年底，复兴党民族领导机构召开会议，对党、政、军关系做出决议，规定军队不得干预党政事务。1965 年 4 月民族领导还召开"八大"，决定改组并扩大"全国革命指导委员会"。然而，由于复兴党民族领导机构在党和军队中缺乏有力的支持者，因此其与"新左派"的斗争注定要失败。1963—1966 年，由于复兴党内对叙利亚未来发展观点的分歧与派别之间对党和政府领导权的斗争，叙利亚频繁爆发国内政变，内阁更迭

---

① John F. Devlin, *The Ba'th Party*, *A History from Origins to 1966*, Stanford, Calif, Hoover Institution Publications, 1976, p. 220.

② 至此，阿明·哈菲兹已握有政府及军队 7 个关键职位。

18 次之多。①

最终，1966 年 2 月 23 日，叙利亚地区领导副书记贾迪德联合时任空军司令的哈菲兹·阿萨德等人发动政变夺取了政权，全国革命委员会主席哈菲兹、总理比塔尔、副总理乌马兰及其他民族领导机构的成员都被投入监狱。阿弗拉克、比塔尔等人以"叛徒"罪名在同年 9 月召开的"民族九大"上被驱逐出复兴党。老文官失去了他们在党内的领导位置，激进的军人派别强化了他们对国家机构的控制。这场党内斗争，归根结底是由激进派和温和派对社会变革以及对城市反对派的不同政治态度而产生的。斗争的结果，是代表新中产阶级和小资产阶级利益的激进势力掌握了政权，并依照他们的构想进行了一场自上而下的变革运动。

三　新复兴党人内部的分裂

1966 年政变后，新复兴党人重组国家政权机构，使复兴党地区领导机构控制下的全国革命指挥委员会享有包括任命国家元首、政府总理及内阁成员，行使立法权和行政权等最高国家权力。萨拉赫·贾迪德任复兴党地区领导党书记，掌握实权，努尔·阿尔丁·阿塔西任国家元首（总统委员会主席），新复兴党一党专政体制建立。② 然而，由于对叙利亚是否马上走激进主义道路态度上的分歧，新复兴党人内部再次产生分裂。

由于掌权的新复兴党人奉行激进主义政治方针，因此激进派的政治纲领得到确认，复兴党政府开始自上而下实施激进主义改革，③ 其内容主要有：第一，加强党的自身建设及党对群众组织的控制与领导。整顿党的组织结构，加强党的组织纪律与入党程序，确保党的"平民阶层"属性。复兴党的规模有很大发展，到 1968 年复兴党人数已达 3.5 万人。④ 同时，加强党对工会、农联、妇联等群众组织的控制与领导，利用这些组织进行政治动员与政治控制，从而进一步加强复兴党的政治力量。第二，工业实

---

① John F. Devlin, *Syria*, *Modern State in an Ancien Land*, Boulder, Colorado, Westview Press, 1983, pp. 55—56.

② Tabitha Petran, *Syria*, *Nation of the Mordern World*, London, Ernest Benn, 1972, p. 182.

③ 国内有学者称这段时间的政治体制为"列宁主义"模式。详见王彤主编《当代中东政治制度》，中国社会科学出版社 2005 年版，第 324—330 页。

④ Raymond A. Hinnebusch, *Authoritarian Power and State Formation in Ba'thist Syria*, Boulder, Colo, Westview Press, 1990, p. 133.

行国有化运动。继续推行对大中型企业、银行信贷、进出口贸易等领域中私营成分的国有化运动，其程度高达 75% 以上，很多中小私营企业及手工作坊都受到冲击。[①] 第三，农业实施土地改革。在农业领域，实行土地改革，将大地产收归国有，分配给无地少地的农民。此外，采取有利于农民的租佃关系以及稳定农产品价格等一系列改革措施。第四，加强基础设施与公共事业建设。国家制订第二个五年计划（1966—1970 年），加大国有投资力度，兴建了能源、交通、石化、水利等一大批基础设施，并在教育、医疗卫生及社会生活等方面也实施了许多有利于普通民众的改革。

然而，新复兴党人的"激进改革"并没有收到预期的效果，反而导致生产力降低。20 世纪 60 年代末，叙利亚国民经济增长率尚不足 1%，且国家外汇短缺，大规模国有投资无法为继，经济发展面临严重的困境。此外，新复兴党人在对外政策上也采取激进政策，认为为了巴勒斯坦的解放，必须输出"社会主义"革命，因此指责约旦、沙特等温和的王室政权向以色列"妥协"，并不考虑自身实力，坚决支持巴勒斯坦斗争，导致1967 年"六·五"战争失败，叙利亚惨失戈兰高地，"激进派"复兴党人的政权威信扫地，出现合法性危机。

1967 年战争后，新复兴党人内部以贾迪德和哈菲兹·阿萨德为代表的两派关于政治、经济、外交等方面路线的分歧加深，两人的权力之争迅速扩大化，以阿萨德为首的军官派别成功地将叙利亚商人、农民和工人并入他们的跨阶层联盟。最终，1970 年 11 月 13 日至 16 日，哈菲兹·阿萨德派军队逮捕了贾迪德等复兴党领导人，最终夺得国家领导权，后来老阿萨德政权称这次政变为"纠正运动"，长达 30 年的老阿萨德统治时期至此开始。

第二节 社会结构的变化

1963 年以后，叙利亚政坛展开激烈的权力角逐，复兴党政权又先后实施了一系列激进主义政策。他们在铲除异己，促使叙利亚政治、经济等方面发生激烈变更的同时，深刻地改变了叙利亚原来的社会结构，为民族

[①] Tabitha Petran, *Syria, Nation of the Mordern World*, London, Ernest Benn, 1972, p. 179.

国家构建带来了巨大的影响。总体来说，这一时期叙利亚社会结构的变化主要有以下几方面：

一　地主与资产阶层遭到削弱、农民阶层壮大

一方面，通过 1963 年革命以后的清洗以及后来激进政府的改革，叙利亚的大地主、大中资产阶层均受到了严重打击。土地改革使大地主阶层受到严重削弱，而大规模的国有化运动使城市及产阶层甚至中小私营资本也在经济上受到沉重打击。在以传统精英为主的民族主义者因在政治上被排挤而衰落的背景下，政府又进一步铲除了传统民族资产阶层赖以生存的经济基础，使其在经济上又遭到毁灭性打击。传统的大地主、工商业和农业资产阶级曾占人口的 6.7%，而到 1970 年已降至 1.3%。[①] 作为一个阶级，他们对国家政治、经济的控制和把持，实际上已被彻底摧毁。

另一方面，由于 20 世纪 60 年代，叙利亚政府实行的土地改革政策将大量土地分给无地少地的农民，因此农民阶层的力量明显提高。农民阶层尤其是小农阶层，从 20 世纪 60 年代初占人口 27.4% 上升到 1970 年占41.5%，而同时段农业无产者阶层则从 20.5% 下降至 8.9%。[②]可以说，农民的地位有了显著提高，他们成为农业社会中新兴中产阶级政权最坚实可靠的同盟军。

二　新中产阶层、军方势力的上升

这一时期叙利亚经历了复兴党与中产阶层纳赛尔主义者的斗争、复兴党"新左派"与复兴党元老的斗争，派别之间的斗争等。其中，以中产阶层下层及小资产阶层为主的复兴党激进势力通过打压大地主、大资产阶层传统贵族、传统中产阶层，从而使以自身为代表的新中产阶层势力大大提升。

与此同时，军方逐渐膨胀，且这一时期主要被复兴党尤其是新复兴党人占据。他们的成分主要是中下层人民以及阿拉维派。这个团体因为频繁的政变与军事的现代化而实力大幅度提升。复兴党主要依靠的就是由军人

----

① Eberhard Kienle ed., *Contemporary Syria*, London, New York, British Academic Press, 1994, p. 38.

② Ibid.

组成的、具有独立地位的军事委员会发动政变上台的，党的地区书记贾迪德本人也曾是这个委员会的成员，因此，可以说，军队是复兴党政治权力的主要来源，直接关系到政权的成败得失。

激进派掌权后，致力于建设以党治国的体制，要求高级军官必须服从党的纪律，禁止他们同时担任党与国家的重要领导职务，设法促使军队进行非政治化和职业化，实现军政分离。但是，由于该政策很难落实，因此未能从根本上改变军队的地位。由于许多党和国家的领导人本身就是军人出身，因此他们不可避免地与军队有着千丝万缕的联系。复兴党军人实际上一直在党、政府和军队中发挥着重要作用，党内派系斗争的成败往往取决于他们在军事领域的实力。虽然这种情形并不意味着军人政治完全取代了政党政治，但军人集团作为一个阶层的势力已经在叙利亚确定下来。

三　阿拉维派地位上升，库尔德人力量遭到削弱

1963 年后，由于复兴党、军队这些把持朝政的统治者中充斥着大量以阿拉维派为主的少数教派成员，因此复兴党上台后推行世俗化政策，倡导宗教、教派平等的观念。从而，以阿拉维派为主的少数教派的地位大幅度提升。

但由于复兴社会主义倡导"阿拉伯民族"的统一，因此复兴党执政后进一步强调叙利亚国家的"阿拉伯性质"，否认库尔德人的族群特性、压制库尔德民族主义，对他们推行阿拉伯化政策。[①] 但实际上，政府对其他少数族群例如亚美尼亚人、亚述人的政策却不是如此。[②] 这说明政府主要是将库尔德人看作是国家安全的"威胁"。从而使叙利亚库尔德人实力在 20 世纪 60 年代至 70 年代受到重大打击，其力量遭到削弱，这从另一个侧面也激起了库尔德人的民族情感及反抗精神。

---

①　对库尔德人的政策具体包括剥夺大批库尔德人的公民权、强制库尔德人迁徙到阿拉伯人聚居区、禁止库尔德人庆祝其节日，禁止商店、村镇、婴儿使用库尔德名字，教科书中删除库尔德人的历史，学校禁止使用库尔德语教学，公共场合禁止使用库尔德语等。

②　政府允许他们在私立学校教授各自族群的语言，以及在俱乐部、文化组织里学习、使用亚美尼亚语、亚述语等。详见 Human Rights Watch – World Report 2009, pp. 11—12, http, // www. Hrw. org/en/node/79303。

第二章

老阿萨德统治时期(1970—2000 年)

哈菲兹·阿萨德上台后建立起了政府统治的"三大支柱"以及支持政府的"跨阶层社会联盟",逐渐构筑起一种具有"克里斯玛"① 权威主义色彩的总统专制的复兴党一党体制。为了解决叙利亚在 20 世纪 60 年代后出现的经济衰败与社会动荡问题,老阿萨德政府先后实施了一系列经济改革政策,并加强民族国家认同的构建,虽然执政期内也出现过经济挫折和政治动荡,但总体实现了国家的经济繁荣与社会稳定。老阿萨德从1970 年政变上台到 2000 年去世,执掌叙利亚政权长达 30 年之久,逐渐将叙利亚从一个弱小混乱的国家改造成一个具有较强实力的地区强国。

第一节 权威政治体制的建立

1970 年 11 月 16 日政变成功后,老阿萨德宣布了一系列改革承诺,政治上主要包括重建国民议会、全国进步阵线,并准备颁布新宪法等。虽然老阿萨德在 1971 年召开的复兴党第 11 届民族代表大会上郑重指出,新政权不会改变复兴党政府一贯的"民族主义"和"社会主义"路线,而只是纠正前政权的错误,将革命引回正确的道路上来。但实际上,老阿萨德已开始了叙利亚国家政治体制的重建过程。老阿萨德通过颁布新宪法、改组行政机构,以及将军事安全机构、复兴党组织机构及行政官僚机构塑

---

① 这里引用了德国著名社会学家、思想家马克斯·韦伯的"克里斯玛"(Chrisma,即魅力型)统治概念,马克斯·韦伯把政治统治模式划分为传统型、法理型和超凡魅力型三种,老阿萨德统治下的叙利亚即属于最后一种。"魅力"指的是一个人所具有的被视为非凡的质量,即他人无法企及的力量或素质。详见〔德〕马克斯·韦伯《经济与社会》(上卷),林荣远译,商务印书馆 1997 年版,第 269 页。

造为其政权的"三大支柱"，从而在叙利亚开创了权威政治体制。

一　国家政治体制的重构

老阿萨德上台后，对国家政治体制进行了重构，主要有以下几方面：

（一）1973 年宪法与总统制的确立

·政变后不久，老阿萨德被临时地区领导机构任命为总理，1971 年 3 月，阿萨德才被人民公选为总统。1973 年 3 月，经全民公投，叙利亚颁布了由复兴党地区领导机构制定的新宪法，它作为一部"永久宪法"一直沿用到 2012 年。[①] 这部宪法首先在序言中重申了叙利亚人民是阿拉伯民族，并对复兴社会主义理论、复兴党的地位以及阿萨德领导的"纠正运动"予以肯定。除序言外，宪法共四章一百五十六条，全面阐述了国家政治、经济、法律等各方面原则。

在政治方面，宪法名义上实行三权分立原则：规定人民议会行使立法权，拥有提名总统人选、批准法律、通过有关国家安全的条约和协定、宣布大赦、讨论内阁政策、接受和批准议员的辞呈、撤销对内阁或部长的信任、审批国家预算和发展计划等权力，且议员由选举产生，年满 18 岁的公民均有选举权；总统由全民普选产生，是军队和武装力量的最高统帅，代表人民在宪法允许的范围内行使最高行政权力，而内阁是最高行政管理机构，对总统负责。总统有权任免副总统与内阁成员、与内阁共同制定国家总政策并监督其执行、根据现行立法颁布法令和决议、宣布战争或进行媾和、依法批准或废除国内的条约和协定、宣布或终止紧急状态、任命驻外使节、宣布大赦、对议会通过的法令有一次否决权、在必要时候解散议会、在议会闭会期间、两届议会交替时期及国家危急时刻可行使立法权，对重大问题持有政府复决权；司法权独立，最高司法法院应总统或议会的要求对法律是否合宪进行审查，但由总统提交、经全民公决的法律除外。

此外，宪法还体现了一定权力制衡原则，如议会以 2/3 多数通过则可对总统的叛国行为进行指控；总统可以解散议会，但不能以同样理由对议会进行第二次解散；最高宪法法院有权检查各项法律是否违宪，但议会与总统有修宪倡议权，2/3 的议员赞同并经总统核实即可修宪。

综上所述，1973 年叙利亚宪法使总统拥有了包括最高行政权和部分

---

① 宪法内容详见附录三：《1973 年叙利亚宪法》。

立法权等巨大权力，确认了一党制的总统共和制政体。虽然宪法体现了立法、行政、司法三权分立与相互制约的原则，但实际执行上并非如此，阿萨德总统的权力基本是至高无上的。关于这点本书将在后面论述。

（二）人民议会

1971年2月，叙利亚建立新的叙利亚议会，又称人民议会（People's Assembly）。[①] 1973年，议会进行首次普选，此后除特殊情况外，议会每四年举行一次选举。然而，自1972年全国进步阵线建立后，议会席位基本被复兴党和进步阵线中的各党派占据。其中，复兴党人在议会中占绝对多数，其代表主要是党的民族和地区领导机构成员、政府关键部门的领导及军队中高级将领等；全国进步阵线各党派议员人数比例在选举前临时确定。此外，复兴党控制的诸如工会、农协、商会、妇女联合会等社会团体也按复兴党意愿选派代表进入议会，因此复兴党议员在议会中有广泛的代表性。

全国进步阵线以外的党派不能参加议员选举，但允许独立参选人参加竞选。独立参选人成分较为复杂，既包括其他党派或社团成员，也包括知名学者、律师及宗教神职人员等非党派人士。独立人士的人数鉴于叙利亚国内政治形势的变化而在历届选举中变动很大，[②] 由于他们具有较广泛的代表性因而其政治参与的活跃与否在一定程度上反映了叙利亚的政治与民主生态。但需要注意的是，如果独立参选人不完全支持政府便很难进入议会。[③]

即使这样，人民议会在叙利亚的政治生活中也并不起实质性作用，其作用仅限于批准政府提出的法案。虽然1973年宪法对人民议会的权力作出了表面规定（如上文述），承认其为国家立法机构，但它本身并

---

① 叙利亚议会是阿拉伯各国政府里最老的议会，它在法国委任统治时期和独立后时期都起到了历史性的和支柱性的角色。但1963年复兴党上台后，叙利亚议会被解散，从此再没有进行过议会选举，直到1970年哈菲兹·阿萨德上台执政后，复兴党临时委员会才于1971年2月任命了下议院议员。

② 例如在1973年选举时，由于国内政治稳定、气氛宽松，当选的议员中有1/3为独立参选人；而由于20世纪70年代末80年代初叙利亚政治气氛较为紧张，因而1981年选举时没有一位独立人士进入议会。20世纪90年代初，叙利亚进行了部分"民主政治改革"，出现"大马士革之春"的民主氛围，国家在扩大议会总席位的同时，也使更多独立人士进入议会。

③ Radwan Ziadeh, *Power and Policy in Syria*, *Intelligence Services*, *Foreign Relations and Democracy in the Modern Middle East*, London, I. B. Tauris & Co Ltd, 2013, p. 56.

没有立法创制权（立法创制权依宪法属于总统的职权范围），且自其建立以来一直被排斥在决策制定以外，因此只是具有一定监督作用的咨询机构。在整个老阿萨德统治时期，叙利亚人民议会从未对任何一届政府中投不信任票，也未否决过总统或政府提出的任何法律草案。因此，大众对议会极度失望，参与议会选举投票的比率很低，在历次选举中经常不超过 15%。①

但无论如何，老阿萨德政府毕竟在名义上恢复了制宪与立法体制，结束了自 1963 年"三·八革命"以来实际上不存在立法体制的状况，并且通过建立议会而使其政权获得合法性。而且，由于议会代表来自军队、工会、农联等社会职业团体，因此仍在一定程度上反映了社会各阶层的利益诉求，影响了政府政策的制定，发挥着潜在的社会功能。此外，随着叙利亚政治、社会的发展，尤其是 1999 年议会选举后，议会议席由 195 席增至 250 席，其中 2/3 来自独立人士，其中包括新兴商业资产阶层、私营企业代表、地主、知识分子、部落领袖、城市职业者等，议会的利益表达功能逐渐扩大，同时有利于老阿萨德政权扩大其统治社会基础，增强其对社会的控制。

（三）全国进步阵线

1972 年，全国进步阵线（The National Progressive Front）成立，它是复兴党为团结其他党派而组成的统一战线性质的政治协商机构。全国进步阵线由所谓的"爱国与进步"的政治团体组成，主要包括复兴党与叙利亚共产党、阿拉伯社会主义联盟、社会主义统一党、民主社会主义联盟党、阿拉伯社会党等左派政党，而与复兴党政见相左的反对派基本被排除在进步阵线之外。因此它实际上就是老阿萨德政权用来笼络其他政党，孤立潜在政治对手，扩大复兴党的民众基础，以稳定国内政局的工具。

全国进步阵线中的各党派在复兴党的压力下，从阵线建立伊始就同意复兴党占据多数席位，接受复兴党的领导及其制定的政治纲领和基本路线，并在阵线章程中确认"共和国总统、复兴党总书记是进步阵线的主席"②，同时限制自己在军队、学校等社会团体中的政治活动。作为回报，

---

① Volker Perthes, *The Political Economy of Syria under As'ad*, London, I. B. Tauris, 1995, pp. 168—171.

② Ibid., p. 165.

复兴党将内阁、议会及国家各级机构中的一些次要职位给予它们的成员，并允许它们有较少的政治自由。老阿萨德政权通过这种手段，实现了对这些政治力量的整合与控制，并将它们的群众基础逐渐转变为自己的社会基础，从而孤立并分化了潜在的政治反对力量，促使其中的温和派效仿阵线政党，进入政权体系内的政治利益分配渠道。

对于全国进步阵线中的政党，我们还要注意的是，它们本身还存在两个巨大的问题：第一，分裂。这些小党派内部常常因为意见分歧而分裂，这客观上削弱了它们的力量。例如，1972 年加入阵线的叙利亚共产党在 1973 年年底因政治路线不同分为以总书记哈立德·巴格达什为首和以政治局委员亚德·图尔克为首的两派。1986 年，巴格达什派与费萨尔派[①]分别分离了出去，并又以新党派的身份加入进步阵线。

第二，领袖的家庭成员继承制。这些党派的领袖往往不是通过选举而是家庭成员的"继承"确定的。例如，叙利亚共产党巴格达什派在哈立德·巴格达什于 1995 年去世后，该派由其遗孀维萨尔·巴格达什及其子阿马尔·巴克达什领导；阿拉伯社会主义运动的总书记阿卜杜·阿齐兹·乌斯曼（'Abd al – 'Aziz 'Uthman）1995 年去世后，他的儿子哈桑·乌斯曼（Ghassan 'Uthman）继任该派总书记；在社会民主联盟党（Social Democratic Unionist Party）总书记阿赫麦德·阿斯阿德（Ahmed al – As'ad）去世后，他的儿子菲拉斯·阿萨德（Firas al – As'ad）被任命为新的总书记。[②] 由于这种现象的存在，这些党派看起来离"党"的概念很远，而更像是带有政治利益的"派系"或家族团体，从而降低了其社会影响力。

二　建立国家的"三大支柱"

老阿萨德为保证其一党制总统权威主义体制的顺利进行，建立起了庞大且忠于政府的"三大支柱"，即军事安全机构、复兴党组织机构以及行政官僚机构。他们逐渐成为叙利亚国家权力的基础。

---

① 由改革派领导人优素福·费萨尔领导。该党加盟了叙利亚全国进步阵线。2000 年，大马士革之春中，该党刊行一份报纸叫《光明》。2011 年 3 月，第十一届党代表大会，哈尼姆·尼米尔出任第一秘书长。2012 年叙利亚的议会选举中，该党赢得了 250 个席位中的 3 个。

② Radwan Ziadeh, *Power and Policy in Syria*, *Intelligence Services*, *Foreign Relations and Democracy in the Modern Middle East*, London, I. B. Tauris & Co Ltd, 2013, p. 54.

（一）军事安全机构

虽然老阿萨德政权不能被归类为纯粹的军人政权，但军事安全机构仍是老阿萨德政权最主要和最忠诚的捍卫者。叙利亚的军事安全机构由军队、情报部门、宪兵警察系统等构成。出于国家安全的需要，老阿萨德政府加大军事力量的建设，使叙利亚军事安全体系自 20 世纪 70 年代起迅速膨胀，到 20 世纪 90 年代叙利亚武装力量达 43 万之多，警察和情报系统约 10 万人，[①] 且整个安全体系还拥有许多附属于军队的公司、企业及研究机构，可谓是人数庞大的集团。

叙利亚军事安全机构分上、中、下三层。上层是与老阿萨德有血缘、地域和部族关系的阿拉维派高级军官集团。他们最接近权力中心，直接听命于老阿萨德个人的指挥，控制着最重要的军事、情报部门及重要的国家机关。中层是由党内非阿拉维派高级军官组成的复兴党军事机构，他们也是总统权力圈中的重要成员。下层是职业化的广大军官集团，他们除少数最终进入总统权力圈外，多数为不介入政治领域的职业军人，是一个待遇、权力较高的具有较强凝聚力的利益集团。

在老阿萨德统治时期，原来那种复兴党内部文官集团和军人集团之间权力分配的二元化状态被打破，虽然军队表面上被复兴党化，而实际地位甚至高于党组织。但由于军队中大多高级领导都是复兴党成员，军事安全机构的政治权力受党组织及行政部门的制约，且军队和党政机构相互依存，均没有独立进行权力分配和权力控制的能力。再加上老阿萨德[②]确立了权威统治，自身拥有超越党、政、军之上的绝对权力，对军队实施严格控制，加强了军队的职业化建设，在将军队塑造为其政权最重要支柱的同时削弱了其干政能力，从而扭转了 1970 年前军人频繁干政的局面。

作为最重要的权力支柱，叙利亚军事安全机构在巩固阿萨德政权、维护国家安全、镇压反政府动乱等方面发挥了重要作用。首先，老阿萨德利用军事安全机构的力量巩固了自己的地位，建立了总统专制的权威体制，捍卫了复兴党意识形态的独尊地位，维护了其统治的稳定与持久；其次，叙利亚通过其军事实力从一个弱小涣散、内忧外患并存的国家发展为一个

---

① Volker Perthes, *The Political Economy of Syria under As'ad*, London, I. B. Tauris, 1995, p. 147.

② 老阿萨德虽然是军人出身，通过政变上台，但他代表的是整个统治集团的利益，而非仅仅是军队的利益。

能够与以色列抗衡，并保持其独立自主地位的复兴党统治下的地区强国；再次，它是叙利亚进行社会整合的重要手段。老阿萨德时期军事安全机构迅速扩展，其优厚待遇吸纳了大批来自社会各阶层的青年，使他们转变成国家体制下的新兴中产阶层；最后，军人的纪律和荣誉感也容易激发群众的民族意识和爱国热情，从而有助于加强政权的合法性与叙利亚的民族国家构建。

（二）复兴党组织机构

阿拉伯复兴社会党在老阿萨德上台后进行了改组。老阿萨德于1971年5月和8月分别开始担任复兴党叙利亚地区及阿拉伯民族领导机构的总书记，且1973年叙利亚宪法明确规定"阿拉伯复兴社会党是社会和国家的领导党"①，并确立了复兴党一党执政的地位。老阿萨德时期叙利亚建立了一党制共和制政体，而该体制的两大特点就是：党处于绝对领导地位以及党的领导人集党政大权于一身。虽然宪法并未要求总统必须是党的总书记，但实际上老阿萨德总统从1970年掌权到2000年逝世，一直是复兴党总书记、武装部队最高统帅以及全国进步阵线主席。

1970年，老阿萨德结束了前激进政府以后，实际上党在权力结构中的核心地位被军事安全机构所取代。但是，作为老阿萨德政权的三大支柱之一，复兴党仍在政治、经济与社会生活中发挥着重要的作用，主要表现在以下几个方面。

1. 复兴社会主义理论是国家的指导思想和占统治地位的意识形态。由于老阿萨德时期总统享有巨大的权力，因此党实际上丧失了对国家大政方针的决策权。尽管如此，许多重大的决策仍需要以党的名义发布，并依靠其鼓动宣传得以实施。老阿萨德上台后，党的意识形态色彩逐渐淡化，但作为现代政党，其意识形态宣传、政治动员和社会整合功能等仍然是国内其他机构无法取代的。老阿萨德时期的许多政策虽然都是较为务实的，但他总体上并没有放弃复兴社会主义的意识形态，大多重要政策仍要宣传成是为了复兴社会主义的目标而制定的。

2. 复兴党掌握着对精英的选拔和权力的调控。老阿萨德统治时期，所有精英的选拔都是由复兴党把持的，国家文官与军官主要都是复兴党员，许多重要的军政领导人同时也兼任党的高级职务。叙利亚党绝大多数

---

① 参见附录《1973年叙利亚宪法》第84条。

最高层政治精英都是复兴党地区领导机构成员，甚至宪法规定总统候选人也必须经由复兴党地区领导机构提名，因此入党成为叙利亚人进入叙利亚政治权力体系的唯一通道。

3. 党员的增加使政府加强了对社会的控制。复兴党一直以来都拥有较为广泛的群众基础，老阿萨德时期复兴党员大幅度增加，复兴党力量不断壮大，其人数自 1974 年的 16.3 万人增至 1992 年的 100 万人，党员来自社会各阶层，其中党内文官近一半是大学和高中毕业生，14% 是工人和农民，9% 是职员，7.5% 是教师，而军人约占党员的 10%。[1] 庞大的党员群体和其广泛的社会群众基础，为复兴党进行政治动员和社会整合提供了有利的条件。

（三）官僚行政机构

在老阿萨德政权的"三大支柱"中，行政官僚机构的实际权力相对较小，但它作为国家意志的执行机关和管理机关在政治生活中具有无可替代的地位。自复兴党上台尤其是老阿萨德掌权后，随着大型国有企业、部门的发展，公共教育、医疗卫生事业的进步，国家逐渐增强了其对社会的渗透、干预与管理。因此，作为社会公共管理系统的行政官僚机构也变得日趋庞大，国家公务员人数从 20 世纪 50 年代的 2.4 万人增长到 20 世纪 80 年代的 47.5 万人，[2] 90 年代初达到 70 多万人，占总劳动力人数的近 20%，其中有 60% 可以称为"官僚阶层"。[3]

行政官僚机构除了行使国家行政和社会管理职能外，在政治控制和社会整合方面也具有重要作用。由于国有体系的迅速扩展，行政部门所雇佣的公职人员（包括官僚阶层）不断增加，国家吸纳和控制大量中产阶层，而围绕着这个阶层形成的血缘、地域、职业等裙带关系网络，使国家的社会整合和控制范围进一步扩大化了。国家通过行政机构及其关系网将其统治延伸至包括农村在内的社会最基层。

1970 年以前的复兴党激进政府通过将反对政府政策的人赶出官僚机

① Volker Perthes, *The Political Economy of Syria under As'ad*, London, I. B. Tauris, 1995, p. 155.

② Raymond Hinnebudch, *Authoritarian Power and State Formation in Ba'thist Syria*, *Army*, *Party*, *and Peasant*, Boulder, Colo., Westview Press, 1990, p. 191.

③ Volker Perthes, *The Political Economy of Syria under As'ad*, London, I. B. Tauris, 1995, p. 141.

构，而将支持政府的移居城市的农民纳入官僚机构、民间社团和军队，从而将国家官僚机构重塑为一个政治精英顺从政府的工具，但也使叙利亚出现了"国家权力的农村化"。[1] 1970 年，老阿萨德上台后，主要对官僚机构做出了两项重大修改：第一，减少党对官僚制度的控制，"专"开始优先于"红"。第二，为了争取城市、逊尼派、中产阶层的支持，老阿萨德有意将大马士革的重要成员推荐到党和国家的高层里，并让许多无党派专家进入政府。[2] 但是，由于老阿萨德时期主要将文官职位作为拉拢社会各阶层的工具，因而导致官僚阶层人数大幅度增加，政府部门冗员繁多、效率低下，且贪污腐败之风盛行。政府中专家的意见往往得不到采纳，政府仍做出了许多错误的经济、社会决策，导致叙利亚出现了许多经济缺陷与社会问题。[3]

综上所述，老阿萨德建立起了具有总统专制特点及军人政治色彩的一党制权威主义政治体制。在该体制下，以老阿萨德为核心的总统权力圈占据着权力金字塔的顶峰，而军队、复兴党和官僚机构则构成政权最重要的"三大支柱"。总统超越于三者之上，并在三者之间进行权力的分配与协调，从而维护体制的存在和运作。

第二节　国家的"跨阶层社会联盟"与经济改革

实际上，复兴党从 1963 年上台执政后就已经开始着手建立国家与社会一些阶层（主要是农民阶层）的联盟了，而老阿萨德时期则将这一联盟进一步扩大并巩固了下来，使之成为政府稳定的一个重要因素。

一　"跨阶层社会联盟"的巩固

由于复兴党政府主要与农民、劳工、中产阶层三个阶层结成"跨阶

---

① David Waldner, *State Building and Late Development*, Ithaca, N.Y., Cornell University Press, 1999, p. 91.

② Raymond A. Hinnebudch, *Peasant and Bureaucracy in Ba'thist Syria*, *The Political Economy of Rural Development*, Boulder, Colo., Westview Press, 1989, p. 24.

③ Volker Perthes, *The Political Economy of Syria under As'ad*, London, I. B. Tauris, 1995, p. 44.

层社会联盟"，而三个联盟的特点各有不同，因此我们将其分开来论述。

（一）国家与农民阶层的联盟

1963 年前，叙利亚国家官僚制度还没有渗入农村。复兴党为了加强其统治的社会基础，通过实行土地改革、建立农业合作社及"农民联合总会"（General Federation of Peasants）等政策，逐渐使国家从依赖地主、商人和放债人对农民控制的传统模式中解放出来，实现了对农民及农村的直接控制，① 但这种直接与小农接触的官僚系统又使国家受控于官僚。② 而且，由于土地改革的不彻底，叙利亚并没有完全废除大土地所有制，土地持有严重不平等的状况仍在继续。甚至到 1970 年，叙利亚还有大约 17 万个农户没有土地。③ 此外，在地方上，农村贵族通过"主从关系"继续对村民发挥影响力，并因为其传统势力及任命地方官上的影响力而影响地方政府。④

复兴党中左派（center‒left）通过实施土地改革等政策，剥夺了传统精英社会权力的主要来源，将农民纳入政府的"跨阶层社会联盟"，使其效忠于当局，为新政权创造了稳固的社会基础。1970 年以后，老阿萨德政府考虑到农民在国家"跨阶层社会联盟"中的重要性，继续加大对农民的扶持，政府通过对农业市场信贷、投入和生产的干预提高了农民的收入，继而通过让农民阶层进入政府来实现二者的联盟。政府的具体措施如下。

1. 深化土地改革，对土地进行再分配。在没收大地主土地的工作完

① Raymond A. Hinnebusch, *Peasant and Bureaucracy in Ba'thist Syria*, *The Political Economy of Rural Development*, Boulder, Colo, Westview Press, 1989, pp. 66—76.

② Francoise Metral, "State and Peasants in Syria, A Local View of a Government Irrigation Project", *Arab Society*, *Social Science Perspectives*, Nicholas Hopkins ed. , Cairo, American University in Cairo, 1977, pp. 340—341.

③ 国家的土地改革没有废除大土地所有制，仅使大地主控制土地数量降低到总土地量的 18%；小土地所有者激增，但其拥有的土地仅占土地总量的 24%；中等规模的土地所有者受益最多，其土地所有占土地总量的 59%。详见 Raymond A. Hinnebusch, *Peasant and Bureaucracy in Ba'thist Syria*, *The Political Economy of Rural Development*, Boulder, Colo, Westview Press, 1989, pp. 88, 108。

④ Yahya Sadowski, "Ba'thist Ethics and the Spirit of State Capitalism, Patronage and the Party in Contemporary Syria", *Ideology and Power in the Middle East*, *Studies in the Honor of George Lenczowski*, Peter J. Chelkowski ed. , Robert J. Pranger, Durham, Duke University Press, 1988, p. 168.

成之后，老阿萨德又对无地或少地的农民实行了有限的土地再分配。到20世纪70年代末期，叙利亚解决了1/3以上的无地农民的土地问题。越来越多的农民享有土地保障及其他方面的支持，使小农场得到了发展，同时农场主及许多无地农民也得到了国家提供的受教育的机会，并可以在村镇、县城的国营企业就业。

2. 促使大多数农民加入合作社，并通过降低农民贷款的利率支持农业的发展。叙利亚统一管理的农业合作社兴办于1958年，并在老阿萨德时期有了很大发展。到1980年，全国有3400个合作社和25万名社员。[①] 合作社不仅向农民提供种子、肥料、技术援助和培训，还通过国家农业银行向农民提供贷款。国家规定在短期、季节性贷款中，普通农户支付5.5%的利息，而合作社成员仅支付4%；在中期借贷中，普通农户和合作社成员需支付的利息分别降为3%和2%。[②] 国家通过这种方式将农民联合到了一起。农民也同工人组织一样配备了武器，组成民兵，在政府遇到危机时参与保卫国家政权。

3. 国家保证农业生产资料价格的稳定，并以高于国际市场的价格购买部分农产品。例如，20世纪70年代叙利亚一直保持拖拉机和抽水机燃料价格的低廉与稳定，即使在1975—1976年国际市场燃料价格普遍增长以后，叙利亚燃料价格仍远远低于世界价格。20世纪70年代，农民支付的肥料价格为世界平均价格的65%—95%，由此，叙利亚小麦的价格于1963—1976年下降一半以上。[③]

1964—1965年，世界市场价格的下降引起叙利亚农民的不安，于是政府通过维持大部分农产品价格高于世界市场价格的办法来稳定农业市场。[④] 20世纪60年代，国家声明的公共政策目标将"公平"的利润率定于10%；70年代，政府又将其提升为20%—25%。[⑤] 在政府对农产品的

---

① ［以］摩西·马奥兹：《阿萨德传》，殷罡、吴静仪、吴薇、米小平、郑志国译，世界知识出版社1992年版，第86页。

② Raymond A. Hinnebusch, *Peasant and Bureaucracy in Ba'thist Syria*, *The Political Economy of Rural Development*, Boulder, Colo., Westview Press, 1989, p. 126.

③ Ibid., p. 140.

④ Raymond Hinnebusch, *Authoritarian Power and State Formation in Ba'thist Syria*, *Army*, *Party*, *and Peasant*, Boulder, Colo., Westview Press, 1990, p. 135.

⑤ Raymond A. Hinnebusch, *Peasant and Bureaucracy in Ba'thist Syria*, *The Political Economy of Rural Development*, Boulder, Colo., Westview Press, 1989, p. 148.

价格扶持中，小麦的价格得到了最大支持。尤其是 1974—1978 年，叙利亚政府支付给农民的小麦价格远高于世界市场价格；1977—1978 年，当美国农民生产 1 吨小麦得到 85.58 美元，叙利亚的小麦种植者则得到 153.84 美元。① 与此同时，国家主要通过低价收购棉花高价售出获利。例如 1974—1976 年，国家不但以低价收购棉花，而且使棉价的增长落后于通货膨胀。国家对农产品的补贴，明显有益于中农阶层。

4. 国家与农民进行心照不宣的交易，即国家制定有利于农民的政策，而农民及其子女支持政府。国家通过土地改革等办法消除了农民对传统贵族的依赖并提供给他们福利，作为交换，国家要求农民放弃原来因"主从关系"与传统贵族建立起的效忠关系，转为效忠政府。农民让儿女服务于国家官僚机构及武装力量，并支持国家农业政策来为国家提供象征性的支持。

国家通过上述方法建立了与农民阶层的联盟，使其成为支持政府的主要社会力量，② 为国家与社会的稳定做出了重要贡献。

（二）国家与劳工的联盟

由于在老阿萨德上台前叙利亚政府内派别斗争激烈，各派系都试图争取到劳工的支持，提出了各种劳工管理方案，因此使叙利亚政府建立与城市劳工间的联盟比赢得农民的支持要难得多。③ 实际上，叙利亚工人在 1963 年以前就已经建立自己的劳工组织了，只是在"阿联"阶段被解散了。1963 年后，独立的劳工组织重新出现，其成员与复兴党没有密切联系。劳工领袖努力为工人争取加入政府"跨阶层联盟"所得到的好处，并坚决抵制复兴党欲将党的干部安置在劳工领导位置上的企图。④

---

① Raymond A. Hinnebusch, *Peasant and Bureaucracy in Ba'thist Syria*, *The Political Economy of Rural Development*, Boulder, Colo., Westview Press, 1989, p. 157. 到 20 世纪 70 年代末，叙利亚甜菜的价格居世界最高。

② David Waldner, *State Building and Late Development*, Ithaca, N. Y., Cornell University Press, 1999, p. 83.

③ 例如左翼成员主张采用对劳工的自治管理方案，即对生产方式进行民主管理并保证劳工组织不受国家控制。

④ Elisabeth Longuenesse, "Labor in Syria, The Emergence of New Identities", *The Social History of Labor in the Middle East*, Ellis Jay Goldberg ed., Boulder, Colo., Westview Press, 1966, pp. 107—111.

政府迫于当时的政治形势，[①] 只好放下身段与工会谈判，于 1964 年通过了新劳工立法，废除了以前的反劳工条例，给予劳工广泛的优惠待遇，并在 1964 年宪法中提出建立一个独立的劳工联盟。但当这些措施没有换来工会对政府的支持时，军方开始袭击工会领导，驱逐党内激进干部，暂停了新劳工法，将复兴党干部强行安排到工会管理的中层。1968 年，复兴党政府基本完成了对叙利亚工人运动的统和（corporatization）。

到 1970 年，国家和工会运动之间的新关系已变得十分坚固。工会运动的制度基础因此发生了改变，它从作为工人对资本家和国家施加要求的组织转变成了国家控制的劳工动员的工具。政府努力培养工会干部对党和政府的忠诚，以防止出现独立的工会领袖。在选举前，政府会给工会提供候选人名单，候选人几乎全部由复兴党成员组成。最后，公共部门的工人通过党、工会和行政官员三种途径得到有效控制。例如国管工厂的经理既是复兴党员也位列工厂的工人委员会之中。

由于工人与市民阶层是叙利亚"跨阶层社会联盟"中的重要组成部分，因此老阿萨德通过实施一系列政策在其统治时期加强了国家与劳工的联盟，有效地赢得了工人的忠诚，防止工会进行反政府的政治活动。政府用给予劳工的物质利益交换其对政府的忠诚与工会组织的领导权，将城市劳工塑造为在整个阿萨德统治的三十年里支持政府的稳定基础。具体政策如下。

1. 增加官僚和国有企业员工的人数。为了巩固政府与劳工之间的联盟，老阿萨德上台后有意在公有部门及国有企业中实行超额雇佣。虽然这一政策确实有效地加强了政府与"联盟"的关系，但也使官僚这一新精英阶层与国有企业员工人数激增，出现严重的超员现象。例如，辛纳布什（Hinnebusch）的研究发现在一家榨油工厂里，250 名工人从事着 15 个人即可轻易完成的工作。[②] 可以说，20 世纪 70 年代叙利亚国有工厂利润低

---

① 1964 年，以小商人为主的反对派在阿勒颇、哈马和霍姆斯举行了反政府的示威游行，政府派遣军队对示威者进行镇压，而这导致了示威游行向大马士革扩散，且示威者中逐渐包含了城市职员。于是，政府希望商业工会领袖哈立德·朱迪（Khalid al - Jundi）从商会中组织工人自卫队帮助政府镇压商人的示威，并与在大马士革的穆斯林兄弟会斗争。详见 Tabitha Petran, *Syria, Nation of the Modern World*, London, Ernest Benn, 1972, p. 176。

② Raymond A. Hinnebusch, *Peasant and Bureaucracy in Ba'thist Syria*, *The Political Economy of Rural Development*, Boulder, Colo. , Westview Press, 1989, p. 165.

下的最大问题就是在生产和管理部门里的严重超员。[1]

2. 提高国有单位工人的工资及福利待遇。在老阿萨德时期，政府保持国有单位工人工资增长远远高于通货膨胀率，使国有单位工人的生活水平相比以前有了很大提高。据统计，虽然工人的工资从 1954 年到 1964 年增加了 15%，但由于价格上涨了 25%，因此其实际收入有所下降。相比之下，1965—1977 年，工人工资上升了 156%，而价格只上涨了 131%，因此工人的实际生活水平提高了 25%。[2] 虽然国有企业工人的总体工资低于私有企业，但由于国有企业的门槛较低，且提供给工人社会保障、公费医疗、退休金以及儿童入托等福利，[3] 因此对非熟练劳工仍极具吸引力。[4] 而不断膨胀的工人工资成为政府预算中的一项巨大支出，严重增加了政府的负担。

3. 国家对基本消费品提供巨额补贴。老阿萨德时期国家主要通过对包括面包、糖、茶叶、食用油、燃料油和电等基本商品进行提供补贴来提高文官、工人和农民的生活水平。1969 年颁布的第 158 号法律规定叙利亚基本消费品的价格低于成本。例如，虽然叙利亚供电不足，常常被迫停电，但电价却从 1975 年开始下降，只占生产成本的 2/3；而煤油和汽油的价格一直都低于世界市场价格 20% 左右；在很多情况下，国家甚至对消费者和生产者双方都进行补贴。例如，国家以高于世界市场的价格从生产者手中购买甜菜，再以补贴的价格出售精制糖。[5]

（三）国家与中产阶层的联盟

1970 年以前，复兴党激进政府开展了激进的土地改革运动和大规模的国有化运动，并直接控制了如药品、矿物油、棉花、谷物和汽车等战略物资的对外贸易。这些举措严重打击了叙利亚中产阶层的利益，并使私人

---

[1]　Tahitha Petran, *Syria*, *Nation of the Mordern World*, London, Ernest Benn, 1972, p. 210.

[2]　David Waldner, *State Building and Late Development*, Ithaca, N. Y., Cornell University Press, 1999, p. 119.

[3]　Volker Perthes, *The Political Economy of Syria under As'ad*, London, I. B. Tauris, 1995, p. 97.

[4]　这些非熟练工人大多数为刚从农村到城市的务工人员，他们到国有企业工作一段时间成为熟练劳工后便移民至工资比叙利亚高五倍的海湾地区或私有企业工作。国有企业因此成了非熟练劳工找工作的退路以及为私有企业提供工人的"职业技术学校"。

[5]　Victor Lavy, Eliezer Sheffer, *Foreign Aid and Economic Development in th Middle East*, *Egypt*, *Syria*, *and Jordan*, New York, Praeger, 1990, p. 51.

资本信心动摇，大批包括中小资本家在内的中产阶层将其资金转移到国外，而大批工业家甚至携资金外逃，[①] 而留下来的企业家也拒绝参与新的国有工业领域，而转向私营商业领域。1965 年及以后的 20 年，叙利亚私人工业主要局限在手工业和小型制造业上。这种现象严重伤害了叙利亚的经济状况并加剧了政治动荡。为了改变这种状态，老阿萨德上台后推行了一系列有利于中产阶层的政策，将其也拉入政府建立的"跨阶层社会联盟"中。政府的具体政策如下。

1. 重视私人资本，实行对外开放政策。在经历了 20 世纪 60 年代的土改和国有化的阵痛后，国家对私营经济有了新的认识。1974 年，叙利亚颁布了有关对放松经济控制和鼓励私人投资的法令。在这一法令的指导下，国家允许私人进口商品和机器设备。随后，政府在大马士革、阿勒颇等城市开辟了六个自由贸易经济区，允许当地私人企业从事加工业和进出口的经营活动。另外，政府通过减免税收和提供低息贷款等方式，鼓励外国资本对叙利亚的制造业及其他亟待发展的部门进行投资。20 世纪 70 年代，叙利亚短期商业贷款相比工业和其他生产活动所需的中长期贷款具有更大优惠。[②]

20 世纪 70 年代末，叙利亚私营部门获得了较大的发展，且国家使用私人资本家为建筑业的转包商或参与政府采购，从而改变了 20 世纪 60 年代以后私人资本主要集中在商业领域的状况。它们经营的范围不仅集中在纺织、食品、皮革、造纸、化学和电器等轻工业部门，也开始控制房地产、建筑业、商业，并构成运输业与服务业的重要部分。私人资本的发展，对叙利亚国有经济起到了补充作用，形成了以国有经济为主、私人经济为辅、两者共同发展的经济格局。虽然私人企业主要是小型的，但吸纳了大量劳动力。例如，1972 年，私人企业占制造业总产量的 1/3，但占到工业劳动力的 60%。[③]

2. 通过发展对外贸易来为商人提供赚取高额利润的机会。一直以来，国家实行的进口替代工业化及高水平的隐性收入阻碍了出口导向的增长。

---

① David Waldner, *State Building and Late Development*, Ithaca, N. Y., Cornell University Press, 1999, p. 87.

② Tahitha Petran, *Syria*, *Nation of the Modern World*, London, Ernest Benn, 1972, p. 216.

③ David Waldner, *State Building and Late Development*, Ithaca, N. Y., Cornell University Press, 1999, p. 124.

老阿萨德上台后，在外贸行业推行自由经济政策，给予商人一些进出口的许可，并将政府一些合同（主要是进口与建筑业合同）交由商人，[①] 从而为其提供了新机遇。国家还撤销对一些进口的限制，补贴私有部门的出口，同时鼓励私人资本在旅游和运输业的投资作为叙利亚资金的回笼。

3. 加快教育发展及对知识分子的补贴。通过教育的发展及对知识分子的补贴，叙利亚形成了一大批以知识分子及中等学校毕业生为主的新的中产阶层。他们毕业后成为教师、城市职员、政府雇员及国有企业的技术工人等，由于其利益与政府息息相关，因此成为政府的坚定的支持者。

1973 年战争后的十年里，阿拉伯产油国为帮助重建叙利亚被摧毁的经济基础提供了大量资金，老阿萨德也在此时对叙利亚资本家显示出友好欢迎及大力扶持的态度。作为对这些恩惠的交换，私营实业家经常与政府高官召开的非正式会议，接受政府指示，从而保持其政治上的被动性。在整个 20 世纪 70 年代，商界都没有组织过反抗政府的集体行动，实业家反而与政府官员逐渐建立了特殊联系，大批政府官员涉足商业投机活动。这种公共和私有部门精英利益的会聚创造了叙利亚人所说的"新中产阶层"，他们是政府忠实的支持者。

综上所述，叙利亚在老阿萨德统治初期对农业、工业和商业等领域进行了普遍干预，巩固了政府组建的"跨阶层社会联盟"。该联盟潜在的政治作用在 1980 年穆斯林兄弟会骚乱时显示出来。政府在出兵镇压穆兄会的同时，[②] 也开始进一步巩固其社会联盟。第五个五年计划（1981—1985 年）将所有投资的 30% 分配给包括电气化、饮用水基础设施、公路、学校以及诊所等在内的新农村服务计划。国家将政府雇员工资提高 10%—75%，是七年来第四次提高工资。

随着穆斯林兄弟会对出售补贴消费品的政府商店的袭击，政府对基本食品的补贴从 1.53 亿美元上升到 2.292 亿美元。另外，政府也宣布了一项加紧价格控制的政策，穆兄会谴责该政策将引起商人的不满。1980 年 5 月，一项总统法令降低了对土地所有的限制并额外分配给农民 2.8 万公顷

---

① Yahya Sadowski, "Ba'thist Ethics and the Spirit of State Capitalism, Patronage and the Party in Contemporary Syria", *Ideology and Power in the Middle East*, *Studies in the Honor of George Lenczowski*, Peter J. Chelkowski, Robert J. Pranger eds, Durham, Duke University Press, 1988, p. 172.

② 政府最终于 1982 年通过叙利亚军队包围起义地哈马而镇压了叛乱，后来哈马被摧毁，据估计有 20000 人死亡。

土地。最后，国家对大学生的补助也增加了。到 1981 年穆斯林兄弟会骚乱的高峰，政府对食品和燃料的补贴总计 15.3 亿美元，等于当年石油出口的全部收入。[①]

由于政府给予他们的照顾，农民、有组织的劳工、文官以及大马士革官僚继续效忠政府，且政府武装和组建了农民营，用以打击那些密谋推翻社会主义革命的"封建主义者"力量。工会、学生会以及其他社会团体也组成民兵，协助镇压叛乱。

二　国家对经济的改革

复兴党政府通过土地改革、国有化运动加强了国家对农业、工业、商业及金融业等多方面的控制，但是正因为国家对经济干预过大而影响了市场的活力。而且，叙利亚实行计划经济，但对经济的计划有时不完全是为经济发展考虑，还受许多其他因素影响，特别是为了巩固国家与"跨阶层社会联盟"之间的关系制定的补贴、扶持政策等。这使叙利亚的经济出现了一系列问题，主要有经济总体发展缓慢；国防开支大、资金、技术严重依赖外援，收支严重失衡；国有企业效率低下；等等。

叙利亚领导人在通向经济改革的道路上显示出了极为矛盾的情绪。一方面，他们继续执行自由化（liberalizing）政策；另一方面，政府又具有国家主义（statist）的风格。政府的这种政策摇摆是由于经济利益与战略联盟考虑相互影响的结果。20 世纪 80 年代恶化的经济环境和外援资金的减少迫使政府更加关注怎样提高经济绩效，但是政府在穆兄会反叛期间对广泛的社会联盟的依赖，又使其不得不继续维持这一联盟以保卫自己的权力。

然而，到 1980 年，政府给联盟成员提供的"隐性收入"已极大地超出了国家的财政和行政能力之外，不久后发生的经济危机更是严重威胁到了政治稳定。因此政府的当务之急就是将隐性收入降到最低的同时继续保持广泛的联盟基础。而减少隐性收入不外乎两种方法：一是通过抛弃一个阶层的成员或从各阶层中去除成员减少联盟中的成员，二是通过减少补贴或允许工资落后于通货膨胀来削减隐性收入的规模。由于确定与政治稳定

---

① David Waldner, *State Building and Late Development*, Ithaca, N. Y., Cornell University Press, 1999, p. 121.

和经济绩效一致的隐性收入的最低限度十分棘手，从而导致了叙利亚经济改革的犹豫不决。[①] 最后，政府努力通过改革将特权与绩效联系起来，从而维持了它的联盟基础。其具体改革措施有以下几点。

（一）降低公共补贴，提高工农业生产力

政府从 20 世纪 80 年代开始减少对消费品补贴的预算分配资金，受补贴商品的价格有所上升。国有工业企业雇用的工人人数从 1985 年的 14.1 万名减少为 1989 年的 13.9 万名，同时国有建筑业雇用的工人人数从 15.5 万名下降为 13.8 万名。政府文职部门暂停雇用大学毕业生，且公共部门雇员的工资开始落后于通货膨胀的增长。此外，政府尝试将给其支持者的报酬与其表现相联系。在国有企业中，引进基于绩效的工资体系，以刺激生产力的提高。农业投资与农业生产力的增长挂钩，而不是将城市的钱再分配给农村支持者。政府也提高了一些农产品的价格以使农民增加工业部门所需的农产品的生产。[②]

（二）调整汇率及其管理机制

从 1981 年开始，叙利亚政府和经济部门管理人以重铸国家经济干预为特征的务实方法来回应国内日益加深的经济危机。由于叙利亚在 80 年代严重缺乏外汇，于是 1987 年政府正式宣布叙镑贬值，规定 11.2 叙镑兑换 1 美元。1989 年政府供应部将本部门进口的消费品所使用的外汇汇率调至 40 叙镑兑换 1 美元。同时，政府鼓励出口和侨汇，并通过增强对私人部门外贸的国家管制来节省不足的外汇。部分农产品出口商获得以市场价向国家商业银行出售出口所获外汇的优惠条件。1990 年政府进一步允许私人出口商向政府出售外汇。1991 年，私人及私营企业的外汇交易一律按市场价交换。1992 年，政府进一步撤销出口商必须把一定比例的外汇收入出售给国家商业银行的规定，仅规定出售外汇需通过中央或国家商业银行。1993 年，国有经济部门的外汇交易也逐渐向市场汇率转变。至此，叙利亚完全由国家控制外汇及外汇管理机制完成了又一次向双轨制的转变。

---

① William Riker, *The Theory of Political Coalitions*, New Haven, Yale University Press, 1962, pp. 77—78.

② 例如，20 世纪 70 年代棉花的价格下跌，后来在 80 年代中期为了替代石油成为主要出口品而努力提高其价格。甜菜的价格也上升了。

（三）改革外贸管理体制，鼓励私人企业参与进出口贸易

20 世纪 80 年代中期以前，叙利亚进出口贸易基本上由国有企业独揽。为了扩大出口，增加外汇，80 年代政府开始鼓励私人企业参与对外贸易，并使国有企业以低于成本的价格在国外市场上"倾销"其产品，政府通过当地货币补贴这些损失。这些办法暴露出政府仍无法摆脱外汇短缺的危机。1983 年，政府规定私人制造业企业可以参与对外出口，并可将出口所得外汇的 50% 留作自用。1987 年，叙利亚政府解除了目前关于制造业以外私人企业不得参与进出口贸易的禁令，同时把部分商品出口外汇收入的提留部分提高为 75%，① 并大幅度放宽私人进出口商品的种类，允许私人或外国人在叙利亚商业银行开设外汇账户。1990 年，私人进出口商可以代表国家外贸机构从事外贸采买活动，政府放弃国有进出口机构对进口商品的垄断权，撤销国有进口机构优先采购专供出口商品的特权，国家仅保留重要农产品及石油等战略物资的出口垄断，从而最终完成了通过鼓励出口将给予支持者的报酬与其绩效联系在一起的改革。

（四）发展私营经济，拓宽投资来源渠道

老阿萨德上台后，叙利亚私营经济在制造业、建筑业、服务业等领域开始取得初步发展，在旅游业、农业及运输业领域出现了公私合营企业，国家在企业中拥有 25% 的普通股权。政府给予这些公司免除贸易限制及按市场价兑换外汇等优惠，同时还鼓励私人企业家投资于传统的进口、房地产以及旅游业领域。此后，政府通过改革外贸管理体制给予私人进口及外汇兑换更大的自由。同时，政府通过货币贬值及允许私营企业保留更多外汇以供资未来的进口。1986 年年底，工业发展部大幅度调整 1981 年政府制定的私营企业可参与的工业部门规定；1988 年做出进一步调整，放宽对私营企业家从事工业的限制。私人企业的经营范围因此空前扩大了。虽然这些自由化措施有利于私有部门的发展，但是并没有使私有资本进入工业领域。

为解决 20 世纪 80 年代国民经济面临的投资不足问题，政府于 1991 年 5 月颁布第 10 号投资法令，鼓励所有私人企业家、非叙利亚籍阿拉伯人及外国投资者在叙利亚所有经济领域投资。该法令规定：私人投资项目

① 王新刚：《20 世纪叙利亚政治经济对外关系嬗变》，西北大学出版社 2007 年版，第 188 页。

应有利于促进国家收入和扩大出口，增加就业和技术转让。一旦项目被批准，该企业可获得免除机械、设备以及交通工具进口的关税（customs duties）的优惠及 7 年的免税权，并允许在商业银行持有外币账户，在 5 年后可返还外资本金。政府还建立了由总理负责的最高投资委员会，对所有投资项目进行统一审批与监管。政府挑选合适的项目来发展生产，为百姓提供工作机会，增加出口降低进口，并在生产中使用现代技术。此外，政府节将获得的新资金用于特殊领域，主要是基础建设项目中，例如建立新电话线路、发电厂，为主要城市建立新的废水处理系统，扩展油气勘探，以及扩大钢铁、化肥和水泥生产的大量重工业计划等。简言之，政府决定利用国有资金来补充和支持私人投资，而不是替换它。

　　然而，到 1990 年，叙利亚的经济改革带来的经济效益并不明显。私有经济活动虽有所扩展，但并未对经济发展或缓解国家财政危机做出重大贡献。商会承认扩大的私人出口的主要部分都仅仅用于进口奢侈品。此外，直到 80 年代末，工业部门中的私人投资也并未显著增加。叙利亚外汇短缺最终还是通过 1988 年后增加石油勘探、生产和出口来减轻的。80年代末的实际 GDP 仅仅停留在 1980 年的水平上；如果考虑到每年人口增长率为 3.7%，人均收入在整个 80 年代还下降了。[①]

　　叙利亚经济在 20 世纪 90 年代初的迅速发展主要还是由于采取了传统的注入大量资金的方法。作为参与美国领导的反伊拉克联盟的回报，叙利亚在海湾战争结束后获得了来自海外的外汇收入，再加上政府一直保持了一定的外贸顺差，因此它甚至有钱开始偿还长期拖欠的国际债务。但是，由于叙利亚政府仍固守计划体制模式，国有经济部门的改革没有明显成效，并拖累了整个经济改革的进程。正因如此，80 年代末 90 年代初叙利亚提出的经济外向化政策无法在国有企业中顺利推行。因此，直到 90 年代中后期，叙利亚经济的外向化进程缓慢，到 90 年代末，叙利亚经济又开始出现下滑现象。

---

① David Waldner, *State Building and Late Development*, Ithaca, N. Y., Cornell University Press, 1999, p. 227.

第三节 "民族主义"指导下的对外政策

老阿萨德上台后，本着"务实"精神以"国家民族主义"理论为指导，融合多种"民族主义"思想，对叙利亚对外政策做出了调整。此后30年中，叙利亚在这位中东"雄狮"的领导下逐渐崛起为地区大国，通过灵活务实的外交在中东地区事务中发挥了不容忽视的作用，同时也使其民族认同思想发生了显著变化。总的来说，老阿萨德时期的对外政策主要体现在以下几个方面。

一 "阿拉伯民族主义"指导下的反以立场

老阿萨德时期，叙利亚始终坚持坚定的反以色列的"阿拉伯民族主义"立场，成为阿拉伯世界反以色列的先锋。

1970年9月28日，当代阿拉伯世界最伟大的领袖、长期号召阿拉伯统一的埃及总统纳赛尔去世，为阿拉伯政治留下了巨大的缺口。而且，此时叙利亚、埃及都面临着严峻的中东地区形势。1967年"六·五战争"结束后，阿以冲突不仅没能停止，还由于美苏分别大力武装以阿双方和在中东的激烈争夺，[①] 而使阿以双方长期处于不战不和的对峙中。"六·五战争"以来埃以进行持续不断的消耗战的同时，叙以之间的军事冲突与摩擦也时有发生。[②]

1970年11月16日，哈菲兹·阿萨德通过政变在叙利亚登台执政，同样倡导阿拉伯统一的老阿萨德希望通过其坚定的反以色列立场能够接替纳赛尔成为阿拉伯世界的领袖。于是，当埃及总统萨达特力主"以战促和"时，叙利亚也打着"阿拉伯民族主义"的旗号积极响应。1973年1月31日，叙埃两国组成武装部队联合司令部；10月6日，埃叙两国向以

---

① 1969年尼克松就任美国总统后，加快了武装、援助以色列的步伐。而苏联在"六·五战争"后，加紧向埃及、叙利亚的渗透。苏联向叙利亚提供大量军援，且大批苏联军事人员进入叙利亚。1972年9月，苏联与叙利亚签订了一项军事协定，规定苏联帮助叙利亚提高防御能力，叙利亚则提供港口给苏海军使用。

② 自从以色列占领戈兰高地之后，叙利亚一直面临着以色列的军事威胁，并一直希望夺回戈兰高地，因此冲突不断。

色列发动突然袭击，"十月战争"爆发。"十月战争"初期，叙埃两国不仅取得了军事优势，还取得了有利的外交地位，世界上 40 多个国家发表声明支持阿拉伯国家。阿拉伯国家提供 22 亿美元的财政援助及数万人的军队配合叙埃作战。阿拉伯产油国还根据战前计划，采用石油提价、减产、禁运、国有化及增加本国股权等措施以石油为武器打击以色列及其支持者美国等国家。

虽然后期战略失误导致战略要地戈兰高地得而复失，并又丧失了高地以东 440 平方公里领土，但"十月战争"使老阿萨德取得了巨大的政治外交胜利。在叙利亚，"十月战争"转移了国内矛盾焦点，一度压制了1967 年"六·五战争"战败后出现的社会动乱，且该战争一直被看作是阿萨德的"丰功伟绩"，增强了其政治合法性；在阿拉伯世界，由于"十月战争"初期的胜利打破了以色列"不可战胜"的神话，显示了阿拉伯民族的力量，恢复了其民族尊严和信心，继而埃叙两国的两大领导人萨达特和老阿萨德也成为阿拉伯新一代的领军人物。

然而，"十月战争"后不久，美国基辛格便展开了旨在促成阿以双方停战的"穿梭外交"。[①] 在基辛格的努力下，叙、以双方做出让步，于1974 年 5 月在日内瓦签署脱离接触协议。[②] 此后，虽然叙利亚接受了大量美国的援助，缓和与美国及西欧国家的关系，但仍然坚持在以色列归还其领土前，坚决拒绝与以色列进行"和平谈判"。于是，美国开始设法促成埃以和平协定。1978 年 9 月，埃及与美国、以色列签署了为埃以缔结和约铺路的戴维营协议，1979 年 3 月 26 日，埃及与以色列最终签订了合约。

埃及的做法使大多数阿拉伯国家感到遭受了背叛，埃以和平协约签订后，阿拉伯国家联盟外交部长和经济部长会议当即通过对埃及实行集体制裁的决议。会后，包括叙利亚在内的 17 个阿拉伯国家与埃及断绝外交关系，并将埃及逐出阿拉伯联盟。这样做的结果就是，叙利亚成为中东唯一

---

①　埃以很快签署了脱离协议，但叙以谈判则较为困难，以色列不仅不愿放弃它占领的戈兰高地，还在"十月战争"中向叙利亚领土纵深推进到距大马士革只有 35 公里的地段。而叙利亚则表示以军为从其领土上撤离之前拒绝释放其俘虏。

②　该协议的主要内容为：以色列撤出"十月战争"中占领的包括库奈特拉在内的叙利亚领土，在叙以军队之间建立一条由联合国驻扎的缓冲区，叙利亚释放战俘，交还以军阵亡士兵尸体等。

有实力且有意愿与以色列相抗衡的阿拉伯前线国家。1980 年 10 月 8 日，叙利亚与苏联缔结了为期 20 年的叙苏友好合作条约，以期从苏联处得到大规模军事援助来与以色列保持战略平衡。从此，老阿萨德成为阿拉伯民族的新一代领袖，虽然其影响力远不如纳赛尔。

二　"（大）叙利亚主义"指导下的对黎巴嫩政策

由于叙利亚、黎巴嫩及巴勒斯坦等国及地区在历史上长期以来一直都是文化相通，政治、经济利益紧密相连的整体（即"（大）叙利亚"地区），因此直到 20 世纪 70 年代一些阿拉伯国家及大多数叙利亚人[①]仍坚持黎巴嫩在地理上与叙利亚相连，且是叙利亚阿拉伯共和国不可分割的一部分。但在老阿萨德上台以前，叙利亚政府并未干涉过黎巴嫩国内政治。

老阿萨德上台后，叙利亚开始采取积极介入中东国际事务的对外政策，其中包括介入黎巴嫩内战并涉入黎巴嫩事务。当 1975 年 4 月 13 日黎巴嫩内战[②]爆发后，叙利亚起初运用其政治影响在黎巴嫩各派之间进行斡旋；到 1976 年 1 月，为防止黎巴嫩局势进一步恶化及以色列的趁机涉入，叙利亚开始向黎巴嫩派出以叙利亚为基地的"巴勒斯坦解放军"，支援穆斯林和巴勒斯坦武装，并于 1977 年 1 月 21 日促成两派停火。而当黎巴嫩穆斯林与巴勒斯坦武装于同年 3 月和 4 月掌握了军事主动权，欲完全征服基督教马龙派时，叙利亚又于 5 月直接出兵干涉（7 月获得全胜），以保持黎巴嫩现有政治格局，既防止黎巴嫩分治，又防止黎任何一方的完全失败。

1978 年，参加阿拉伯维和部队的沙特、苏丹、阿联酋等国相继从黎巴嫩撤出，而叙利亚部队仍留在黎巴嫩。1980 年 1 月，叙利亚宣布重新部署其在黎巴嫩的军队，把贝鲁特和沿海地区的部队东撤至贝卡谷地，撤出地区交由巴解组织接管。此后，叙利亚一直积极介入黎巴嫩内战，直至 20 世纪 90 年代初黎巴嫩内战结束。此外，叙利亚军队在 1982 年以色列侵黎战争中与以色列展开激烈空战，战后挫败黎以撤军协议，并于 1989

---

① 尤其是叙利亚社会民族主义党（Syrian Social Nationalist Party）及其他持"（大）叙利亚民族主义"的人。

② 黎巴嫩内战本来是一场源于黎巴嫩内部各教派及政治力量矛盾的武装冲突，但是由于巴解组织、以色列及叙利亚作为外部力量的介入，黎巴嫩内战逐渐国际化，并成为叙以政治军事角逐的场所。

年 11 月与黎巴嫩签订《塔伊夫协议》，建立起与黎巴嫩的"特殊关系"。

三　"国家民族主义"指导下的两伊战争中的立场

老阿萨德统治下的叙利亚在两伊战争中对非阿拉伯国家的伊朗的支持，体现了叙利亚对外政策中的"国家民族主义"思想的极致应用。

1980 年 9 月，伊拉克与伊朗因长期存在的民族纠葛、教派矛盾及边界争端等问题而爆发了长达 8 年的两伊战争。而叙利亚在两伊战争中的态度显示了叙利亚国内"阿拉伯民族主义"与叙利亚"国家民族主义"之间的矛盾，以及老阿萨德更加务实的对外政策方针。叙利亚由于在两伊战争初期支持伊朗反对伊拉克的立场而震惊了阿拉伯世界，因为从阿拉伯民族主义的角度来看，以"阿拉伯统一"为口号的叙利亚应当支持作为阿拉伯国家的伊拉克。

但是，老阿萨德领导下的复兴党政府却没有这么做。由于叙利亚与伊拉克在历史上关于教派矛盾、对复兴党领导权及地区霸权的争夺等问题上存在长期的冲突，因此老阿萨德出于国家利益的考虑，采取了支持伊朗的"务实主义"的对外政策。但由于复兴党仍公开标榜是支持阿拉伯民族统一与团结的，因此为了证明其支持伊朗这个非阿拉伯国家的合理性，叙利亚政府不得不创造另一套理论，它公开表示："我们支持伊朗是因为它是反以色列的而伊拉克不是。我们与伊拉克曾签订过统一（合并）协定，如果伊拉克宣布它遵从这一条约，这样这场战争就会立即停止，因为伊朗不会与叙利亚伊拉克联合国家作战。"①

上述叙利亚外交的三个阶段在时间上有先有后，在内容上有所不同。虽然它们总体上分别体现了"阿拉伯民族主义""（大）叙利亚主义"以及"国家民族主义"三种民族主义思潮，但三者并非简单地相互替代，而是一种削弱另一种增强，且即便是老阿萨德时期的总体政策的指导思想是"国家民族主义"，但前两种思想由于还有其存在的理由（以色列的威胁、对"（大）叙利亚"的历史情结等）因而也从未彻底消亡。

此外，在老阿萨德时期，从来不是只有一种民族主义思潮单独对某一对外政策起作用。我们可以看到，在对以色列立场上，虽然老阿萨德看似

---

① Melik Kara Özberk, *Nationalist Ideologies in Syria*, 1970—2000, Saarbrücken, LAP LAMBERT Academic Publishing, 2010, p. 64.

是在"阿拉伯民族主义"指导下坚持反对以色列，但实际上这种立场也
是从"国家民族主义"出发的。除了叙以长期的对立与仇恨外，这样做
本身可以为叙利亚建立在阿拉伯世界及"阿盟"中的声誉，为叙利亚国
家带来阿拉伯世界的支持。20世纪70年代后，由于埃及被逐出"阿拉伯
联盟"，叙利亚基本成了阿拉伯世界的领袖。在对黎巴嫩问题上，叙利亚
对黎巴嫩的干涉确实主要源于老阿萨德"坚信两国不可分割"① 的
"（大）叙利亚主义"思想，但这其中也包含对本国战略安全的考虑，甚
至可以看做是老阿萨德为了叙利亚的利益想要向黎巴嫩扩展势力的表现。
在两伊战争的立场上，虽然老阿萨德支持伊朗的立场充分显示了"国家
民族主义"的影响，但老阿萨德仍然不停地申明叙利亚对伊朗的支持是
因为它同样反对以色列，甚至开始强调"伊朗的伊斯兰身份及它与阿拉
伯国家联合的传统"②。这实际上是有意在强调自己的"阿拉伯民族主义"
思想，以使叙利亚支持伊朗的行为合法化。但无论如何，两伊战争仍然既
是叙利亚国内政治的转折点，也是复兴党"阿拉伯民族主义"修正的转
折点。

第四节   国家对民族认同的构建

叙利亚与其他大多数中东国家一样，民族与国家不是在社会政治经济
发展到一定阶段自然形成的，也不像历史上许多西方发达国家中民族认同
早于政治权力结构发展的情况。在大多数中东新独立的国家中，其国家与
主权的思想比自觉的民族认同与文化认同获得了更大的发展。因此，大多
数发达国家在国家初建时就已经形成了在认同上与国家相一致的具有凝聚
力的民族，而在叙利亚这样的中东国家则基本不是这样。

一   族群方面

虽然老阿萨德总统是少数族群阿拉维派出身，因此提高了以阿拉维派

---

① Derek Hopwood, *Syria 1945—1986*, *Politics and Society*, London, Unwin Hyman, 1988, p. 61.

② Hanna Batatu, *Syria's Peasantry*, *the Descendants of its Lesser Rural Notables*, *and Their Politics*, New Jersey, Princeton University Press, 1999, p. 283.

为主的少数族群的地位，并在其权力中心任用大量少数族群成员。但是，在国家政策上，老阿萨德政府整体宣传叙利亚阿拉伯民族的团结与和睦，并对一些有潜在分离倾向的少数族群中推行"阿拉伯化"政策。

"阿拉伯化"政策主要表现在对库尔德人问题的解决上。老阿萨德时期的库尔德问题解决办法主要有：第一，削弱库尔德人的凝聚力。政府将从国外移居叙利亚的库尔德人称为"外国人"，剥夺其公民权；而将长久生活在叙利亚的库尔德人迁移到阿拉伯人聚居区，将阿拉伯人迁徙到库尔德人地区，[①] 加速他们的融合，减弱库尔德人族群内部的凝聚力与其"族群认同"。第二，限制库尔德人的社会与文化权利。政府规定，在公共场合与出版业禁止使用库尔德语，禁止建立库尔德语学校，不允许公开庆祝库尔德节日、播放库尔德音乐、穿戴库尔德服装，库尔德婴儿必须起阿拉伯名字，[②] 同时将库尔德村庄和城镇的名字一律改成阿拉伯名字。

二　教育方面

叙利亚自独立以来就开始加强民族教育体系的建设，力图降低文盲率，但是直到 1967 年仍然只有 17% 的居民接受了教育，就业人员中超过60% 的人是文盲。[③] 针对教育落后的情况，复兴党统治时期尤其是阿萨德时期大力建设由国家控制的现代世俗教育体系，从而加强了民众对叙利亚民族国家的认同。具体有如下政策：

第一，加大对教育的投资力度。20 世纪 70、80 年代叙利亚教育预算占政府财政预算的 13%—20%，政府拨付的教育经费，1972 年为 2.66 亿叙镑，1981 年增至 29.68 亿叙镑。[④]

---

① 1967 年，叙利亚政府沿着贾兹拉与土耳其边界地带建立了一个"阿拉伯带"，将土叙边界的库尔德人隔离开，避免本国库尔德人受伊拉克、土耳其库尔德民族主义运动的影响。1973年，政府实施在贾兹拉省建立国营示范农场的政策，将大量贝都因人迁居到库尔德人地区，将库尔德人迁到南部的阿—拉德地区，后来因为库尔德人的反抗，政府下令停止建设"阿拉伯带"，但仍保留示范农场，也没有归还库尔德人被占土地。

② Kerim Yildiz, *The Kurds in Syria*, *The Forgotten People*, London Ann Arbor, MI, Pluto Press, 2005, pp. 116—121.

③ Derek Hopwood, *Syria 1945—1986*, *Politics and Society*, London, Unwin Hyman, 1988, p. 121.

④ Moshe Ma'oz & Avner Yaniv eds., *Syria Under Assad*, *Domestic Constraints and Regional Risks*, London, Croom Helm, 1986, p. 41.

第二，建立较完整国家控制的现代教育体系。20世纪60年代，复兴党政府基本实现了对教会与私立学校的国有化，1967年政府颁布法令，允许私人保留私立学校的所有权，但管理权属于教育部，并规定各级公办学校与私立学校都使用官方教科书和课程。阿萨德上台后，对教育进行了更为系统的改革，高等教育部对绝大多数较高等教育机构负责，国家教育部负责管理大学前教育①及两年制专科②的管理，教育部对师资进行统一培训，并通过在每个私立学校任命校长对其进行严格控制。各级学校的全部课程和主要教育政策都以教育部标准设置，③并一律使用国家教育部主持编纂的统一教材。所有国家教育计划的执行都由督察员（inspectorates）负责。

第三，普及教育，从发展精英教育改为发展大众教育。虽然历届政府都在发展教育，但到1968年，叙利亚10岁以上男性文盲率仍达59%—41%，女性则为77%，受教育的仍主要是精英阶层。老阿萨德时期，政府大力普及教育，在小学阶段实行义务教育，并使妇女接受教育、参加工作，乡村教育也有明显改善。1960年，小学生的数量只有48.2万，而到1980年增长到150万，女生入学率为77%，男生为96%。20世纪80年代，叙利亚妇女的识字率高达25%，④高于埃及、伊拉克和约旦。国家在中高等教育层面上还为女性提供了上学以及工作的优惠条件，由于妇女常常不会到职业技术学校上学，政府又为妇女提供了一些进入工程、医药及护理和家政学科等传统女性偏爱的学科上学的机会。

第四，以复兴社会主义意识形态为指导发展世俗教育，弘扬民族精神，以在阿拉伯青年中培养复兴社会主义的接班人为目标。叙利亚1964年宪法宣称："教育是每个公民的权利。国家带着对阿拉伯精神遗产的信仰及对阿拉伯的美德的自豪关心下一代在身体、思想和性格上的茁壮成

---

① 只有农业中学在农业部管理下。

② 两年制的专科学院（post‑secondary institutes），包括为各种学科培训教师的机构及培训助理工程师级别的技术人员的机构。

③ 但也存在地方层面通过在每个地区的教育理事会（directorates）对学校教育政策的制定与教育管理进行有限参与。

④ Derek Hopwood, *Syria* 1945—1986, *Politics and Society*, London, Unwin Hyman, 1988, p. 129.

长。"① 1973 年宪法重申："教育和文化系统应以培养用科学及社会主义
进行思考，热爱阿拉伯土地和历史，以阿拉伯遗产自豪，并充满斗争的精
神去实现阿拉伯民族统一、自由和社会主义的目标，对人类进步做出贡献
的阿拉伯民族的下一代。"②

　　第五，强调前伊斯兰历史与伊斯兰历史的连续性，增加历史认同。学
校的课程主要有阿拉伯语、文学、数学、自然科学等，教科书中还努力弘
扬阿拉伯文化，弱化族群意识。例如学校地理课本中取消了提及库尔德人
是一个少数民族内容的课文。③ 学生的教科书中收录了很多叙利亚古代神
话故事，这有助于增强青年对叙利亚国家的历史认同。例如，叙利亚著名
的诗人阿杜尼斯④（Adunis）的名字就是以叙利亚神话中的自然之神"阿
杜尼斯"命名的。

三　文化艺术体育方面

　　文化能够反映出一个民族的特点和一个国家的根基。复兴党政府通过
设立包括文化中心局、文物总局、电影总局在内的文化艺术机构，宣传阿
拉伯文明及伊斯兰文明，普及文化知识，扩大民间文化活动，鼓励阿拉伯
文学艺术的发展来强化叙利亚人民对民族国家的认同。具体体现在以下
几点：

　　第一，举办文化艺术展、文化艺术节、文化艺术比赛，搜集和发展民
间文化艺术。叙利亚文化部下属的文化中心局负责管理全国 14 个省的省
级文化中心，各省文化中心管理本省的市、乡、镇文化中心。各文化中心

---

　　① Derek Hopwood, *Syria 1945—1986, Politics and Society*, London, Unwin Hyman, 1988,
p. 116.

　　② 参见《1973 年叙利亚宪法》。

　　③ 唐志超：《中东库尔德民族问题透视》，社会科学文献出版社 2013 年版，第 231 页。

　　④ 阿杜尼斯，原名阿里·哈迈德·赛德（Ali Ahmad Said），叙利亚著名诗人。他 1930 年
出生于叙利亚，在拉塔基亚上中学，是安吞·萨阿达（Antun Saada）的叙利亚民族党的成员，并
在早年受到该党的叙利亚民族主义、民族忠诚和民族复兴思想的影响。他大约此时使用笔名"阿
杜尼斯"，它是叙利亚神话里的一个自然之神的名字，它的死亡与复生代表了自然在冬天的衰败
和春天的复苏，因此这个名字也象征着重生和复兴。1950 年阿杜尼斯进入大马士革大学学习，
质疑传统文学习惯以及叙利亚的社会政治结构并开始写诗。他因其行为被叙利亚监禁并于 1956
年被流放到贝鲁特，后来取得黎巴嫩人身份并留在那里大约 30 年，并作为一名编辑和作家继续
活动，后来又去了巴黎。

的首要任务就是对广大人民群众进行文化宣传教育，开展积极向上的文化活动，宣传阿拉伯及世界的文化遗产，以增强民众的民族精神。各省级文化中心都有自己的中心大楼，内设展览厅、报告厅、电影放映厅、图书馆等，且所有场地、活动都是免费的，增强了大众的参与，使宣传更加普及。例如全国最大的文化中心大马士革文化中心每周都举行报告会、座谈会、学术研讨会、音乐会、诗歌晚会，并举办艺术展、书法展、图书展等。国家还利用历史古迹推动旅游业的发展，举办幼发拉底河文化遗产节、遗忘的城市艺术节、大马士革文化遗产节、霍姆斯文化艺术节及泰德穆尔艺术节等。

第二，发掘、保护历史古迹，建立古迹、历史博物馆。叙利亚文化部设立文物总局，是国内文物、博物馆系统的最高行政机关，下设考古发掘、文物维修和博物馆建设司等。全国 14 个省和泰德穆尔（巴尔米拉）都设有文物局，负责本地的文物考古和保护以及博物馆的管理。叙利亚全国共有艺术博物馆、历史博物馆、遗址博物馆 40 余个，发掘的古迹遗址有近百个之多。文物总局在全国各地拥有 50 多个考古小分队，100 多个发掘基地，此外还有来自美国、俄罗斯、德国、日本等国家的 80 多个外国考古队协助发掘。[①]

第三，鼓励和指导文学家、艺术家为国家利益进行创作。老阿萨德上台后，政府在鼓励文化发展的同时限制文化的发展路线，主要倡导"民族社会主义文化"的发展，并对文学艺术作品进行审查，[②] 要求所有文化艺术作品必须有利于国家社会观的发展。在国家的鼓励下，许多文化工作者也赞同文化艺术的创作应对国家做出积极贡献，积极促进国家思想和政策表达。一位叙利亚作家兼社会学家曾表示："当代阿拉伯作家一直全神贯注于斗争、革命、解放、自由、反抗，疏离感等主题。一个作家如果不关心社会改变就不能成为阿拉伯社会的一分子。"[③] 为了努力促进文化发

---

① 高光福、马学清编著：《列国志·叙利亚》，社会科学文献出版社 2008 年版，第 216—217 页。

② 也有很多叙利亚文学家因为叙利亚对文化发展的限制而到国外发展，例如叙利亚著名诗人阿杜尼斯、小说作家扎卡利亚·塔米尔（Zakariya Tamir）等。详见 Derek Hopwood, *Syria 1945—1986*, *Politics and Society*, London, Unwin Hyman, 1988, pp. 134—161。

③ Halim Barakat, "Arabic Novels and Social Transformation", *Studies in Modern Arabic Literature*, R. Ostle ed., Warminster, Aris and Philips, 1975, pp. 126—127.

展，国家鼓励成立了阿拉伯作家协会、建立了国家剧院，[1] 全国各文化中心还举办各种文化讲座、演出以及展览会，其主题主要包括叙利亚的技术、现代阿拉伯语小说的现状与发展路线等。

第四，利用新闻出版、广播、电影、电视等传媒宣传爱国主义及国家政策。为了更广泛地传播民族文化，国家在阿拉伯民族思想的合理限度内鼓励新闻出版以及广播、电影、电视等大众传媒的发展。[2] 国家主要用它们来进行对政府及其政策的宣传，以及向偏远地区传播教育和引进思想、技术等。老阿萨德时期，收音机的听众数量最多，其次是电视观众，最后是报纸阅读者。[3]

叙利亚广播中主要播放新闻、戏剧、政要专访等，甚至还有支持复兴党和总统老阿萨德的音乐节目；电视自 1960 年开始在叙利亚亮相后逐渐在政府宣传中越来越重要，叙利亚电视一直设有一个"民族频道"，播放新闻和政治节目，努力宣传叙利亚政府的政策及其合理性。

叙利亚阿拉伯通讯社（Syria Arab News Agency）提供给电视节目内容及技术指导。因为新闻播放将党和总统的活动呈现在电视观众面前，比广播更加有感染力，因此越来越重要。而电视剧因为审查严格，所以数量较少且很多引进自埃及与东欧；叙利亚电影产业较其他阿拉伯国家尤其是埃及和阿尔及利亚来说产量一直不大，且早期制作的电影质量不高。[4] 20 世

---

① 主要为 20 世纪 60 年代建立的大马士革的民族剧院、阿勒颇的巡回剧院、人民剧院等官方剧院，其中工作的演员、设计师、制作人都是有固定薪水的政府雇员。此外，政府还投资在大马士革每年举办一次戏剧会演节，在此期间来自阿拉伯世界和欧洲的团体呈现表演并举办对近来戏剧发展的研讨会。文化部还为剧作家开办奖项，并为获奖作品创办出版公司，这便使国家决定了上演哪些剧本，基本上当选的都是符合党和国家路线方针的。详见 Derek Hopwood, *Syria 1945—1986, Politics and Society*, London, Unwin Hyman, 1988, pp. 153—154。

② 相对发表性文学作品和戏剧接触的读者、观众相对较少的情况，广播、电视和电影是为大众提供文化、娱乐和信息的最便捷途径。它们更易于推广是因为：首先，相对文字，声音更能毫无障碍地呈献在半文盲和文盲听众面前；其次，戏剧和小说等文学使用的是经典阿拉伯语，而广播、电视和电影使用的是叙利亚方言，更便于普通百姓接受；最后，相比购买书籍和剧院门票，收音机相对便宜，而电影院和电视荧幕可由政府提供。而出版业主要接触的是有文化的人。

③ 20 世纪 80 年代，叙利亚国内大约使用着 200 万台收音机、50 万台电视。详见 Derek Hopwood, *Syria 1945—1986, Politics and Society*, London, Unwin Hyman, 1988, p. 162。

④ 1908 年，阿勒颇播放了叙利亚第一部电影，第一部国产电影于 1928 年在大马士革播放，但 20 世纪 60 年代以前叙利亚电影由于质量差数量少，所以其影响几乎可以忽略不计。详见 Salah Dehni, *The Cinema in the Arab Countries*, G. Sadoul ed., Beirut, UNESCO, 1966, p. 102。

纪 70 年代以后，叙利亚电影制作有了较大发展，并出现了大量写实主义电影，其中有的反映了叙利亚人的生活及"六·五战争"后的叙利亚状况等，比较有代表性的有著名导演乌玛·阿迈拉雷（Umar Amiralay）1974 年制作的《一个叙利亚村庄的日常生活》[①]、导演萨迈尔·齐克拉（Samir Zikra）[②] 制作的《我们永不会忘》《目击者》《半米事件》（The Half - Metre Incident）等影片。

　　叙利亚的出版业拥有很长的历史，[③] 而老阿萨德时期新闻出版成了政府和党的另一大构建民族国家认同的武器。叙利亚全国阿拉伯文官方报纸主要有阿拉伯复兴党的机关报《复兴报》、政府机关报《革命报》及官方报纸《十月报》，三种报纸日发行量各十万份左右，主要用作政府宣传。此外，还有一些地方报纸如《群众报》《献身报》《阿拉伯主义报》和《团结报》，主要宣传政府政策及爱国主义思想。叙利亚通讯社是全国唯一的国家通讯社，归新闻部领导，是向叙利亚各新闻媒体提供国内外新闻及图片的唯一权威性机构。可见，国家基本垄断了新闻媒体。

　　第五，叙利亚自独立后就开始体育事业的建设，老阿萨德时期体育事业得到长足发展，成为构建民族国家认同的重要内容。国内建立了大大小小几十个大的体育组织、协会和俱乐部，比较大的有"大马士革体育俱乐部"。国内体育运动的开展由全国体育协会负责，全国从事体育活动的人数大约有 100 万，各单项协会和俱乐部会员超过 20 万人。[④] 国内最普遍的运动项目是足球、篮球、排球、体操、举重、摔跤、拳击、田径等，叙利亚足协 1936 年成立，是亚洲最早的足协之一，1937 年加入国际足

---

　　① 该影片是在叙利亚东部地区拍摄的，该片制作人还与萨达拉·瓦努斯（Saadallah Wan-nus）合作制作了一部公开反映典型叙利亚农村生活问题（困苦、腐败和人道）的影片，被看作是处理此类主题的最佳阿拉伯电影。1976 年该制片人还制作了电影《那些女人》（The Hens）在国外上映，讽刺地描述了叙利亚的农村生活。

　　② 萨迈尔·兹克拉（Samir Zikra）是一个作家及导演，继在大马士革上学后又去莫斯科电影学校学习，1973 年毕业。他回到叙利亚后到军队服役，并在 1973 年战争期间在军队电影部门工作。

　　③ 第一份报纸于 1865 年出现在大马士革，1867 年出现在阿勒颇，历史上阿拉伯出版业在黎巴嫩和埃及获得了最自由和多产的发展，它常用来传播反抗、民族主义和现代化的思想。叙利亚的出版业也很活跃，在法国委任统治阶段发行了大约 90 种报纸。它们大多数存在时间很短，除了阿弗拉克创办的《复兴报》例外，它至今仍是复兴党的官方喉舌。

　　④ 高光福、马学清编著：《列国志·叙利亚》，社会科学文献出版社 2008 年版，第 252 页。

联，1969 年成为亚洲足联的成员，叙利亚在 1994 年夺得亚洲青年足球锦标赛的冠军。20 世纪 50 年代中期起，叙利亚兴建了一批大型体育设施，体育是学校的必修课。叙利亚奥委会于 1948 年加入国际奥委会，叙利亚运动员以独立的叙利亚国家名义参加的有 1948 年、1968 年、1972 年和 1980—2012 年的历届夏季奥运会，[①] 并在 1996 年亚特兰大奥运会上首次荣获金牌。此外，叙利亚代表队还参加亚运会、地中海运动会等，获得了许多荣誉，增强了国家认同。

---

① 1960 年和 1964 年两届奥运会，叙利亚是同埃及联合组成阿拉伯联合共和国代表团参加的。

第三章

巴沙尔统治时期(2000 年至今)

第一节 弱权威主义政体的形成

巴沙尔·阿萨德自 2000 年接任其父哈菲兹·阿萨德成为总统后，不断在西方改革思想与老阿萨德的政治遗产中左右为难，虽然在执政之初大力倡导"民主改革"，并一度给叙利亚带来引起外界称赞的"大马士革之春"的民主景象，但最终巴沙尔还是在重重压力下回归其父的统治模式。但由于国际国内形势的变化、巴沙尔个人的主观因素以及他本身无法拥有其父老阿萨德那样的影响力等，因此叙利亚逐渐形成了一种"弱权威主义"体制。

一 新"克里斯玛"统治形象的塑造

虽然叙利亚名义上是共和制，但实际上叙利亚在老阿萨德时期就已建立起了以"克里斯玛"（Chrisma）统治为基石的威权主义政体；而且老阿萨德在 20 世纪 90 年代初就已将其长子、与他一样颇具魅力的军官巴西尔·阿萨德培养成了百姓心目中普遍接受的总统"接班人"，以传承其"克里斯玛"统治。然而，1994 年巴西尔在大马士革机场外意外死于车祸，于是，在西方眼科医院学习的老阿萨德的二儿子巴沙尔便被催促回国接受作为"克里斯玛型接班人"的精心培养与塑造，西方甚至有学者将这一过程称为"制造总统"[①]。该塑造主要体现在以下几个方面：

---

① Flynt Leverett, *Inheriting Syria*, *Bashar's Trial by Fire*, Washington, D. C., Brookings Institution Press, 2005, p. 58.

（一）军事上

老阿萨德通过将巴沙尔安置到各军校学习并加速对其提拔，从而解决了其军衔问题，奠定了巴沙尔在军队中的地位。1994 年巴沙尔在其父安排下进入叙利亚霍姆斯军事学院学习坦克指挥，后又转入阿勒颇空军学院学习飞行驾驶；1996 年 1 月，他进入参谋指挥学院①深造。此后，巴沙尔在军界平步青云，1997 年毕业后晋升为少校；1998 年 1 月晋升为中校；1999 年 1 月晋升为上校，并担任共和国卫队副司令兼第105 装甲旅旅长。②至此，巴沙尔既在短短五年内从一个文弱书生形象转变为一个硬朗军官形象，同时也最重要的是掌握了军队这一至关重要的力量。

（二）外交上

老阿萨德把处理黎巴嫩事务的重任交由巴沙尔处理，使其在黎巴嫩方面建立自己势力的同时在叙利亚外交事务上更有影响力。1998 年，巴沙尔从叙利亚副总统哈达姆手中接过黎巴嫩事务的处理权。在此之前，哈达姆负责这一事务长达二十多年，也因此而被视为下任总统的有力竞争者。接手黎巴嫩事务，意味着巴沙尔成功地将哈达姆从总统候选人的队伍中挤兑出局，并建立自己在外交上的影响。

（三）内政上

打击贪污腐败并负责信息技术的推广。老阿萨德的"克里斯玛"统治之所以能够维持 30 年，不仅是因为他具有"魅力"，更是因为他的"丰功伟绩"及由此赢得的民众拥戴。按照韦伯的理论，魅力的适用是由被统治者承认决定的，而这种承认是由实际的考验作为保障的。③ 老阿萨德深知此理，因此努力给巴沙尔提供建功立业的机会。20 世纪 90 年代，巴沙尔被任命为总统顾问和叙利亚信息协会主席，一方面专门负责处理民众诉求和投诉，打击贪污腐败；另一方面负责信息技术的推广。从而将巴沙尔塑造成拥有"反腐英雄"及"改革先锋"等美誉的新一代"克里斯

---

① 该学院是培养叙军高级将领的最高学府，目前担任各军兵种最高领导职务的无一不是这所军校的毕业生。

② 高光福、马学清编著：《列国志·叙利亚》，社会科学文献出版社 2008 年版，第69 页。

③ ［德］马克斯·韦伯：《经济与社会》（上卷），林荣远译，商务印书馆 1997 年版，第269—270 页。

玛"统治者形象。[1]

（四）舆论上

老阿萨德在国内利用媒体等多种手段强化巴沙尔的接班人形象。20世纪90年代，叙利亚不仅利用媒体对巴沙尔参加各种重要国务活动进行大肆宣传，同时不断炒作其"年轻、开明及具有知识"的形象，就连大街小巷上也都张贴着老阿萨德、巴西尔和巴沙尔的画像，并附上"哈菲兹是领袖，巴西尔是榜样，巴沙尔是希望"等标语。[2] 甚至很长时间内，巴沙尔在叙利亚都被称作是其国家未来的"希望"。

最后，老阿萨德还将可能对巴沙尔接班构成威胁的潜在总统候选人陆续排挤出权力中心，其中主要有老阿萨德的弟弟、负责安全事务的副总统里法特[3]、总参谋长谢哈比和前文提到的负责外交事务的副总统哈达姆等。与此同时，老阿萨德还任命了同属阿拉维派、与巴沙尔关系密切的阿里·阿斯兰为军队总参谋长，并解除了多名高级军官和势力强大的情报部门负责人的职务，[4] 从而在巴沙尔周围形成了效忠于他的队伍，为其接班

---

① 1995 年，在负责反腐的巴沙尔的直接指挥下，从事奔驰车走私活动的军队情报局局长的儿子被捕；接着，叙利亚前情报部门负责人巴沙尔·纳贾尔也因涉嫌腐败而被捕。甚至连自 1987 年开始执政的前总理祖阿比也因腐败而于 2000 年 3 月重组内阁时被解职，5 月祖阿比畏罪自杀。在这场反腐风暴中，巴沙尔为他扫清了可能构成威胁的政敌，在内阁中委任了自己的亲信，同时也树立了自己的威信与许多叙利亚人的尊重。巴沙尔任叙利亚信息协会主席期间，在全国各省建立了信息协会机构，大力普及信息科学技术，放松对媒体、言论的限制。由于巴沙尔的不懈努力，叙利亚的信息科学普及工作取得了显著的成绩。随之而来的互联网和移动电话也成了百姓关心的话题。巴沙尔还提倡集会自由，鼓励群众讨论经济改革和政治民主，甚至自己也定期参加一些官方论坛，例如叙利亚经济科学社团（Syrian Society of Economic Sciences）每周二举行的讨论会。详见 Radwan Ziadeh, *Power and Policy in Syria*, *Intelligence Services*, *Foreign Relations and Democracy in the Modern Middle East*, London, I. B. Tauris & Co. Ltd., 2013, p. 61。

② David W. Lesch, *Syria*, *The Fall of the House of Assad*, New Haven and London, Yale University Press, 2013, p. 2.

③ 其实，老阿萨德的首选继承人曾经就是他这个弟弟里法特·阿萨德（Rif'at al - Assad），他负责的保安公司在 20 世纪 80 年代中期并入叙利亚军队，在此之前它曾是一个拥有 5000 人的精英机构。里法特从 20 世纪 70 年代中期到 1984 年一直都是公认的继承人，直到他在老阿萨德昏迷期间公开密谋取而代之。虽然老阿萨德康复后就开始将其弟弟降职，但是里法特仍然是很多人心目中的法定继承人。为了让巴沙尔顺利掌权，1998 年阿萨德解除了里法特·阿萨德的副总统职务，并使其流亡欧洲。详见 Patrick Seale, *Asad of Syria*, *The Struggle for the Middle East*, Berkeley, University of California Press, 1988, p. 215。

④ 其中最著名的是免除武装部队首领什哈比（Hikmat al - Shihabi）的职务。

铺平道路。

当 2000 年 6 月 10 日老阿萨德突发心脏病逝世后，人民委员会、复兴党人、军队及情报机关的力量（这些人大多是阿拉维派）有效地支持了政权向巴沙尔平稳过渡。为使年仅 34 岁的巴沙尔合法继任总统，他们临时修改了宪法第 83 条，将总统任职年龄从 40 岁调整为 34 岁，并选举巴沙尔做复兴党总书记，晋升巴沙尔为大将，担任叙利亚武装部队总司令。2000 年 7 月，巴沙尔以 97% 的得票率成功当选叙利亚总统。

二 对原政治体制的改革与继承

2000 年巴沙尔继任总统之时正值冷战结束、新世纪到来，全球民主化浪潮高涨的时期，民众对原复兴党的"民族主义"理论已开始怀疑，更期待国家实行彻底的改革。面对国内问题与国际环境的压力，巴沙尔在就职演说中就曾表示将"考虑民主问题""改革政治机构"和"提高政治公开性"等。[①] 这主要体现在以下几方面：

（一）个人形象

树立朴素、亲民的"平民"总统形象，反对个人崇拜。巴沙尔上台之后，下令撤掉悬挂于大街小巷的阿萨德父子画像，并严令禁止神化领导人等个人崇拜的行为。同时，巴沙尔坚持朴素的亲民作风。他经常亲自驾车考察大马士革，后面仅跟两辆警卫车，并严格遵守交通规则，遇到红灯按规定停车。平日里他还与朋友们在普通饭店就餐，并仅在两名保镖的陪同下到各清真寺轮流参加周五聚礼。这与当年老阿萨德出行时道路戒严，且有十几辆包括救护车和探雷车在内的总统车队护驾相比形成鲜明反差，表现出巴沙尔从其父的"克里斯玛型"统治向"平民统治"转变的趋向。

（二）政治结构

巴沙尔基本维持了从其父老阿萨德那里继承下来的官僚机构，强调在叙利亚实行复兴党领导的、全国进步阵线完成的政治"多元化"。巴沙尔继任总统后，既没有对议会选举管理法案进行任何改革，也没有对议会的角色和职能进行任何修正。因此，叙利亚议会仍无法实行它对政府的监

---

① 王新刚：《后冷战时代叙利亚复兴党民族主义的特点》，载《西亚非洲》2010 年第 5 期。

督，或监督政府对重要政治事件的处理，仅仅是一个咨询机构。[1] 2001年，两个参与"大马士革之春"活动的在任议员利亚德·萨伊夫（Riyad Sayf）和马木恩·胡姆西（Ma'moun al - Humsi）由于他们的政治观点和立场被捕，从而民众开始怀疑政府实施"民主"的诚意。[2]

此外，在议会选举中，那些与复兴党联盟的商人在选举中仅保留他们的席位，形成"没有选举者的选举"的现象。[3] 而且，叙利亚缺乏完善的监督机构来实现对选举过程的监督，从而无法保证选举是透明、可信的。宪法第144条重申最高法院（成员由总统任命）具有解决在选举过程中发生的争论的职责，法院被委托调查关于议会选举的有效性。然而，针对议会选举的任何报道都没被认真对待，且有时法院罢免一些议员的决议也被忽视。

由于这些原因，叙利亚人根本不愿意参加投票，甚至对选举过程也毫无兴趣。参与2003年3月巴沙尔政府时期举行的议会选举的参选人数比例创历史最低，官方数据是63%，而非官方数据显示不超过10%。[4] 在2007年5月议会选举后进行的对巴沙尔第二总统任期的全民投票，巴沙尔得到的选票率是97.62%，和过去他父亲得到的是同样比率。在全民投票之前，政府使用了大量的宣传和广告，大量海报上只有一句话："我们爱你"，这种宣传方式是老阿萨德时代未曾使用过的。

"克里斯玛"权威统治的政治合法性具有过渡性特征，就以叙利亚为例，老阿萨德去世后，其子并不能取代他的领袖魅力，因此巴沙尔只能寻

---

① 虽然在2003年到2009年间，叙利亚政府也向议会提交了一些法案供其讨论，且官方媒体也试图关注议会的作用，尤其是在进行有关敏感的社会问题如租用法和其他法律的讨论期间。然而，议会却不能或不被允许修改任何法案。例如，2001年制定的出版法，及2003年到2007年立法期间，叙利亚政府颁布的劳工法和其他法律上都如此。

· ② 萨伊夫由于揭露了有关移动电话公司合同的腐败交易，以及他在"大马士革之春"中的政治活动，使其入狱5年。

③ Radwan Ziadeh, "Political Regime in Syria, Elections without Electors", *Democracy Magazine*, No. 28, 2007.

④ 以所谓"民族民主联盟"（National Democratic Collation）为代表的反对党拒绝参加选举，因为他们认为该选举低于民主、诚信和合法性的最低标准。结果，与选举前大众预知的一样，复兴党赢得了137个席位，加上民族阵线的席位共有167个席位，剩下的83个席位落入独立候选人手中，其中主要是与政府结盟的商人。详见 Radwan Ziadeh, *Power and Policy in Syria, Intelligence Services, Foreign Relations and Democracy in the Modern Middle East*, London, I. B. Tauris & Co. Ltd. , 2013, p. 56。

求新的政治合法性——推行民主与改革。而在政治上，由于阻力重重，巴沙尔的"民主"改革并没有延续下去，从而建立起了具有自己特色的、较为完善的"弱权威主义"政治体制。

第二节　"大马士革之春"与公民社会的活动

叙利亚社会的特征具有集权政府统治的社会特征，政府经常以言论而非法律证据为依据对公民实施逮捕。在 20 世纪 90 年代以前，叙利亚社会的这种特征限制了叙利亚公民进行正常的拜访亲友或公开发表政见的自由，因为这会带来严重的人身与政治后果。有专家评论："叙利亚的谣言会在数天或数月中成为现实。"[1] 结果，对政治的评论经常被编为讽刺的笑话。20 世纪 90 年代，这些原本遭到禁忌的政治笑话开始在公众中流行。

一　"大马士革之春"与公民社会的崛起

巴沙尔执政初期进行了一定的"民主"改革，被西方媒体称为"大马士革之春"。其改革措施主要有：第一，宣布实行多党制与自由选举制，放宽对言论、媒体的限制；第二，对反对派更加宽容。巴沙尔特赦了包括一些穆斯林兄弟会成员在内的数百名政治犯，并将潜在竞争对手、前任总参谋长希克马特·谢哈比请回大马士革，授予其"总统府贵宾"荣誉称号，以缓解叙利亚紧张的政治气氛；第三，形式上赋予人民议会更多的权力。国家重组议会并授予议员表达意见权，缓和了国内压力和反对派势力的对抗，并采纳人民议会对经济政策的一些积极建议。在"大马士革之春"改革的召唤下，叙利亚公民社会开始出现初步繁荣。

这一时期，在较为宽松的政治氛围下，叙利亚公民社会的主要发展有：

（一）政治、经济论坛的大规模出现

实际上，这一现象在 20 世纪 90 年代巴沙尔被内定为"接班人"的

---

[1]　Volker Perthes, *The Political Economy of Syria under As'ad*, London, I. B. Tauris, 1995, p. 156.

时候就已经在他的领导下开始了。很多参与者认为这些论坛利用舆论对自身进行了保护，因而他们得以展开广阔的讨论。最初，大马士革的巴拉马克区（al – Baramkah）出现了"艾布·扎拉姆（Abu Zlam）现代研究论坛"以及"杜马尔（Dumar）文化论坛"① 等非官方的讨论会。但很快这些论坛的参加者开始讨论先前被禁止的政治问题，并呼吁社会其他部门的响应。例如，1999 年 12 月，在埃胡德·巴拉克成为以色列总理后，叙利亚和以色列之间重新展开和平对话，这引起了叙利亚民众围绕与以色列关系正常化、知识界与社会总体上对和平协定的态度等主题展开了广泛讨论。而随着这些谈判的失败，国内讨论重新转向叙利亚的腐败与改革，并随着总理马哈茂德·祖阿比（Mahmoud al – Zu'bi）被开除党籍达到了高潮。

（二）对政府提出调整选举法以及加强人民议会作用的要求

早在 1999 年叙利亚召开的人民议会第七次立法选举中，连诸如利亚德·萨伊夫（Riyad Sayf）以及当选为大马士革代表的德阿里夫·达里拉（Dr 'Arif Dalilah）这样的名人都提出了调整改革法及加强人民议会作用等大胆的要求。2000 年 7 月 17 日，巴沙尔在其总统就职典礼上强调了尊重他人观点的重要性，这给予了民众适度的言论自由的空间。

（三）知识分子明确提出建立"公民社会"的观念

在哈菲兹·阿萨德去世前不久，大量左翼知识分子定期召开会议，将"公民社会"概念升华为民主改革的一部分。这些讨论表达了政府长期抑制的公民社会正在崛起。随着工业家和代表利亚德·萨伊夫的出席，叙利亚开始出现建立"公民社会之友协会"（Association of Civil Society Friends）的观念。会议参加者号召建立"公民社会之友协会"，为建立一个发达的"民主社会"做出贡献。他们还详细定义了"公民社会"，认为其是"一组非政府的社会委员会、政党、组织、协会和自由媒体。它的本质是民主的选择，如果没有社会的觉醒，通过其系统和组织为了祖国的利益在社会与政府之间创造批判的对话的氛围，便无法实现民主。公民社会组织的活动是为所有人建立一个真正国家以及建立一个有效的社会运动

---

① 杜马尔，Dumar，阿拉伯语音译，意为"破坏、毁灭"，表明该论坛意在破坏旧的社会，营造新的公民社会。

的唯一途径"①。

2000 年 9 月 27 日，一群知识分子发表了第一份公报，后被称为 "99 个知识分子公报"（Communique of the 99 Intellectuals）。它竭力主张政府取消 "自 1963 年起在叙利亚实行的国家紧急状态法、对政治犯进行普遍大赦、让所有流放者回国、给予普遍自由、承认政治和知识分子团体以及给予公民结社、出版和言论的自由"②。该公报由若干有影响力的叙利亚知识分子及大批知名律师签署，引起了国际和阿拉伯媒体的关注，将其描述为来自叙利亚内部的 "对自由的首次呐喊"。该公报是叙利亚知识分子觉醒的标志。

政府对公报做出了积极的回应，不仅签署公报的人员十分罕见地无一遭到情报机构的压制，而且政府于 2000 年 10 月释放了 600 名政治犯。叙利亚官方报纸率先在头版上刊登了这些消息，这是叙利亚官方首次承认其国家存在 "政治犯"，从前政府坚持称其为 "罪犯"，并常常在他们刑满后很久还继续扣押。

（四）公民社会组织的出现

政府的这种态度刺激了公民社会的发展，特别是论坛迅速发展起来，较著名的有：人权文化论坛（Culture Forum for Human Rights）、2001 年 1 月召开的关于与大马士革对话的贾马尔·阿塔西论坛（Jamal al – Atasi Forum for Democratic Dialogue）。此外，一些叙利亚知识分子结合为 "公民社会复兴建设委员会"（Establishing Committee Board for the Revival of Civil Society），最初由 20 个成员组成，后收缩为 14 人，他们定期会面并为 "千人宣言"（Manifesto of the Thousand）搜集必要的签名，批评地分析了从 1963 年 3 月 8 日复兴党通过政变上台到 1970 年 11 月哈菲兹·阿萨德成为总统期间叙利亚的政治生活。由于《千人宣言》中有一些著名的叙利亚官员如国防部长穆斯塔法·塔拉斯（Mustafa Talas）、通讯部长穆罕默德·乌玛兰（Muhammad Umran）等人的签名而在叙利亚引起轰动。政府官方报纸的头版及其在贝鲁特出版的被认为是叙利亚政府喉舌的杂志（如 al – Muharrer al – Arabi）上都开始对叙利亚政治做出批评。

---

① Radwan Ziadeh, *Power and Policy in Syria*, *Intelligence Services*, *Foreign Relations and Democracy in the Modern Middle East*, London, I. B. Tauris & Co. Ltd. , 2013, p. 63.

② Ibid.

　　这些举动使《千人宣言》对叙利亚社会产生了直接影响。越来越多的知识分子开始号召政府给予公民社会更多自由以及承认政治多元化，而"公民社会复兴建设委员会"成为叙利亚知识分子的代言人。此时，利亚德·萨伊夫又创办了一个由 14 人组成的"民族对话论坛"（Forum for National Dialogue）。其中一些成员将其在"公民社会复兴建设委员会"的活动与他们参与"民族对话论坛委员会"的活动联系起来。

　　这种积极的氛围鼓励利亚德·萨伊夫于 2001 年 1 月 31 日在民族对话论坛上宣布成立一个新党"社会和平运动"（The Movement for Social Peace），号召在"全国进步阵线"外实现政治党派活动的多元化。前复兴党地区书记苏莱曼·贾德哈（Sulayman Qaddah）则表示，2001 年 2 月 14 日政府将宣布一项新法律，通过创建有相似想法的民族主义政党来扩大"全国进步阵线"。[①] 这是政府对公共活动的重组，禁止"全国进步阵线"以外的政治活动。

（五）库尔德民族运动的高涨

　　20 世纪 90 年代，受伊拉克库尔德人获得自治的鼓舞，库尔德人"民族权利"意识开始高涨，而巴沙尔统治初期公民社会的活动则进一步促进了库尔德民族运动的高涨。"大马士革之春"为库尔德活动提供了一个宽松的环境，一些激进的库尔德人开始积极从事库尔德权利运动。

　　2002 年，新成立的库尔德政党"耶基提党"在议会大厦外静坐抗议，要求废除对库尔德人语言、文化的限制，承认"库尔德民族"的存在。[②] 警方称其煽动民族与宗教不和，从而逮捕了该党两名政治局成员哈桑·萨利赫和马万·奥特曼。2003 年 6 月，一群库尔德人在大马士革联合国儿童基金会办公楼外举行抗议，要求政府给予无国籍的库尔德人公民身份，允许库尔德儿童学习库尔德语。2004 年 3 月 12 日，库尔德和阿拉伯两支足球队在卡米什利发生因比赛引发的冲突，随后骚乱扩散到北部库尔德城市，政府派遣警察对其展开大规模镇压。[③] "卡米什利"事件后，库尔德

---

① Radwan Ziadeh, *Power and Policy in Syria*, *Intelligence Services*, *Foreign Relations and Democracy in the Modern Middle East*, London, I. B. Tauris & Co. Ltd. , 2013, p. 65.

② "Kurds Protest Outside Syrian Parliament Against Discrimination", Agence France – Presse, Dec. 10, 2002, http, // home. Cogeco. Ca/ – konews/11 – 12 – 02 – kurds – protest – outside – syrian – parli. Html.

③ 唐志超：《中东库尔德民族问题透视》，社会科学文献出版社 2013 年版，第 236 页。

人抗议活动愈加频繁，政府也开始大肆逮捕库尔德政治活动家（政府之前不这样做），一些库尔德组织开始走向激进。

2004 年 4 月 25 日，流亡欧洲的叙利亚库尔德组织在德国开会，宣布成立"西库尔德斯坦流亡政府"。2005 年 4 月，该组织在伦敦建立了第一个库尔德语广播电台（Rojava Radio）与电视台（Rojava TV）。2006 年，叙利亚流亡议会（叙利亚库尔德斯坦国民议会，KNAS）成立，其目标为实现库尔德人自治与叙利亚的政治民主。

与此同时，叙利亚国内政府对库尔德民族运动的大力镇压使其"民族意识"越来越强，2005 年，叙利亚库尔德人主要有三大联盟：库尔德民主联盟、库尔德民主阵线和库尔德协调委员会。2009 年 12 月，库尔德政治大会成立，包括库尔德民主党在内的 9 个库尔德政治组织参加，叙利亚库尔德人问题越来越复杂。

二　"大马士革之春"的结束与对公民社会的压制

这一时期若不是出现了两个因素，叙利亚也不会于 20 世纪末 21 世纪初出现"大马士革之春"。第一个因素是叙利亚政治领导人的变更，但仍希望维持一个以严格的等级秩序为基础的集权主义系统，总统是该系统及其机构中唯一的决策者；第二个因素是社会在外交、活力、文化和参与上的愿望，期望通过克服障碍使政府听取它的意见从而达到自我复兴。最终，政府为了向国内外显示叙利亚国家权力由其父老阿萨德过渡给巴沙尔的合理性，便做了一系列反腐、更新法律、给予公民社会更多参与空间等改革措施，但所有这些改革都有一个原则，那就是不能动摇复兴党政府及巴沙尔的统治基础。

而此时公民社会的活动已逐渐超越了政府容忍的底线，于是政府开始压制其活动。2001 年 2 月，政府宣布控制了形势，即压制了有关论坛的活动。政府命令主管部门的成员向官方提供演讲及参与者的名字。[1] 一些参与论坛活动的知识分子被控诉里通外国。另外，一些复兴党组织访问各地来警告人民反对"公民社会"的概念。面对这些障碍，大多数论坛宣布暂停活动，除了代表纳赛尔主义的"民主对话论坛"的杰马尔·阿塔西等。

---

[1]　Radwan Ziadeh, *Power and Policy in Syria*, *Intelligence Services*, *Foreign Relations and Democracy in the Modern Middle East*, London, I. B. Tauris & Co. Ltd., 2013, p. 65.

2001 年 9 月 11 日，叙利亚政府逮捕了"公民社会运动"中最著名的活动家，包括议员马木恩·胡姆西（Ma'mun al‑Humsi）、利亚德·萨伊夫及叙利亚共产党政治机构的总书记利亚德·图尔克（Riyad al‑Turk）等，从而向社会活动家及社会大众传递了一个信息，即关于叙利亚政府维持现状的决心，"大马士革之春"至此结束。

尽管巴沙尔进行的"大马士革之春"十分短暂且其社会动员仍有严重的限制，但仍在叙利亚制造了新的政治气氛。参与"公民社会"活动的叙利亚知识分子和民众同意抛弃他们之间的思想分歧，摒弃秘密的行动，支持活动的透明性，以追求在叙利亚最终达到民主。

第三节　巴沙尔时期的经济、外交调整

一　经济方面

巴沙尔上台后，面对叙利亚以前遗留下来的财政赤字、私有经济不繁荣等问题，继续加大对经济的调整，主要表现在：

（一）努力建立市场经济

这一时期，叙利亚立法确保自由开放的经济政策，吸引国外投资，鼓励国内企业的发展，以建立市场经济。2005 年 6 月，叙利亚复兴党第十届全国大会做出加快向市场经济体制过渡的决定。随后，在制订 2006—2010 年的"十五"计划中，政府明确提出将摒弃长期以来的中央指令性政策和加速本国社会主义市场经济建设为发展目标。2006 年 5 月，巴沙尔总统正式批准"十五"计划，并将其作为各行业制订五年计划的纲领性文件，从而将建设市场经济确定为国家经济改革进程的方向。

（二）控制财政赤字

2008 年 7 月，叙利亚中央银行发行国库券，帮助控制预算赤字；此外，央行还继续减少对外币交易的限制以促进投资。2009 年，叙利亚政府采取了一系列鼓励投资的措施，主要包括简化投资手续；统一汇率，适当放宽对外汇的管制；对出口产品免除所得税和农业税；实行国际通用的协调税则，对用于工业生产和出口的进口原材料仅征收 1% 的关税。①

（三）加大科技的应用

这一时期，叙利亚放宽对信息流通的控制，有意识地参与信息社会。1999 年，在巴沙尔的影响下，叙利亚加快国内信息化建设，国民可以上网，且使用手机也成为了合法行为。叙利亚政府加速建立电视台，播放西方的电影和其他娱乐节目。2000 年年初，政府禁止在商业和大众传媒中利用传真机的法令也被废止，许多传真机从黎巴嫩源源不断地运往叙利亚。2002 年，叙利亚建立了虚拟大学，计划通过虚拟大学建立无国境的教育体系，颁发国际认可的学位，同时也希望通过这种方法将阿拉伯地区与西方世界联系起来。

二　外交方面

外交实践是复兴党民族主义对外行为理念的典型体现。而巴沙尔统治时期，面对 21 世纪的到来，民主、平等、自由、人权等价值观已深入人心，而叙利亚"既无面包，也无自由"的社会状况遭到国内外极大诟病的形势下，巴沙尔政府已无法维持原来那种在意识形态指导下的外交政策。面对中东地区格局和国际政治现实的巨变，巴沙尔对叙利亚复兴党民族主义进行了新调整，在外交上主要体现为以国家利益为核心的收缩的外交理念。具体表现在以下方面：

（一）放弃"（大）叙利亚主义"

巴沙尔上台后，对复兴党民族主义做出了修正，在对外关系上采取更务实的政策，包括认同土耳其吞并亚历山大勒塔地区，并顺应国际社会的压力，从黎巴嫩撤军，承认现有的国家领土范围。2001 年 6 月，叙利亚军队撤出贝鲁特，一部分撤回叙利亚，一部分部署在贝卡谷地。这是叙利亚自 1976 年以来进行的最大规模的军队部署调整。2002 年 2 月，巴沙尔总统对黎巴嫩进行国事访问，这是历史上叙利亚总统首次访黎。2003 年 2 月，叙利亚再次从黎巴嫩北部撤出 4000 人的部队，部署到贝卡谷地。2005 年 3 月 5 日，巴沙尔在议会上宣布，叙利亚将分步骤撤出驻黎巴嫩的军队，以此来履行叙利亚对《塔伊夫协定》和联合国安理会第 1559 号

---

① 高光福：《叙利亚投资市场分析》，载《西亚非洲》2009 年第 4 期。

决议①的承诺。2005 年 4 月 26 日，叙利亚完成了从黎巴嫩撤军的工作。
2005 年 2 月 14 日，黎巴嫩前总理哈里里被炸身亡。2006 年 1 月 21 日，
巴沙尔在大马士革表示，叙利亚愿同哈里里遇刺案的国际调查委员会合
作，但绝不容许叙利亚的国家主权和民族尊严受到侵犯。2008 年 10 月，
叙利亚与其长期以来认为是自己"不可分割的一部分"的黎巴嫩正式建
立外交关系，客观上放弃了"（大）叙利亚主义"，承认了当前的叙利亚
领土范围。

（二）与以色列展开谈判

在与以色列关系上，巴沙尔采取更为灵活务实的外交政策，在坚持原
则的基础上同意与以色列展开和平谈判。一方面，叙利亚接受联合国安理
会提出在"领土换和平"的基础上与以色列进行谈判的要求，即坚持在
绝不放弃戈兰高地的原则下，灵活务实地对待任何可能的解决方案。在法
国和以色列的呼吁下，巴沙尔于 2009 年 7 月在地中海峰会上提出未来的
叙以直接谈判将在少则 6 个月长则两年内达成和平协议。另一方面，叙利
亚在对巴勒斯坦问题及真主党态度上保持适度的支持。2006 年 8 月，以
色列与黎巴嫩发生武装冲突，叙利亚支持黎巴嫩的真主党。

（三）缓解与邻国及大国的关系

巴沙尔上台后，在外交上采取克制态度，改善叙利亚与欧洲及邻国的
外交关系，呼吁建立中东和平。巴沙尔任总统后，先后访问了西班牙
（2001 年和 2004 年）、奥地利（2001 年）、法国（2001 年和 2002 年）、
德国（2001 年）和英国（2002 年），并于 2003 年 8 月，在欧盟新任特使
马克·奥特访问叙利亚时，巴沙尔表示希望欧盟为实现中东全面和平发挥
有效作用。2004 年 10 月，叙利亚外长沙雷访问欧盟总部，与其签署了
《叙利亚欧盟伙伴关系协议》。

（四）理性处理与美国的关系

2003 年，叙利亚的复兴民族主义外交信念和意志经受了严峻考验，
由于反对美国对伊拉克动武的立场，叙美之间的关系急剧恶化，人们一度
猜测叙利亚将是下一个受美国打击的目标。而巴沙尔则理性处理与美国的
紧张关系。一方面，叙利亚积极与埃及、沙特、英、法、西班牙等国家进

---

① 2004 年 9 月 2 日，联合国安理会通过 1559 号决议，要求叙利亚驻黎部队全部撤离，叙
利亚接受该决议。

行磋商，建立友好合作的关系；另一方面，叙利亚应美方要求，进行封锁边界，关闭巴勒斯坦激进组织办事处，不向美方通缉的伊拉克人提供庇护等。总的来说，巴沙尔政府在处理叙美关系时，基本坚持在顶住美国施加的压力同时，也对美国的要求予以一定的配合和支持。这都显示了巴沙尔以叙利亚国家利益为重的灵活务实的外交方针与政策。

本 编 小 结

　　复兴党统治阶段是叙利亚民族国家构建最为关键的时期，在老阿萨德
去世之前，叙利亚基本完成了对社会的整合，建立了能有效控制军队、行
政机构的强有力的政府，以及政府的"跨阶层社会联盟"，实行鼓励私有
经济的政策，并进行了一系列对民族认同的构建。老阿萨德执政的30年，
除了在80年代出现过政治危机外，国家及社会总体比较稳定。但我们要
看到这种稳定是一种暂时现象，政府建立的与军队及"跨阶层社会联盟"
的紧密关系实际是一种利益联系，而国家给予这些联盟成员的政治与经济
利益在一定程度上损害了国家的经济发展，造成了财政赤字、国有企业及
事业单位人员过剩、效率极度低下、失业率过高等现象。而由于国家的统
治主要集中在老阿萨德一个人身上，这使得看似稳固的"金字塔式"的
政治结构实则非常脆弱，只要其"克里斯玛"人物无法再进行统治，这
一结构的稳定性就将不复存在。

　　而知识分子出身的巴沙尔显然无法长期维持其父建立起来的"克里
斯玛"式集权统治，尽管其自身也许确实有在叙利亚推进"民主"的一
定意愿。为了加强自己的权力并使改革顺利推行，他上台后迫使议会、各
级政府及复兴党元老中60%的官员退休，[①] 这一举措确实使他控制了复兴
党，强化了个人权力，但复兴党在叙利亚政治体系中至高无上的地位却遭
到了严重削弱，复兴党逐渐丧失了在选拔高级官员和制定内外政策中的决
定性作用。[②] 而巴沙尔新任命的官员大多为接受过西方教育的年轻阿拉维
派，他们缺乏与原来族群的联系、军方背景及治国经验，再加上位于高位

---

① Shmuel Bar, "Roots of Alawite - Sunni Rivalry in Syria", *Middle East Policy*, Vol. XIX, No. 2, 2012, p. 49.

② Raymond Hinnebusch, "Bashar's Syria, The Regime and Its Strategic Worldview", *Comparative Strategy*, Vol. 25, Issue 5, 2006, p. 371.

的巴沙尔的亲属的腐败,[1] 逐渐削弱了复兴党的执政能力及政治合法性。此外,巴沙尔时期推行的经济改革既不彻底又损害了原先支持政府的阶层的利益,且由于改革中政治体制与行政机构的改革明显滞后,因此既伤害了原有支持者的感情,又没有获得普遍民众的支持,最终还是没有避免国内各种矛盾的总爆发。

自 2011 年 3 月叙利亚爆发反政府示威以来,叙利亚局势持续动荡,成为全球热点。作为"阿拉伯之春"的一部分,叙利亚危机久拖不决,虽然这也是内外因素共同作用的结果,但是叙利亚长期以来的经济、政治、社会、族群问题以及民族国家构建的缺陷等才是导致叙利亚危机的根本原因。叙利亚在爆发危机之前,虽然经济上没有出现大幅度下滑,但高失业率足以反映其国内利益分配上存在的尖锐矛盾,青年成为对社会不满的主要人群;而复兴党政府在处理库尔德人问题上的激进政策,强化了库尔德人对政府的不满,继而成为反政府派别,积极推进库尔德民族运动。此外,从所有示威游行人的诉求都关乎"公平"上可见,复兴党政府推行的军政体制已逐渐失去了合法性,民众渴望建立更加公平的民族政府。但是,由于叙利亚反对派众多,且相互之间及各自内部均矛盾重重,难以组建获得大众认同的民族政府,因此叙利亚未来民族国家构建的方向还需拭目以待。

---

[1]　巴沙尔的弟弟马赫尔·阿萨德与姐夫阿瑟夫分别被任命为共和卫队及军事情报部门的负责人,后者 2011 年年末被任命为国防部副部长,在 2012 年 7 月 18 日发生的袭击中身亡。二者均被传出贪污腐败等问题。

结　论

　　由于"民族主义"是一种最先起源于欧洲的思潮，因此民族国家构建也是最早在欧洲自然而然地发展起来的。然而，在大多数如叙利亚这样的非欧洲的后发展地区，民族主义一般起源于独立以前，其目的是争取独立。19世纪中叶，"阿拉伯民族主义""（大）叙利亚主义"等民族主义思想就已在叙利亚开始传播，20世纪初，中东地区已成为民族主义思想体系的核心地区。但不同的是，西欧国家的民族主义主要是自下而上地改革社会的手段；在中东，从西方传播过来的民族主义被精英阶层与掌权者用作工具，通过自上而下的手段来创建或巩固民族国家。由于奥斯曼帝国一直使用米莱特系统①统治着叙利亚地区，而该系统是建立在不同社会群体相对自治基础上的，因此强化了叙利亚人忠于各自族群身份的传统。从20世纪中叶开始，亚非拉各国的政治家和知识精英开始提出自己的民族主义理论，发起民族主义运动，最终实现了民族独立的目标，并在独立后全方位推进民族国家构建。叙利亚民族国家的形成过程就是民族主义先于国家的典型。总的来说，叙利亚民族国家构建的特点主要表现在以下几个方面：

　　第一，作为中东民族主义的发源地，叙利亚民族国家构建具有更深刻的意义，且各种"民族主义"思潮对其民族国家构建产生了深远影响。

　　近代叙利亚地区由于最先受到西方民族主义思想的影响，因而孕育了"阿拉伯民族主义""（大）叙利亚主义"等多种民族主义思潮，成为中东民族主义的发源地。作为法国的殖民地，叙利亚的民族主义思想

---

　　① millet系统奥斯曼帝国的行省管理系统。millet（土耳其语）一词从阿拉伯语milla转化而来，《古兰经》中指"宗教"，后引申为"宗教社团"。该称呼区别于"社区"，"社区"以地区为组成基础，而millet以宗教、族群为组成基础。

与争取独立的进程总是与中东的民族独立运动紧密结合在一起。"二战"后，中东有许多国家像叙利亚一样面对着现代民族国家构建的艰巨任务，其主要课题是如何在政治上建立现代独立国家及有效的行政体系，使政府能够对国家的经济、政治、社会、国防等事务进行有效的管理，确保民众的福利；营造各族群、阶层逐步参与的局面；在外交上加强与国际社会的联系，确立睦邻友好与和平外交的方针；在经济上有效地加强各族群、阶层、宗教及教派的联系，在国家整体现代化进程中加速落后群体的发展，实现共同繁荣；推进民族文化教育事业，促进国家认同的发展，等等。因此，叙利亚的民族国家构建在中东地区具有极其重要的意义与代表性。

叙利亚作为"（大）叙利亚主义"的核心，它在民族国家构建的过程中，无时无刻不受到各种民族主义思想的影响。"阿拉伯民族主义""（大）叙利亚主义""国家民族主义"等都在影响着叙利亚的内外政策及其民族国家构建的发展方向。在"阿拉伯统一"思想的指导下，1958年叙利亚实现了与埃及的合并，建立了"阿拉伯联合共和国"，将"阿拉伯民族主义"的理论首次变为了现实。在"（大）叙利亚主义"的影响下，叙利亚政府及民众长期将黎巴嫩看作是本国不可分割的一部分。而面对本国和本地区的现实状况，叙利亚历届政府都不得不从实际出发，以"国家民族主义"为指导进行国家建设与对外交往。但即便如此，由于"阿拉伯民族主义"的深入人心，叙利亚官方从未放弃过对官方意识形态的重要内容"阿拉伯统一"观念的宣传。

"阿拉伯民族主义"在指导阿拉伯国家争取独立的同时，也使"阿拉伯民族"这一概念深植人心，阿拉伯世界从此成为一个整体。1945年，阿拉伯国家成立阿拉伯国家联盟这一地区性政治组织，其宗旨是加强成员国间的协作，共同维护各国的主权和领土完整，广泛开展经济文化各个领域的合作。1958年，叙利亚与埃及联合为阿拉伯联合共和国；1961年，叙利亚脱离阿联，但保留了"阿拉伯共和国"的名称。如今，在阿拉伯世界的动荡中叙利亚也未能幸免，虽然这次动荡的根本原因是阿拉伯国家自身的问题导致的，且民族国家构建的失败就是其中最重要的原因之一，但仍旧可以看出阿拉伯各国紧密相连的关系。

此外，由于叙利亚在地理上毗邻以色列、巴勒斯坦、约旦等多个在中东具有重要战略意义的国家，且自身坚持坚定的反对以色列的立场，因而在中东地区享有特殊地位。叙利亚地缘政治的特殊性以及其在中东及阿拉伯世界中的特殊地位，使其民族国家构建对地区发展有特殊意义，且加紧自身的民族国家构建也对防止多国势力进入显得极为必要。

第二，族群、部落、区域等问题对叙利亚民族国家构建产生了复杂的影响。

叙利亚地处阿拉伯世界的边缘，与多个国家接壤，其独特的地理位置使其在历史上便是中东乃至东西方文明交往的中心地带，从而决定了其作为一个多族群融合的国家的状况，并成为中东国家中社会多元性最为突出的国家。而且，由于叙利亚的少数族群（包括教派）"大分散、小集中"的分布状况，使一些少数族群成为具有凝聚力和区域影响力的"集中少数派"。因此，在叙利亚，族群、部落、区域等问题成为相互交织共同影响着叙利亚现代民族国家构建的整体问题。在法国委任统治之前，由于叙利亚各地长期互相隔绝，经济上自给自足，因此教派、部落、区域认同较为严重。而法国委任统治时期，由于法国对叙利亚实行"分而治之"的政策，使得这一问题更加严重，各少数族群都相应地加强了自我认同。此外，法国委任统治当局在经济、军事等方面加大对以阿拉维派为主的少数族群的扶持，使其开始从一个备受歧视的群体逐渐进入核心权力集团及军队精英。叙利亚独立后，复兴社会党与军队互相渗入，再加上不断的军事政变使军队的权力越来越大，最终使二者结成联盟，叙利亚从初具雏形的"议会民主制"发展为复兴党一党领导的"军政体制"。而由于这些少数族群成员又大多来自农村，通过上学成为思想较激进的"新中产阶层"，因此复兴党的上台执政又从总体上改变了叙利亚的整个社会结构。阿拉维派、农民、新中产阶层的地位大幅度上升。此外，由于叙利亚北接土耳其，东临伊拉克，因此也成为两国避难的库尔德人的聚集地，这些库尔德人势必与土、伊两国境内的库尔德人组织有千丝万缕的联系，而叙利亚历届复兴党政府对库尔德人推行的同化政策则加剧了库尔德人运动的开展。

第三，复兴党的统治对叙利亚民族国家构建产生的独特影响。

复兴党的统治为叙利亚民族国家构建带来了极大的独特性。由于复兴党统治时期，其党员主要为阿拉维派、新中产阶层，因此其政策势必有利于这些集团。复兴党统治初期，由于激进势力控制党的领导权，因此政府推行了一系列激进的"社会主义"政策，包括土地改革、打击传统贵族、打击中产阶层的力量等，对叙利亚社会结构的变化产生了深远影响。老阿萨德时期为了缓和社会矛盾，逐渐取消了一些过于激进的政策，但总体来说，复兴党统治初期受益于政府政策的阶层到阿萨德时期仍是政府有意拉拢的对象，成为政府建立的"跨社会联盟"中的重要成员。老阿萨德通过建立总统大权独揽的"权威政治体制"控制了党、政、军等多方面权力，使独立后频繁发生的军事政变在其统治期间再没出现过。

然而，老阿萨德虽然是少数教派出身，却并没有公开鼓吹教派主义，而是在"复兴社会主义"①的指导下，一直坚持叙利亚是一个阿拉伯国家，倡导各宗教及教派之间的团结与和睦相处。与此同时，复兴党在"阿拉伯统一"的思想影响下，却对库尔德这样的少数族群进行压制和同化，声称叙利亚没有"少数民族"，所有叙利亚人都是阿拉伯人。这样做的结果是加速了库尔德民族主义的发展与社会的动荡。但即使这样，叙利亚的库尔德人在中东库尔德人中仍是最为温和的。此外，由于复兴党统治初期包括阿萨德统治前期，政府实行世俗化政策，引起了以穆斯林兄弟会为代表的伊斯兰保守势力的反对，成为又一个影响社会安定的因素。

在经济上，推崇"复兴社会主义"的复兴党政府始终没有实行彻底的经济开放政策，政府始终对经济保持较大程度的控制与领导。而国家在制定经济政策的时候，优先考虑的是国家的政治稳定而不是经济发展。叙利亚经济在 20 世纪 70 年代的迅猛增长主要依赖资金的高投入。70 年代中后期，叙利亚从海湾产油国及苏联获得了大量资金援助与贷款，使这种经济高投入政策得以维系。但叙利亚主要将这些资金用于军费开支，其次才用于投入工农业发展及交通、教育、社会福利事业。而且即使是工业项目上，国家也只是注重兴建工厂，而忽视了技术、效率的提高，因此经济上出现了生产力低下，依赖外援以及收支严重失衡等现象。而 70 年代叙利亚得到的大量赠款、贷款及侨汇收入便暂时弥补了国家预算赤字。然而，80 年代初期后，国外赠款及贷款大幅度降低后，经济问题便一下子以经济危机的形式爆发了出来，其反映的经济问题主要有：军费开支过

---

① 应该注意的是，复兴社会主义属于阿拉伯民族主义，而阿拉伯民族主义主要代表了逊尼派的观点，而逊尼派是叙利亚的多数族群。

高，财政赤字大；[①] 工业中制造业发展迅速，但设备、技术与部分基本原材料仍依赖外国提供；[②] 国有企业规模大，但效率低下，等等。

　　总的来说，叙利亚民族国家构建的过程曲折而复杂，但经过几代人的努力，叙利亚独立的"民族国家"观念已深入人心，即使是如今叙利亚陷入内乱的状态下，也没有组织提出要分裂叙利亚。但是，叙利亚国家没能妥善处理各族群、阶层之间的关系，没有构建起法制完善、公平透明的政府管理体制，没有有效地利用市场和私人企业推动国民经济的发展，其民族国家内部矛盾重重，未来仍任重道远。

　　[①] 叙利亚的国防开支常年一直居各项开支之首，占国家经常性开支的 60%，1979 年竟高达 70%，1980 年以后虽有所下降，仍占 50% 左右。巨额军费开支不仅占用了大量建设资金，也加剧了财政赤字，使国家负债累累。据估计，1987 年年底叙利亚外债总额已接近 140 亿美元，其中绝大部分是购买武器所欠的外债。详见 World Bank, *World Development Report*, 1981, New York, Oxford University Press, 1981, pp. 134—136。

　　[②] Gunter Meyer, "Economic Development in Syria since 1970", *Politics and the Economy in Syria*, ed. J. A. Allen, London, School of Oriental and African Studies, 1987, pp. 50—52.

附录一

叙利亚历史上的国旗

叙利亚王国，1920年

法属叙利亚托管地，
1920—1922年

叙利亚联邦和叙利亚邦，
1922—1932年

叙利亚共和国，
1932—1958年

阿拉伯联合共和国，1958—
1961年，叙利亚与埃及合并

阿拉伯叙利亚共和国，
1961—1963年

阿拉伯叙利亚共和国，
1963—1971年

阿拉伯联邦共和国，
1972—1980年

阿拉伯叙利亚共和国，1980年
至今，恢复使用1958年与埃及
合并时的旗帜

附录二

叙利亚国歌

阿拉伯语歌词	拉丁字母转写	中译文
حُماةَ الدِّيارِ عَلَيْكُمْ سَلامُ	Humāta d – diyārialaykum salām	
أَبَتْ أَنْ تَذِلَّ النُّفوسُ الكِرامُ	Abat an tazilla n – nufūsu l – kirām	
عَرينُ العُروبةِ بَيْتٌ حَرامُ	Arīnu l – urūbati baytun harām	卫国的战士们
وعَرشُ الشُّموسِ حِمَىً لا يُضامُ	Wa – arshu sh – shumūsi himan lā yudām	祝你平安 我们骄傲的精神
رُبوعُ الشَّآمِ بُروجُ العَلا	Rubūú sh – shaāmi burūju l – ála	将不会被压制
تُحاكي السَّماءَ بِعالي السَّنا	Tuhāki s – samāá bi – āli s – sana	阿拉伯主义的殿堂
فَأَرضٌ زَهَتْ بِالشُّموسِ الوِضا	Fa – ardun zahat bi – sh – shumūsi l – wida	是个神圣的庇护所 日月星辰的归属
سَماءٌ لَعَمْرُكَ أَوْ كَالسَّما	Samāún la – ´amruka aw ka – s – sama	神圣不为侵犯
		叙利亚的土地
رَفيفُ الأماني وخَفْقُ الفُؤادِ	Rafīfu l – ámāni wa – khafqu l – fuād	高高在上
عَلى عَلَمٍ ضَمَّ شَمْلَ البِلادِ	Alā alamin damma shamla l – bilād	冲向在云层之上
أما فيهِ مِن كُلِّ عَينٍ سَوادِ	Amā fī – hi min kulli aynin sawād	对话无尽蓝天
ومِن دَمِ كُلِّ شَهيدٍ مِدادِ؟	Wa min dami kulli shahīden midād	土地拥有辉煌的太阳
نُفوسٌ أُباةٌ ومَاضٍ مَجيدٌ	Nufūsun ubātun wa mādin majīd	土地拥有灿烂的太阳
ورُوحُ الأَضاحي رَقيبٌ عَتيدٌ	Wa – rūhu l – adāhi rāqībun atīd	成为另一片天
فَمِنّا الوَليدُ ومِنّا الرَّشيدُ	Fa – min – na l – walīdu wa – min – na r – rashīd	几乎全部的蓝天
فَلِمْ لا نَسودُ ولِمْ لا نَشيدُ؟	Fa – lim lā nasūdu wa – lim lā nashīd	

来源：维基百科中文版，http：//zh. wikipedia. org/wiki/叙利亚国歌。

附录三

1973 年叙利亚宪法

序　　言

当阿拉伯民族是一个统一的民族时，曾对人类文明建设发挥过巨大作用。当阿拉伯民族团结的联系削弱时，它的建设文明的作用随之下降，而殖民主义征服的浪潮摧毁了阿拉伯民族的统一，侵占了阿拉伯的领土并掠夺阿拉伯的资源。我们阿拉伯民族出于自己的信念顶住了这些挑战，并抵制分裂、剥削和落后的现实，我们相信我们有能力克服这种现实并重返历史舞台，同其他获得解放的民族一道在建设文明和进步的事业中发挥自己独特的作用。

20 世纪上半叶末，阿拉伯人民反对殖民主义争取实现民族解放的斗争已在若干国家内展开，并发挥了重大的作用。

阿拉伯人民并不认为独立是他们奋斗牺牲的目标和目的，而是一种加强战斗的手段，是在爱国和进步力量的领导下为实现阿拉伯民族统一、自由和社会主义三大目标，同帝国主义、犹太复国主义和一切剥削努力进行持续战斗的新阶段。

在阿拉伯叙利亚地区，我国人民群众在赢得独立后继续战斗，不断前进，终于在阿拉伯复兴社会党的领导下取得了 1963 年 3 月 8 日革命的巨大胜利，从而使权力机关成为服务于建设统一的阿拉伯社会主义社会而斗争的工具。

阿拉伯复兴社会党是阿拉伯祖国第一位的运动，它首先赋予阿拉伯民族统一以深远的革命意义，把民族主义和社会主义斗争联结在一起。它代表阿拉伯民族对未来的意志和愿望，力求使其光荣的过去同阿拉伯民族结合在一起，使阿拉伯民族能在各国人民争取自由并赢得胜利的事业中发挥自己的作用。

通过党的激烈斗争，1970 年 11 月 16 日的纠正运动顺应了我国人民的要求和愿望。这个纠正运动是一次重大的质的发展，是党的精神、原则和目标的正确反映。它为实现我国广大群众十分关心的许多意义重大的设想创造了良好的气氛。这首先是指出现了阿拉伯共和国联盟响应统一的号召实现各阿拉伯共和国结成联邦国家，这在阿拉伯信仰中占有最突出的位置。这种统一一向是阿拉伯人民反对帝国主义、犹太复国主义、地方主义纠纷和分裂主义运动的共同斗争的精神支柱，并为阿拉伯人民反对控制和剥削的当代革命所加强。

在纠正运动的支持下，在巩固全国广大人民团结的道路上迈出了极为重要的一步。在阿拉伯复兴社会党的领导下，具有先进观念的全国进步阵线宣告成立，它是符合人民需要和利益、团结阿拉伯革命工具的政治统一战线组织。

本宪法的制定，标志着我国人民争取人民民主原则斗争的圆满成功，它是指引人民向未来前进的指路明灯，是调节国家及其各种机构的活动的规范，也是国家立法的本原。

本宪法基于下列主要原则：

一、全阿拉伯革命是实现阿拉伯民族统一、自由和社会主义的愿望的现实需要和长期趋势。阿拉伯叙利亚地区的革命是全阿拉伯革命的组成部分。它的一切政策方针都来自阿拉伯革命的总战略。

二、在分裂的现实下，任何阿拉伯国家单独的成就，都不可能得到充分的发挥，只能受到歪曲和挫折，除非这些成就由阿拉伯统一来维护和支持。同样，帝国主义和犹太复国主义对任何阿拉伯国家的任何威胁和危害，也是对整个阿拉伯民族的威胁和危害。

三、为建立社会主义制度而前进，不仅是出于满足阿拉伯的社会需要，也是出于动员阿拉伯人民潜在力量同帝国主义和犹太复国主义作斗争的根本需要。

四、自由是神圣不可侵犯的权利，人民民主是保证公民行使自由权利的理想准则。正是这种自由权利使公民成为享有人格尊严的人，能为自己的祖国作出贡献、建设祖国、保卫祖国，并为自己的民族作出牺牲。祖国的自由只能由自由的公民来维护，公民的自由只有获得经济上社会上的解放才能实现。

五、阿拉伯革命运动是世界民族解放的基本组成部分。我们阿拉伯人民的斗争是世界各国人民争取自由、独立和进步的斗争的组成部分。

本宪法是我国人民群众行动的指南，我国人民将遵循宪法的原则和规定继续为解放和建设而奋斗，以加强我国人民斗争的地位，加速向美好的未来迈进。

第一章 基本原则

第一部分 政治原则

第一条

第一款 阿拉伯叙利亚共和国是人民民主和社会主义的主权国家。其领土的任何部分均不得放弃。阿拉伯叙利亚共和国是阿拉伯国家联盟的成员国。

第二款 阿拉伯叙利亚地区是阿拉伯祖国的一部分。

第三款 阿拉伯叙利亚的人民是阿拉伯民族的一部分。叙利亚人民为实现阿拉伯民族的全面统一而努力奋斗。

第二条

第一款 阿拉伯叙利亚地区的政体是共和国体制。

第二款 主权属于人民、人民依照本宪法的规定行使主权。

第三条

第一款 共和国总统的宗教信仰是伊斯兰教。

第二款 伊斯兰法学是立法的本原。

第四条 阿拉伯语为官方语言。

第五条 大马士革是国家首都。

第六条 国旗、国徽和国歌是阿拉伯国家联盟的国旗、国徽和国歌。

第七条 宪法规定的誓词如下：

"我以全能的真主的名义宣誓：忠诚维护人民民主共和体制，尊重宪法和法律，捍卫人民利益和祖国安全，为实现阿拉伯民族统一、自由和社会主义的目标而努力奋斗。"

第八条 阿拉伯复兴社会党是社会和国家的领导党。阿拉伯复兴社会党领导爱国进步阵线谋求人民的团结，并领导人民为阿拉伯民族的目标服务。

第九条 建立民众组织和合作团体，吸收各种为社会发展、为实现社会成员利益而努力的人民力量参加。

第十条　各级人民议会以民主方式选举产生。公民通过议会行使管理国家和领导社会的权利。

第十一条　军队和其他防务组织负责保卫祖国领土，捍卫统一、自由和社会主义的革命目标。

第十二条　国家为人民服务。国家机构保护公民的基本权利并致力于提高人民生活水平。国家支持各政治组织以实现自我发展。

第二部分　经济原则

第十三条

第一款　国家经济是社会主义计划经济，力求消灭一切剥削。

第二款　地区经济计划应为实现阿拉伯祖国经济一体化服务。

第十四条　法律规定三种所有制。

第一款　公有制：包括自然资源、公用事业、国有化设施和企业以及国家建立的设施和企业。国家负责为全民利益利用公有财产并监督对公有财产的管理。保护公有财产是公民的职责。

第二款　集体所有制：包括群众和专业组织以及生产单位、合作社和其他社会团体所属的资产。法律对集体所有制提供保护和支持。

第三款　个体所有制：属于个人所有的财产。法律规定个体所有制的社会使命是在发展计划的范围内为国民经济服务。不得以违反人民利益的方式利用私有的财产。

第十五条

第一款　除非出于公共利益需要并按法律规定付给合理赔偿，不得征用私有财产。

第二款　准许国家占有资金。

第三款　禁止私人占有资金，除非通过司法决定。

第四款　准许法律规定作为合理赔偿的私人占有。

第十六条　土地占有最高限额由法律规定，以保障农民和农业工人不受剥削和增加生产为前提。

第十七条　继承权依法受保护。

第十八条　储蓄是国民的义务，受国家保护、鼓励和支持。

第十九条　赋税按衡平法和累进制的原则征课，以实现平等和社会正义的原则。

第二十条　私人经济和合资经济的利用必须以满足社会需要、增加国民收入并使人民富裕为目的。

第三部分　教育和文化原则

第二十一条　教育文化制度的目的在于造就阿拉伯社会主义民族主义的新一代，使他们具有科学技术思想，热爱阿拉伯的历史和土地，以阿拉伯遗产而自豪，富于斗争精神，为实现阿拉伯民族统一、自由和社会主义的目标而奋斗，并为人类和阿拉伯的进步服务。

第二十二条　教育制度保证人民持续不断的进步，同时，适应人民不断发展的社会、经济和文化需要。

第二十三条

第一款　民族主义社会主义教育是建设统一的阿拉伯社会主义社会的基础。这种教育的目的在于加强道德价值观念，实现阿拉伯民族的最高理想，推动社会发展，并为人类事业服务。国家鼓励和保护这种教育。

第二款　鼓励艺术才能是社会进步和发展的基础之一。艺术创作必须建立在与人民生活紧密接触的基础上。国家鼓励和培养一切具有艺术才能的公民。

第三款　体育是社会建设的基础。国家鼓励体育以造就德智体坚强的一代。

第二十四条

第一款　科学、科学研究和一切科学成就是阿拉伯社会主义社会进步的基本因素。国家将不断扩大对科学事业的全面支持。

第二款　国家保护为人民利益做出贡献的作家和发明家的一切权利。

第四部分　自由、权利和公共义务

第二十五条

第一款　自由是神圣不可侵犯的权利。国家保护公民的人身自由，并维护公民的尊严和安全。

第二款　法律至上是社会和国家的一项基本原则。

第三款　在权利和义务方面，所有公民在法律面前一律平等。

第四款　国家保证公民机会均等的原则。

第二十六条　每个公民都有参加政治、经济、社会和文化生活的权利。参加办法由法律规定。

第二十七条　根据法律公民行使权利和享受自由。

第二十八条

第一款　被告未经终审判决定罪前，应推定为无罪。

第二款　除依照法律规定，任何人不得被监视或拘留。

第三款　任何人不受肉体和精神上的虐待或人格上的侮辱。法律规定对违犯者的制裁办法。

第四款　向法院起诉、上诉和辩护的权利受法律保护。

第二十九条　不根据法律不得定罪量刑。

第三十条　任何法律只对颁布后发生的事情具有约束力，不具有追溯效力。可以作相反的规定；但刑法除外。

第三十一条　住宅不受侵犯。除非根据法律规定，不得进入或搜查。

第三十二条　邮政、电报、电话通讯秘密受法律保护。

第三十三条

第一款　不准驱逐公民出境。

第二款　全体公民有权在国土境内旅行和迁移，但根据法院判决或为公共卫生和安全法律所禁止者除外。

第三十四条　由于政治原则或为捍卫自由而遭受迫害的外国政治犯，一律不准引渡。

第三十五条

第一款　保护宗教信仰自由，国家尊重一切宗教。

第二款　国家保护举行宗教仪式的自由，唯其仪式不得扰乱公共秩序。

第三十六条

第一款　劳动是每个公民的权利和义务。国家负责为所有公民提供就业机会。

第二款　国家保证公民有根据自己劳动的质和量获得相应报酬的权利。

第三款　国家规定工人的劳动工时、社会保险、休息和休假的权利以及种种补偿和福利。

第三十七条　受教育是受国家保障的权利。初级教育是国民义务教育，所有教育一律免费。国家致力于使其他级别的教育成为国民义务教育，监督并引导教育同社会和生产的需要相结合。

第三十八条 任何公民均有以口头、书面及其他一切方式自由和公开表达自己观点的权利。任何公民均有为健全国家和民族结构、巩固社会主义制度提出监督性和建设性批评的权利。国家依法保障新闻、印刷和出版自由。

第三十九条 在宪法原则范围内，公民有以和平方式举行集会和游行示威的权利。上述权利的行使由法律规定之。

第四十条

第一款 保卫祖国安全是每一个公民的神圣职责。遵守宪法和联合社会主义制度是全体公民的义务。

第二款 依照法律规定实行义务兵役制。

第四十一条 依法纳税和负担公共开支是公民的义务。

第四十二条 维护国家统一、保守国家机密为每一个公民的义务。

第四十三条 法律规定阿拉伯叙利亚公民资格。法律保障为阿拉伯叙利亚侨民及其子女以及其他阿拉伯国家的公民提供特殊方便。

第四十四条

第一款 家庭是社会的基本单位，受国家保护。

第二款 国家保护和鼓励自由婚姻，消除妨碍自由婚姻的物质和社会阻力。国家保护母亲和婴儿，关怀青少年，为青少年发展才能提供适宜的环境。

第四十五条 国家保障妇女有充分有效地参加政治、社会、文化和经济生活的一切机会。国家必须消除阻碍妇女发挥才能和参加建设阿拉伯社会主义社会的种种限制。

第四十六条

第一款 国家对遭受非常变故的公民及其家庭或孤儿，以及年老、疾病或丧失劳动能力的公民，提供社会保险和救济。

第二款 国家保护公民健康，并提供医疗保护设施。

第四十七条 国家保证文化、社会和卫生设施，特别关心对农村提供上述设施以提高农村生活水准。

第四十八条 群众有权建立联合的、社会的专业组织和生产合作社。其组织法、相互之间的关系和工作的范围由法律规定。

第四十九条 群众组织依照法律的规定有效地参与各个部门和地方议

会的活动以实现下列目标：

第一款 建设和保卫阿拉伯社会主义社会。

第二款 制订计划和指导社会主义经济。

第三款 改善劳动条件，发展安全、卫生、文化以及其他一切有关组织成员生活的事项。

第四款 推动科学技术进步，发展生产资料。

第五款 对政府机构实行群众监督。

第二章 国家权力

第一部分 立法权

第五十条

第一款 人民议会按本宪法规定的方式行使立法权。

第二款 人民议会议员，按照选举法的规定，以普遍、秘密、直接和平等的投票方式选举产生。

第五十一条 人民议会每届任期四年，任期从第一次会议开幕之日算起。在战争情况下，人民议会任期待依法延长。

第五十二条 人民议会的任何议员均代表全体人民。议员行使职权不受任何限制，议员必须以自己的荣誉和良心行使职务。

第五十三条 法律规定选区和人民议会议员人数，工人和农民的代表至少占半数。法律规定划定工人和农民的条件。

第五十四条 凡年满十八岁，列入公民登记名单，并符合选举法所规定的条件的公民均得为选民。

第五十五条 法律规定选举和公民投票，并明确规定人民议会议员的候选资格。

第五十六条 国营工人包括公共部门工人可以提名本人竞选议员。除非法律另有规定，当选议员可以离职进入议会，其原来职位和工作应予保留。此种离职时间应视为在职。

第五十七条 选举法必须包含下列保证条款：

第一款 选民有投票选举自己认可的候选人的自由和选举的合法性。

第二款 候选人监督投票的权利。

第三款 对以不正当手段影响投票人意志者的制裁办法。

第五十八条

第一款 大选应在本届议会任期届满前九十天内举行。

第二款 如未选出新议会，人民议会应依法召开。人民议会应在上述九十天期限届满后召开并继续行使职权直至新议会产生时为止。

第五十九条 如议员因故缺额，应在议员出缺后九十天内选举递补，但如在议会任期届满前不足六个月期间出缺则不再举行补选。递补议员资格随同该届议会任期届满而终止。选举法规定议员出缺的条件。

第六十条

第一款 人民议会应在选举结果公布后十五天内由共和国总统以法令宣布召开。如未发布召开议会的总统令，应依法于第十六日召开。

第二款 国民议会第一次会议选举议长和议会秘书处成员。

第六十一条 人民议会每年举行三次常会。人民议会得召开非常会议。议会议事规则确定各次常会的日期和会期。根据议长的决定或应共和国总统的书面要求或三分之一议员的要求，人民议会得举行非常会议。

第六十二条 根据最高宪法委员会调查，对议员资格提出异议和裁定，人民议会应在接到通知后一个月内，对议员资格的合法性作出裁决。人民议会须以议员总额的过半数多数通过，始得裁决议员资格无效。

第六十三条 议员就职前，须在议会按宪法第七条所规定的誓词当众宣誓。

第六十四条 议员的报酬和津贴由法律规定。

第六十五条 人民议员制定内部体制，以确定议事规程和执行职务的方式。

第六十六条 议员在议会及其各种常设委员会活动中的任何行为，或所发表的意见，或在公开或秘密会议上的表决，均不受刑事法院或民事法院的追究。

第六十七条 议员在议会任期内享有豁免权。未经议会事先许可，不得对议员采取任何刑事措施，但因现行犯罪被拘捕者除外。如在议会闭会期间，须经议长许可。但议会复会时，应立即将所采取措施通知议会。

第六十八条

第一款 议员不得利用议员资格从事任何其他活动。

第二款 同议员资格不相容的活动，由法律规定之。

第六十九条

第一款　议长有权代表人民议会提出异议、签署文件和发表讲话。

第二款　人民议会有一支由议长管辖的特别警卫队。未获议长准许，其他任何武装力量不得进入议会大厦。

第七十条　根据议会内部体制规定，议员有权提出议案，并有权向内阁和所有部长提出询问和质询。

第七十一条　人民议会行使下列权力：

第一款　提名共和国总统人选。

第二款　批准法律。

第三款　辩论内阁政策。

第四款　批准总预算和发展计划。

第五款　批准有关国家安全的条约和协定，即和约及联盟条约，一切有关主权权利的条约或授予外国公司或机构特许权的各种协定，涉及承担未列入财政预算的财政支出的条约和协定，同现行法律的条款有抵触的条约和协定，以及要求颁布施行新立法的条约和协定。

第六款　批准大赦。

第七款　接受或拒绝议员的辞呈。

第八款　撤销对内阁或部长的信任。

第七十二条　未通过质询不能撤销对内阁或部长的信任。任何撤销信任的动议，须由至少五分之一的议员提出始得成立。经过半数议员的赞同，人民议会得撤销对内阁或部长的信任。在议会通过对内阁的不信任案后，总理必须向共和国总统提出全体内阁总辞职。如议会通过对某位部长的不信任案，则该部长必须辞职。

第七十三条　人民议会得指定议员组成临时委员会，以便就属于议会管辖的问题收集情况及寻求事实依据。

第七十四条　预算草案应在财政年度开始前两个月提交人民议会。未经议会批准，预算不得生效。

第七十五条　预算应逐章进行表决。编制预算的办法由法律规定。

第七十六条　每一财政年度有一次预算，财政年度的起始日期由法律规定。

第七十七条　如人民议会未能在新财政年度开始前批准预算，上一财政年度的预算继续生效，至新财政年度预算被批准为止。国家的岁入按继续生效的法律规定征收。

第七十八条　除非依照法律的规定。不得改变预算各章的编排。

第七十九条　议会在审议预算时无权增加预算的收入和支出。

第八十条　议会在批准预算后，可以通过有关增加新的收入和支出的法律。

第八十一条　不根据法律，不得任意征课赋税，改变税额或废除赋税。

第八十二条　财政年度决算应在该财政年度结束前两个月内提交议会。决算按法律规定。决算的结余或结欠经批准后列入预算。

第二部分　行政机构

第一节　共和国总统

第八十三条　总统候选人必须年满四十岁，具有阿拉伯叙利亚国籍并享有公民权利和政治权利。

第八十四条　根据阿拉伯复兴社会党地区领导机构的建议，人民议会发布命令进行总统选举：

第一款　将总统候选人提交全体公民进行公民投票；

第二款　公民投票将根据人民议会议长的指示举行；

第三款　新总统选举应在本届总统任期届满前至少三十天，至多六十天内举行；

第四款　候选人获得总票数的绝对多数即当选为共和国总统。如候选人未能获得绝对多数，议会将提名另一候选人。若上述情况发生，则在第一次公民投票结果公布后一个月内，以同样的程序进行选举。

第八十五条　共和国总统任期七年，自在职总统任期届满之日开始，按公历计算。

第八十六条　如共和国总统因故暂时不能行使职务，由副总统接替总统职务。

第八十七条　如共和国总统意欲辞去总统职务，必须向议会提交辞呈。

第八十八条　如共和国总统不能行使职务，由共和国第一副总统或总统指定的副总统代行总统职务。如共和国总统永久丧失行使总统职务能力或因死亡或辞职而缺位，应根据本宪法第八十四条之规定，在不超过九十天的期限内举行公民投票选举新总统。如议会已被解散或离议会任期届满不足九十天，由第一副总统代行总统职务，直到新届议会召开时为止。

第八十九条　如总统缺位而又无副总统，由总理行使共和国总统全部职权，直到九十天内举行公民投票选出新总统时为止。

第九十条　共和国总统在就职前，须按本宪法第七条之规定，向人民议会宣誓。

第九十一条　总统对同履行职务直接有关的行为不负责任，但叛国行为不在此列。对总统的指控必须由至少三分之一的议员提出，并经人民议会在特别秘密会议的公开表决中以三分之二的多数票通过决议，始得成立。对总统审判只能由最高宪法委员会进行。

第九十二条　共和国总统的礼仪、特权和俸给，均由法律规定。

第九十三条

第一款　共和国总统监督对宪法的遵守，并负责保证国家权力的正常行使和国家的连续性。

第二款　共和国总统在宪法规定的范围内代表人民行使行政最高权力。

第九十四条　共和国总统会同内阁磋商制定国家的总政策，并监督其执行。

第九十五条　共和国总统任命一或数名副总统，并委托行使一部分总统权力。总统任命总理、副总理、部长和副部长，接受内阁成员的辞呈，并解除内阁成员的职务。

第九十六条　副总统就职前，须按本宪法第七条规定的誓词宣誓。

第九十七条　共和国总统召集并主持内阁会议。总统有权要求部长提出报告。

第九十八条　共和国总统公布人民议会通过的法律。总统在收到法律文本后一个月内，得以说明理由的决定否决该项法律。如议会以三分之二的多数票再次通过该项法律，共和国总统必须予以公布。

第九十九条　共和国总统根据现行立法颁布法令、决定和命令。

第一百条　共和国总统根据人民议会的决议，宣布战争、总动员和媾和。

第一百零一条　共和国总统根据法律规定，有权宣布和终止紧急状态。

第一百零二条　共和国总统任命驻外使节，并接受外国使节呈递的国书。

第一百零三条　共和国总统为军队和武装力量的最高统帅。总统发布一切必要的决定和命令行使这一权力。总统得将部分军事权力委托他人行使。

第一百零四条　共和国总统依照宪法规定，批准或废除国内的条约和协定。

第一百零五条　共和国总统发布大赦令和平反决定。

第一百零六条　共和国总统授予勋章奖章。

第一百零七条

第一款　共和国总统得以说明理由的决定宣布解散人民议会。大选应自议会解散之日起九十天内举行。

第二款　总统不得以同一理由再次解散人民议会。

第一百零八条

第一款　共和国总统有权要求人民议会召开非常会议。

第二款　共和国总统得向议会提出咨文和发表声明。

第一百零九条　共和国总统依法任免国家文职人员和军事人员。

第一百一十条　共和国总统得制定法律草案，并提交议会通过。

第一百一十一条

第一款　在人民议会闭会期间，共和国总统得行使立法权力。由总统颁布的立法应提交人民议会第一次会议追认。

第二款　如出于保卫国家利益和国家安全的特别紧急需要，即使在议会会议期间，共和国总统仍得行使立法权力。由总统颁布的立法应提交人民议会第一次会议追认。

第三款　人民议会有权或以出席议员的三分之二多数所通过的法律，废除或修正第一款及第二款所述之立法，唯其出席议员人数不得少于议员总额的绝对多数，其所作出之废除或修正决议不得具有追溯效力。如果议会不废除或修正该项立法，即视为依法通过，无须进行表决。

第四款　在两届议会交替时期，共和国总统行使立法权力。总统在此期间所颁布的立法，无须提交人民议会。在被修正或废除以前，其有效性如同现行法律，

第一百一十二条　关系国家最高利益的重大问题，共和国总统持有政

府复决权。复决结果具有约束力，并于公布之日起生效。共和国总统公布复决结果。

第一百一十三条　在国家统一或祖国的安全和独立受到特别严重的威胁，并且国家机构履行宪法所规定的职责受到阻碍时，共和国总统得根据形势采取必要的紧急措施。

第一百一十四条　共和国总统得设置办公机构和各种专门会议和委员会，并规定上述机构的权力和管辖权限。

第二节　内阁会议

第一百一十五条

第一款　内阁是国家最高行政管理机构。内阁由内阁会议主席、副主席和各部部长组成。内阁监督对法律和法规的执行并监督国家机构和行政部门的工作。

第二款　内阁会议主席监督各部部长的活动。

第三款　内阁会议主席、副主席、部长和副部长的薪俸和津贴由法律规定。

第一百一十六条　新内阁组成时，内阁会议主席、副主席、各部部长和副部长在就职前，须向共和国总统按本宪法第七条规定的誓词宣誓。内阁改组时，只有新任部长须在就职前宣誓。

第一百一十七条　内阁会议主席和各部部长向共和国总统负责。

第一百一十八条

第一款　内阁组成后须立即向人民议会提出政府总政策和施政纲领。

第二款　内阁每年向人民议会提出年度报告，说明发展计划执行情况和生产发展状况。

第一百一十九条　部长是部的最高行政权力。部长负责在本部事务中执行国家总政策。

第一百二十条　部长在任职期间不得兼任私营公司董事会的成员或代理人，不得参与任何商业或工业活动或从事自由职业。部长在任职期间不得直接或间接地参与同国家机关（包括各部、局）或国营公司签订合同、投标或承包工程的活动。

第一百二十一条　法律规定部长的民事和刑事责任。

第一百二十二条　共和国总统任期届满或因故永久不能履行总统职

务，在当选总统任命新内阁前，内阁应继续管理国家事务。

第一百二十三条　根据宪法和法律规定，共和国总统有权将利用职权进行犯罪的部长交付审判。

第一百二十四条　受指控的部长在起诉宣布后，法院对其所受指控尚未作出裁决前，应停止执行部长职务。受指控的部长辞职或被免职不能阻止将其交付审判。审判程序由法律规定。

第一百二十五条　内阁成员可由人民议会议员兼任。

第一百二十六条　适用于部长的规定同样适用于副部长。

第一百二十七条　内阁具有下列权限：

第一款　参与共和国总统制定国家总政策并负责执行。

第二款　指导、协调和检查各部及一切国家机构的工作。

第三款　编制国家总预算草案。

第四款　制定法律草案。

第五款　制订发展规划，发展生产，开发国家资源，以及一切旨在增强经济实力和提高国民收入的事项。

第六款　根据宪法规定签订贷款协定。

第七款　根据宪法规定缔结协定和条约。

第八款　检查法律的实施，维护国家安全，保护公民权利和国家利益。

第九款　根据法律和法规颁布行政决定，并监督对行政决定的执行。

第一百二十八条　除内阁权限外，内阁总理和部长还得行使现行立法所规定的职权，但以不与宪法赋予其他国家权力机构的权限相抵触为限。

第三节　地方人民议会

第一百二十九条

第一款　依照法律规定，地方人民议会为地方行政单位的权力机构。

第二款　地方行政单位由法律明文规定。

第一百三十条　地方人民议会的权限、地方人民议会的选举法和组织法、地方人民议会成员的权利和义务，以及一切有关的法规、条例均由法律规定之。

第三章　司法权

第一部分　法官和检察官

第一百三十一条　司法权独立。共和国总统在最高司法会议协助下保证司法权独立。

第一百三十二条　共和国总统主持最高司法会议。最高司法会议的组织法、权限和内部工作程序，由法律规定。

第一百三十三条

第一款　法官独立。法官只服从法律。

第二款　法官的荣誉、良心和公正是公共权利和自由的保证。

第一百三十四条　判决以阿拉伯叙利亚人民的名义宣布。

第一百三十五条　法律规定司法体制及其规范、法官等级以及各类各级法院的管辖权限。

第一百三十六条　有关法官的任命、提升、调动、处分以及免职的条件，由法律规定。

第一百三十七条　检察署是单独的司法机构，受司法部长领导。检察官的职能和权限由法律规定。

第一百三十八条　国务委员会行使行政法院的职能。有关国务委员会（行政法院）法官的任命、提升、处分以及免职的条件由法律规定。

第二部分　最高宪法法院

第一百三十九条　最高宪法法院由五名成员组成，其中一名任院长。最高宪法法院的全部成员均由共和国总统以法令任命。

第一百四十条　最高宪法法院成员不得兼任政府部长或人民议会议员。不得兼任的其他职务由法律规定。

第一百四十一条　最高宪法法院成员任期四年，可以连任。

第一百四十二条　除非依照法律规定，不得免除最高宪法法院成员职务。

第一百四十三条　最高宪法法院主席和成员在就职前应举行宣誓。宣誓仪式由共和国总统主持，并须有人民议会议长出席。誓词如下："我以全能的真主的名义宣誓：遵守宪法和法律，公正忠诚地履行职责。"

第一百四十四条 在发生争议的情况下，最高宪法法院就人民议会议员选举的合法性作出裁决，并将结果向人民议会提出报告。

第一百四十五条 最高宪法法院应按下列各款规定，就法律是否符合宪法进行审查并作出裁决：

第一款 在各项法律颁布以前，应共和国总统或四分之一人民议会议员的要求，就该项法律是否合宪进行审查。最高宪法法院应在接到该项申请之日起的十五天内作出裁决，在此情况下，颁布上述法律的期限因最高宪法法院的受理而推迟。但在紧急情况下，上述期限缩减为七天。

第二款 如果有四分之一的议员在人民议会会期的十五天内对某一立法性法令的合宪性提出异议，最高宪法法院应在该项异议提出之日起的十五天内就该项立法性法令是否符合宪法作出裁决。

第三款 如果最高宪法法院宣布某项法律或法令为违反宪法，则其中凡是违反宪法的条款应视为无效，并具有追溯效力，不承担任何责任。

第一百四十六条 最高宪法法院无权审查由共和国总统提交全国公民投票所通过的各项法律。

第一百四十七条 应共和国总统要求，最高宪法法院应就法案和立法性法令是否合宪以及法令草案是否合法提供法律意见。

第一百四十八条 关于最高宪法法院受理审议事项的程序和行使职权的规则，及其组织、成员资格、薪俸、豁免权、特权和职责，均由法律规定。

第三部分 宪法的修改

第一百四十九条

第一款 修改宪法的倡议权同时属于共和国总统和人民议会，但人民议会须以三分之二的多数议员赞同方可提出宪法修正案。

第二款 宪法修正案应包括需要修改的条款及其理由。

第三款 人民议会收到宪法修正案后，应建立一个专门委员会予以研究。

第四款 人民议会应对宪法修正案进行讨论，如获得三分之二多数议员赞成并经共和国总统核准，即视为最后通过，随即纳入宪法正文。

第四章 一般条款与过渡条款

第一百五十条 本宪法的序言应视为本宪法的组成部分。

第一百五十一条　本宪法生效之日起十八个月内不得对本宪法提出任何修改。

第一百五十二条　在最高宪法法院成立以前，有关人民议会议员选举的争议事项由议长提交最高法院全体会议审理。最高法院应将审议结果呈报人民议会议长。

第一百五十三条　在本宪法颁布前颁布生效的立法继续有效，直到对其条款作出相应修改时为止。

第一百五十四条　共和国在职总统任期七年，按公历计算，自宣布其当选为阿拉伯叙利亚共和国总统之日算起。

第一百五十五条　第一届人民议会选举应自宣布本宪法经全国公民投票通过之日起九十天内，依照本宪法规定举行。

第一百五十六条　本宪法由共和国总统在《政府公报》上予以公布，并自全国公民投票通过之日起开始生效。

参 考 文 献

一 英文文献

(一) 英文著作与论文集

[1] Jaber, Kamel S. Abu., *The Arab Ba'th Socialist Party*, *History*, *Ideology*, *and* *Organization*, Ann Arbor, Mich., Syracuse University Press, 1966.

[2] Devlin, John F., *The Ba'th Party*, *A History from Origins to 1966*, Stanford, Calif., Hoover Institution Publications, 1976.

[3] Khatib, Line, *Islamic Revivalism in Syria*, *the Rise and Fall of Ba'thist Secularism*, Abingdon, Oxon, [England] New York, Routledge, 2011.

[4] Friedman, Yaron, *The Nusayri – Alawis*, *An Introduction to the Religion*, *History and Identity of the Leading Minority in Syria*, Leiden, Boston, Brill, 2010.

[5] Özberk, Melik Kara, *Nationalist Ideologies in Syria*, 1970 – 2000, Saarbrücken, LAP LAMBERT Academic Publishing, 2010.

[6] Waldner, David, *State Building and Late Development*, Ithaca, N. Y., Cornell University Press, 1999.

[7] Dam, Nikolaos Van, *The Struggle for Power in Syria*, London, Croom Helm, 1981.

[8] Seale, Patrick, *The Struggle for Syria*, London, New York, Oxford University Press, 1965.

[9] Beshara Adel ed., *The Origins of Syrian Nationhood*, *Histories*, *Pioneers and Identity*, Abingdon, Oxon, [England] New York, Routledge, 2011.

[10] Hopwood, Derek, *Syria 1945—1986*: *Politics and Society*, Oxford, Unwin Hyman Ltd., 1988.

[11] Batatu, Hanna, *Syria's Peasantry, the Descendants of Lesser Rural Notables, and Their Politics*, New Jersey, Princeton University Press Princeton, 1999.

[12] Youssef, Chaitani, *Post - colonial Syria and Lebanon, the Decline of Arab Nationalism and the Triumph of the State*, London, I. B. Tauris, 2007.

[13] Seale, Patrick, *Asad of Syria, The Struggle for the Middle East*, Berkeley, University of California Press, 2011.

[14] Lesch, David W. , *Syria, The Fall of the Assad*, New Haven and London, Yale University Press, 2012.

[15] Ziadeh, Radwan, *Power and Policy in Syria, Intelligence Services, Foreign Relations and Democracy in the Modern Middle East*, London, I. B. Tauris & Co Ltd, 2013.

[16] Karsh, Efraim, *The Soviet Union and Syria, The Asad Years*, New York, London, Routledge, 1988.

[17] Ramet, Pedro, *The Soviet - Syrian Relationship since 1955*, Boulder, Westview Press, 1990.

[18] Moubayed, Sami, *Syria and the USA, Washington's Relations with Damascus from Wilson to Eisenhower*, London, New York, I. B. Tauris, 2012.

[19] Nordbruch, Götz, *Nazism in Syria and Lebanon, the Ambivalence of the German Option*, 1933—1945, London, New York, Routledge, 2009.

[20] Ginat, Rami, *Syria and the Doctrine of Arab Neutralism, from Independence to Dependence*, Portland, Or. , Sussex Academic Press, 1988.

[21] Haddad, Bassam, *Business Networks in Syria, the Political Economy of Authoritarian Resilience*, Stanford, California, Stanford University Press, 2012.

[22] Perthes, Volker, *The Political Economy of Syria under Asad*, London, New York, I. B. Tauris, 1995.

[23] Tejel, Jordi, *Syria's Kurds, History, Politics and Society*, Abingdon, Oxon, New York, Routledge, 2009.

[24] Zimmern, Alfred, ed., *Modern Political Doctrines*, London, Oxford University Press, 1939.

[25] Chelkowski, Peter J. ed., *Ideology and Power in the Middle East*, *Studies in the Honor of George Lenczowski*, Robert J. Pranger, Durham, Duke University Press, 1988.

[26] Hazard, Harry W., Zacour, Norman P. eds., *A History of the Crusades*, Madison, Wisconsin, University of Wisconsin Press, 1989.

[27] Goldberg, Ellis Jay. ed., *The Social History of Labor in the Middle East*, Boulder, Colo., Westview Press, 1966.

[28] Victor Lavy and Eliezer Sheffer, *Foreign Aid and Economic Development in the Middle East, Egypt, Syria, and Jordan*, New York, Praeger, 1990.

[29] Salibi, K., *The Modern History of Lebanon*, London, Weidenfeld and Nicolson, 1993.

[30] Lewis, Bernard, *The Middle East and the West*, Bloomington, Indiana University Press.

[31] Grabill, Joseph L., *Protestant Diplomacy and the Near East*, *Missionary Influence on American Policy*, 1810—1927, Minneapolis, University of Minnesota Press, 1971.

[32] Hourani, A. H., *Minorities in the Arab World*, London, Oxford University Press, 1947.

[33] Yapp, Malcolm, *The Near East since the First World War*, *A History to 1995*, London, Longman, 1996.

[34] Longrigg, Stephen Hemsley, *Syria and Lebanon under French Mandate*, London, Oxford University Press, 1958.

[35] Christie, Clive, *Race and Nation*, *A Reader*, London, I. B. Tauris, 1998.

[36] Petran, Tabitha, *Syria*, *Nation of the Modern World*, London, Ernest Benn Limited, 1972.

[37] Kedourie, E. ed., *Nationalism in Asia and Africa*, London, Weidenfeld and Nicolson, 1971.

[38] Palmer, Monte, *The Politics of the Middle East*, Canada, Thomson Wadsworh, 2007.

[39] Hinnebusch, Raymond A, *Authoritarian Power and State Formation in Ba'thist Syria*, Colo, Westview Press, 1990.

[40] William R. Polk and Richard L. , eds. , *The Beginnings of Modernization in the Middle East, The Nineteeth Century*, Chambers, Chicago, University of Chicago Press, 1968.

[41] Riker, William, *The Theory of Political Coalitions*, New Haven, Yale University Press, 1962.

[42] Hinnebusch, Raymond A. , *Peasant and Bureaucracy in Ba'thist Syria, The Political Economy of Rural Development*, Boulder, Colo. , Westview Press, 1989.

[43] Kushner David ed. , *Palestine in the Late Ottoman Period, Political, Social, and Economic Transformation*, Leiden, E. J. Brill, 1986.

[44] Rabinovich, Itamar, *Syria under the Ba'th 1963 – 66, the Army – Party Symbiosis*, Jerusalem, Israel University Press, 1972.

[45] Devlin, John F. , *The Ba'th Party, A History from Origins to 1966*, Stanford, Calif. , Hoover Institution Publications, 1976.

[46] Perthes, Volker, *The Political Economy of Syria under As'ad*, London, I. B. Tauris, 1995.

[47] Hopkins, Nicholas. ed. , *Arab Society, Social Science Perspectives*, Cairo, American University in Cairo, 1977.

（二）英文论文

[1] Salih, Cf. Shakeeb, "The British – Druze Connection and the Druze Rising of 1896 in the Hawran", *Middle East Studies*, Vol. 13, No. 2, May 1977, pp. 251—257.

[2] Talhamy, Yvete, "The Fatwas and the Nusayri/Alawis of Syria", *Middle Eastern Studies*, Vol. 46, No. 2, 2010, pp. 175—194.

[3] Watenpaugh, Keith D. , "Middle Class Modernity and the Persistence of the Politics of Notables in inter – War Syria", *International Journal of Middle East Studies*, Vol. 35, 2003, pp. 257—286.

[4] Quinlivan, James T. , "Coup – proofing, Its Practice and Consequences in the Middle East", *International Security*, Vol. 24, No. 2, Autumn 1999, pp. 131—165.

[5] Khadduri, Majid, "The Role of Military in Middle East Politics", *The American Political Science Review*, Vol. 47, No. 2, June 1953, pp. 511—524.

[6] Öniş, Ziya, "Political Islam at the Crossroad", *Contemporary Politics*, Vol. 7, Issue 4, 2001, pp. 281—298.

[7] Weismann, Itzchak, "The Politics of Popular Religion, Sufis, Salafis, and Muslim Brothers in Twentieth – Century Hamah", *International Journal of Middle East Studies*, Vol. 37, No. 1, February 2005, pp. 39—58.

[8] Joshua Landis and Joe Pace, "The Syrian Opposition", *The Washington Quarterly*, Vol. 30, No. 1, Winter 2007, pp. 45— 68.

[9] Amos, Perlmutter, "From Obscurity to Rule, The Syria Army and the Ba'th Party", *The Western Political Quarterly*, Vol. 22, No. 4, December 1969, pp. 827—845.

[10] Syed Aziz – al, Ahsan, "Economic Policy and Class Structure in Syria, 1958—1980", *International Journal of Middle East Studies*, Vol. 16, No. 3, August 1984, pp. 301—323.

[11] Thompson, William R., "Regime Vulnerability and the Military Coup", *Comparative Politics*, Vol. 7, No. 4, July 1975, pp. 459— 487.

[12] Devlin, John F., "The Baath Party, Rise and Metamorphosis", *The American Historical Review*, Vol. 96, No. 5, December 1991, pp. 1396—1407.

[13] Kamrava, Mehran, "Military Professionalization and Civil – Military Relations in the Middle East", *Political Science Quarterly*, Vol. 115, No. 1, Spring 2000, pp. 67—72.

[14] Van Dusen, Michael H., "Political Integration and Regionalism in Syria", *Middle East Journal*, Vol. 26, No. 2, Spring 1972, pp. 123—136.

[15] Keilany, Ziad, "Socialism and Economic Change in Syria", *Middle Eastern Studies*, Vol. 9, No. 1, January 1973, pp. 61—72.

二 中文文献

（一）中文译著

[1] [德] 尤尔根·哈贝马斯：《合法化危机》，刘北成、曹卫东译，上海人民出版社 2000 年版。

[2] [美] 兹比格纽·布热津斯基：《大棋局：美国的国际战略地位》，上海人民出版社 1998 年版。

[3] [美] 菲利克斯·格罗斯：《公民与国家——民族、部族与族属身份》，王建娥、魏强译，新华出版社 2003 年版。

[4] [英] 艾伦·韦尔：《政党与政党制度》，谢峰译，北京大学出版社 2011 年版。

[5] [美] 塞缪尔·亨廷顿和琼·纳尔逊：《难以抉择——发展中国家的政治参与研究》，王晓寿等译，华夏出版社 1989 年版。

[6] [美] 亚历山大·温特：《国际政治的社会理论》，秦亚青译，上海人民出版社 2009 年版。

[7] [美] B.盖伊·彼得斯：《政治科学中的制度理论："新制度主义"》（第二版），王向民、段红伟译，上海世纪出版集团、上海人民出版社 2011 年版。

[8] [美] 汉斯·摩根索：《国家间政治——权力斗争与和平》，徐昕等译，北京大学出版社 2006 年版。

[9] [意大利] G.萨托利：《政党与政党体制》，王明进译，商务印书馆 2006 年版。

[10] [英] S.H.里格比：《马克思主义与历史学：一种批判性的研究》，吴英译，译林出版社 2012 年版。

[11] [英] 戴维·米勒、韦农·波格丹诺编：《布莱克维尔政治学百科全书》，中国问题研究所等译，中国政法大学出版社 1992 年版。

[12] [英] 安东尼·史密斯：《民族主义：理论、意识形态与历史》，叶江译，上海人民出版社 2011 年版。

[13] [英] 安东尼·史密斯：《全球化时代的民族与民族主义》，龚维斌、良警宇译，中央编译出版社 2002 年版。

[14] [英] 厄内斯特·盖尔纳：《民族与民族主义》，韩红译，中央编译出版社 2002 年版。

［15］［英］本尼迪克特·安德森：《想象的共同体》，吴教人译，上海人民出版社 2005 年版。

［16］［英］埃里克·霍布斯鲍姆：《民族与民族主义》，李金梅译，上海人民出版社 2006 年版。

［17］［美］塞缪尔·亨廷顿：《文明的冲突与世界秩序的重建》，周琪、刘绯、张立平、王圆译，新华出版社 2010 年版。

［18］［美］塞缪尔·亨廷顿：《我们是谁？——美国国家特性面临的挑战》，程克雄译，新华出版社 2005 年版。

［19］［英］安东尼·吉登斯：《民族国家与暴力》，胡宗泽 、赵力涛 、王铭铭译，三联书店 1998 年版。

［20］［英］安东尼·吉登斯：《现代性的后果》，田禾译，译林出版社 2000 年版。

［21］［以］摩西·马奥兹：《阿萨德传》，殷罡、吴静仪、吴薇、米小平、郑志国译，世界知识出版社 1992 年版。

［22］［俄］伊兹科维兹：《帝国的剖析》，韦德培译，学林出版社 1996 年版。

（二）中文著作

［1］陈德成主编：《中东政治现代化——理论与历史实践的双重探索》，社会科学文献出版社 2000 年版。

［2］冯璐璐：《中东经济现代化的现实与理论探讨》，人民出版社 2009 年版。

［3］哈全安：《中东国家的现代化历程》，人民出版社 2006 年版。

［4］哈全安：《中东史 610—2000》，天津人民出版社 2012 年版。

［5］刘中民：《挑战与回应——中东民族主义与伊斯兰教关系评析》，世界知识出版社 2005 年版。

［6］彭树智主编：《伊斯兰教与中东现代化进程》，西北大学出版社 1997 年版。

［7］彭树智：《两斋文明自觉论随笔》，中国社会科学出版社 2012 年版。

［8］唐志超：《中东库尔德问题透视》，社会科学文献出版社 2013 年版。

［9］汪波：《中东库尔德问题研究》，时事出版社 2014 年版。

［10］王建娥：《族际政治：20 世纪的理论与实践》，社会科学文献出版社 2011 年版。

[11] 王彤主编：《中东国家政治制度》，中国社会科学出版社 2005 年版。

[12] 王铁铮主编：《全球化与当代中东社会思潮》，人民出版社 2013 年版。

[13] 徐迅：《民族主义》，中国社会科学出版社 1999 年版。

[14] 昝涛：《民族建构与现代国家：20 世纪前半期土耳其民族主义研究》，三联书店 2011 年版。

[15] 周淑真：《政党和政治制度比较研究》，人民出版社 2001 年版。

[16] 杨灏城、朱克柔主编：《当地中东热点问题的历史探索：宗教与世俗》，人民出版社 2000 年版。

[17] 宁骚：《民族与国家——民族关系与民族政策的国际比较》，北京大学出版社 1995 年版。

[18] 王建娥、陈建樾：《族际政治与现代民族国家》，社会科学文献出版社 2005 年版。

[19] 贾英健：《全球化背景下的民族国家研究》，中国社会科学出版社 2005 年版。

[20] 王新刚：《中东国家通史·叙利亚和黎巴嫩卷》，商务印书馆 2007 年版。

[21] 王新刚：《20 世纪叙利亚政治经济对外关系嬗变》，西北大学出版社 2003 年版。

[22] 韩志斌：《伊拉克复兴党民族主义理论与实践研究》，中国社会科学出版社 2011 年版。

[23] 彭树智主编：《东方民族主义思潮》，人民出版社 2010 年版。

[24] 王京烈主编：《当代中东政治思潮》，当代世界出版社 2003 年版。

[25] 王铁铮主编：《世界现代化历程·中东卷》，江苏人民出版社 2010 年版。

[26] 彭树智主编：《中东史》，人民出版社 2010 年版。

[27] 黄民兴：《沙特阿拉伯——一个产油国人力资源的发展》，西北大学出版社 1998 年版。

[28] 高光福、马学清编著：《列国志·叙利亚》，社会科学文献出版社 2008 年版。

[29] 黄民兴：《中东国家通史·伊拉克卷》，商务印书馆 2002 年版。

[30] 黄民兴：《阿富汗问题的历史嬗变》，中国社会科学出版社 2013

年版。

[31] 严庭国:《当代叙利亚社会与文化》,上海外语教育出版社 2005
年版。

(三) 期刊论文

[1] 黄民兴:《论 20 世纪中东国家的民族构建问题》,《西亚非洲》2006
年第 9 期。

[2] 黄民兴:《从民族国家构建的视角析当代中东国家的社会整合》,《西
亚非洲》2013 年第 4 期。

[3] 刘中民:《中东民族国家建构中的民族主义与伊斯兰教》,《国际观
察》2008 年第 5 期。

[4] 田文林:《民族主义视角下的国家建构过程——以后殖民时代的阿拉
伯国家为例》,《世界民族》2009 年第 3 期。

[5] 王建娥:《国家构建与民族建构:内涵、特征及联系——以欧洲国家
经验为例》,《西北师范大学学报》2010 年第 2 期。

[6] 王新刚:《叙利亚现代政治发展影响因素分析》,《西北大学学报》
(哲学社会科学版) 2009 年第 6 期。

[7] 韩志斌:《全球化对复兴社会主义思潮的影响与特征——对后冷战时
代伊拉克和叙利亚的个案考察》,《西亚非洲》2005 年第 3 期。

[8] 王新刚:《后冷战时代叙利亚复兴党民族主义的特点》,《西亚非洲》
2010 年第 5 期。

[9] 赵克仁:《试析叙利亚泛阿拉伯民族主义的演变》,《阿拉伯世界》
2000 年第 3 期。

[10] 朱传忠:《叙利亚穆斯林兄弟会的演变及其特点》,《西亚非洲》
2012 年第 5 期。

[11] 何志龙:《后冷战时代叙利亚与美国关系》,《西亚非洲》2006 年第
1 期。

[12] 张妮、何志龙:《霍梅尼时期叙利亚与伊朗关系》,《西亚非洲》
2010 年第 6 期。

[13] 李绍先:《大国势力博弈叙利亚》,《当代世界》2012 年第 3 期。

[14] 王新刚:《叙利亚与黎巴嫩全面内战》,《西北大学学报》(哲学社
会科学版) 1997 年第 3 期。

[15] 王新刚:《叙利亚与伊拉克战争——兼论巴沙尔政府执政后对本地

区政策的调整》,《西亚非洲》2003 年第 6 期。

[16] 何志龙、张妮:《叙利亚与两伊战争》,《世界历史》2009 年第
　　 3 期。

[17] 陈双庆:《叙利亚的政治继承与换代》,《国际政治研究》2010 年第
　　 3 期。

[18] 殷罡:《阿萨德父子和他们的叙利亚》,《世界知识》2000 年第
　　 7 期。

　　 (四) 学位论文

[1] 王新刚:《现代叙利亚研究》,博士学位论文,西北大学,2001 年。

[2] 周毅华:《叙利亚威权主义政治及其转型研究》,硕士学位论文,西
　　 北大学,2011 年。

[3] 孙杉:《叙利亚阿拉伯复兴党军事委员会研究》,硕士学位论文,中
　　 国社会科学院研究生院,2011 年。

[4] 孙宏娟:《现代叙利亚政治发展进程浅析》,硕士学位论文,西北大
　　 学,2005 年。

[5] 李洁:《叙利亚军人政治研究 (1949 年—1970 年)》,硕士学位论文,
　　 西北大学,2013 年。

[6] 龙昭:《论叙利亚政治与社会中的阿拉维派》,硕士学位论文,西北
　　 大学,2013 年。

[7] 尹秀凤:《二战期间列强对叙利亚和黎巴嫩的争夺》,硕士学位论文,
　　 山西大学,2009 年。

[8] 黄奎: 《叙利亚的 "黎巴嫩困境"》,硕士学位论文,外交学院,
　　 2008 年。

[9] 王红霞:《美国对叙利亚的政策研究 (1949—1961 年)》,硕士学位
　　 论文,陕西师范大学,2009 年。

致　谢

　　2014 年 6 月，我终于完成了我的毕业论文《叙利亚现代民族国家构建研究》，这篇论文可以说是我博士阶段学习与生活的见证。在论文写作与修改的艰难过程中，我曾为每一个灵感的迸发而欢呼雀跃，也曾为一个小标题的无法确定而愁眉不展，真正经历了兴奋、苦恼、踌躇与豁然开朗等丰富的心理历程。毕业后，我来到山西师范大学历史与旅游文化学院任教，有幸融入这里的中东研究团队，继续从事中东问题领域的研究。在院领导和有关部门的关心和支持下，我的博士论文得以很快出版。在即将收笔之际，我最大的愿望便是向所有帮助过我的师长和朋友们表示最诚挚的感激之情。

　　此时此刻，我最想对我的硕士、博士导师黄民兴教授与师母王意芬老师说一声"谢谢"，虽然我知道这两个字远不能表达我对他们的崇敬与感激之情。2007 年，在刚刚踏入西北大学中东研究所时，我还是一个不知"学术"为何物的懵懂大学生，是我的导师用他的耐心与宽容带我走入了中东研究的学术殿堂，并以自身认真严谨的治学风格让我明白了何为"学者"。

　　在博士阶段的学习中，从确定研究方向及论文题目、搜集资料、拟定论文大纲到论文的写作与反复修改，我每走一步都凝聚着导师无尽的心血。我永远不会忘记我看到自己博士论文初稿上满是导师手写的密密麻麻的修改意见时的那一幕，那些意见大到关乎论文结构框架、宏观把握，小到论文格式、语言的润色、标点符号甚至错别字，我看了心中除了震撼便是满满的羞愧、内疚与无以言表的感动。在论文修改的后期，我为了专心和省时而待在家里，这期间我完全是什么时候有困惑什么时候拿起电话请教导师，而导师从来都是耐心地一一作答，他勤奋、善思与博学的个人魅力更影响我不断向前探索，最终完成了论文写作。甚至前段时间，当忙得焦头烂额的我发了个邮件拜托黄老师给本书写个序时，他也是毫不犹豫地答应了下来，说是"有空便写"。我直到后来才知道，导师那段时间正患脚疾，医生劝他动手术，而他选择保守治疗，每日只能拄拐杖上班。即使这样，他还是很快写了序发过来，我不知道该如何形容当时的心情才好。

在攻读硕士、博士的漫长时间里，生活单调并略显枯燥。师母的关怀和照顾给了我母亲般的温暖。师母是个很好静的人，但她常对我说，心情不好就找她聊聊天，我于是每见她一次便说个没完，经常说到最后被师母留在家里吃饭。师母一方面常常用他们那代人的经历鼓励我，告诉我学问不是一天能做成的，贵在持久，有恒心；另一方面又常常用自己的信仰和幽默的语言帮我减压，给我加油，为我增添了许多信心和好心情，使我能够心情平和地对待学业与生活上的压力。

我还要特别感谢国内叙利亚研究的专家、西北大学历史系的王新刚教授。王老师所赠的《20世纪叙利亚政治经济对外关系嬗变》是关于叙利亚的中文著作中最为权威、系统的一本，本书在写作过程中从中受益匪浅。然而，当我对王老师开玩笑说想要他这个专家签名的时候，王老师谦虚地坚持说自己不算专家，于是我很遗憾地没有得到赠言。实际上，早在导师让我联系王老师的时候我还有诸多顾虑，诸如自己刚刚转为叙利亚的研究，相关知识掌握太少，面对该领域专家无所适从，当然最重要的是不好意思麻烦王老师，等等。而见了王老师以后，我才发现他是一位非常平易近人、和蔼亲切的老师，只要我有问题请教，他不管多忙都会抽出时间解答，并给予我鼓励。甚至在我收集资料的阶段，王老师主动借给我大量他从中东带回的有关叙利亚的资料；在我论文写作的最艰难时期，他还在阅读了我的论文初稿后打电话给我，帮我梳理叙利亚民族国家构建的脉络、提出极具建设性的批评意见甚至指出了论文中存在的知识性错误。后来我对王老师说，是他那一个半小时的电话使我真正理清了叙利亚民族国家构建的线索，"挽救"了我的论文。当然，对于这一点他也是谦虚地无论如何都不承认的。对这篇博士论文出书一事，王老师也给了很多中肯意见，使我受益匪浅。

感谢西北大学给予了我在这里进行硕士、博士学习的机会，它开启了我日后工作与研究的航向，且在这里的时光也成为我最美好的记忆。中东所的彭树智老师、王铁铮老师、韩志斌老师、蒋真老师、王猛老师、赵广成老师、邵丽英老师、林松业老师、李福全老师、马建军老师、李炜老师等人也都是我十分敬佩和感谢的老师，我几乎听过他们所有人的授课，且很多人在开题及预答辩中对我的博士论文提出了非常宝贵的修改意见，对文章起到了关键作用。中东所资料室的冯淑珍老师、办公室的张迎春老师为论文收集资料、排版等工作上也给予了极大帮助。

感谢我的硕士导师何志龙教授。虽然由于他工作调动的原因，我的硕士论文主要是由黄民兴老师指导。但是，何老师至今仍如初见我时一样，每每谈话都要为我订立学术与人生规划，总是鞭策我在任何阶段都要追求进步。在博士论文写作乃至出书过程中，何老师总是一遍遍叮嘱我要注意的问题，并在我遇到困难时给予我鼓励，为我的学业与人生指引方向。

感谢山西师范大学历史与旅游文化学院为我提供的发展机会。由于这里有研究中东问题的一流团队，因此加入这个团队也使我有了继续从事中东研究的动力与氛围。自我有幸来这里工作以后，车效梅院长便对我关怀备至，时刻激励我要认真工作、努力进取，为我的学习、工作和发展提供便利。我的博士论文得以很快出版，主要是受车老师的推荐与帮助。感谢我们团队的王泽壮老师、王新中老师、谢立忱老师、王志超老师、徐继承老师和王宝龙老师，他们给予了我极大的认可与鼓励，让我在这里常常有种回家的感觉，亲切、温暖。

感谢伴我一起走过博士路程，并始终支持我，给我鼓励和认可的朋友：师姐韩建伟、王卓、梁洁、叶亢、王妍惠；师兄白若萌、师弟张超、师妹李茜；博士同学闫伟、朱传忠、李竞强、冯广宜、苏瑛、衡飞玲、梁富国；硕士同学鲁启、王荣丽、张文广等；室友贵梦圆、罗婷婷、魏丽、杨涛。挚友张丽娟始终关注着我的博士论文，第一时间阅读了我的开题报告、论文初稿，不断给我提出宝贵的意见，促进本文的不断完善。

感谢中国社会科学文献出版社的任明编辑为本书出版做出的努力与帮助。

最后，我要感谢我的家人，你们对我的支持使我得以坚持自己的理想，谢谢你们！

2015 年 4 月